跨境电商运营实务

主　编　余　敏　刘柳锋

副主编　余凤英　张　良　吴刚龙　董　佳

CROSS-BORDER E-COMMERCE

厦门大学出版社 XIAMEN UNIVERSITY PRESS

国家一级出版社

全国百佳图书出版单位

图书在版编目（CIP）数据

跨境电商运营实务 / 余敏，刘柳锋主编. -- 厦门 ：厦门大学出版社，2022.10（2025.8 重印）
ISBN 978-7-5615-8726-3

Ⅰ. ①跨… Ⅱ. ①余… ②刘… Ⅲ. ①电子商务—运营管理 Ⅳ. ①F713.365.1

中国版本图书馆CIP数据核字(2022)第161404号

责任编辑 潘　瑛
美术编辑 李嘉彬
技术编辑 朱　楷

出版发行 厦门大学出版社
社　　址 厦门市软件园二期望海路 39 号
邮政编码 361008
总　　机 0592-2181111　0592-2181406(传真)
营销中心 0592-2184458　0592-2181365
网　　址 http://www.xmupress.com
邮　　箱 xmup@xmupress.com
印　　刷 广东虎彩云印刷有限公司

开本 787 mm×1 092 mm　1/16
印张 14.5
插页 1
字数 344 千字
版次 2022 年 10 月第 1 版
印次 2025 年 8 月第 2 次印刷
定价 48.00 元

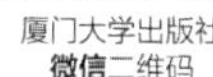
厦门大学出版社
微信二维码

厦门大学出版社
微博二维码

前　言

高速信息化时代，互联网成为人们生活中不可或缺的一部分，方便快捷成为人们生活的主旋律。同时，随着信息技术、物流技术的全球化，跨境电商利用互联网信息传输速度快、覆盖客户范围广、产品定制性强的特点，成为我国外贸的新增长点和新业态下的发展趋势。可以说，跨境电商的发展为中小外贸企业打造国际品牌提供了新机遇，也为促进对外贸易稳定和便利化注入了新动力。

在电子商务迅速发展的大背景下，利用网络和电子商务平台进行企业推广和客户开发已经成为当前国际贸易的重要方式。本书为黎明职业大学"十四五"校企共建项目，结合1+X跨境电商B2B数据运营职业技能等级考核和全国大学生职业技能竞赛"互联网+国际贸易综合技能"赛项的相关内容，与浙江思睿智训科技有限公司和南京世格软件有限责任公司进行合作，以跨境电商运营模式实训平台操作为主、真实的跨境平台"速卖通"操作为辅，通过账号建立、产品选择、产品上传、运费模板设置、数据分析、店铺管理装修、客户服务、产品营销等诸多环节的展示，让学生真正参与到跨境电商平台的操作中来，为今后的工作打下实践基础。

本书由编委会人员反复研讨及修改所成，但由于编者学识和能力有限，错误与不足之处在所难免，恳请读者不吝赐教。

编者

2022年5月

目　录

项目一 跨境电商认知

学习目标

(一)知识目标

1.了解跨境电商的形成发展历史。

2.了解当下跨境电商发展的特点。

3.了解跨境沙盘的主要运作规则。

(二)技能目标

1.能够较为清晰地阐述跨境电商的定义与发展过程。

2.能够较为清晰地把握当下跨境电商发展的特点。

3.能够从宏观上掌握跨境沙盘运作规则,制定运营策略。

(三)素质目标

通过阅读文字材料,收集网络信息,培养学生阅读理解和整理分析资讯的能力,形成从宏观角度观察事物的大局观。

思维导图

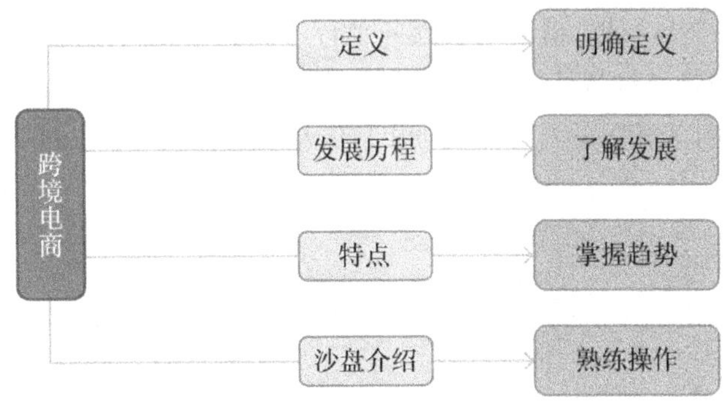

项目背景

黎小新,一名高职毕业生,刚刚踏入跨境电商的大门,企业导师王大全希望黎小新对跨境电商概况有基本了解,熟悉跨境电商的发展过程、当下主流平台,并通过模拟沙盘的操作练习,为今后的工作打下良好的基础。

项目分解

本项目主要从跨境电商的定义、跨境电商的发展过程和当下主流平台三个方面来介绍跨境电商行业的概况。黎小新通过阅读文字材料和浏览相关网站，对跨境电商的基本概况有了较为深入的了解，并且通过模拟沙盘的操作练习，为实战打下了良好的基础。

任务一　跨境电商基础知识

任务分析

本次任务以了解跨境电商的基础知识为主线，即从跨境电商的定义、发展过程和当下主流跨境电商平台三个方面进行学习，积累跨境电商从业者应有的基本知识。

知识储备

跨境电商的定义

跨境电子商务(cross-border e-commerce)简称跨境电商，是指分属不同关境的交易主体，通过电子商务平台达成交易，进行支付结算，并通过跨境物流送达商品，是一种将传统贸易中的展示、洽谈和成交环节数字化，实现产品进出口的新型贸易方式。

我国跨境电商主要分为跨境零售和跨境 B2B 贸易两种形式。跨境零售模式又分为 B2C (business to customer)、C2C(customer to customer)。跨境电商企业普遍采用 B2C 模式，它是指分属不同关境的企业直接面向消费个人开展在线销售产品和服务，是一种通过电商平台完成交易、进行支付结算，并通过跨境物流送达商品、完成交易的国际商务活动。

跨境电子商务概念有广义和狭义之分。狭义的跨境电子商务就是跨境零售，指的是分属于不同关境的交易主体，借助电子商务平台达成交易、进行支付结算，并采用快件、小包等方式，通过跨境物流将商品送达消费者手中的交易过程。而广义的跨境电子商务则涵盖了上述跨境贸易行为相关的对应跨境进出口安排、跨境贸易模式、跨境结算等全过程。

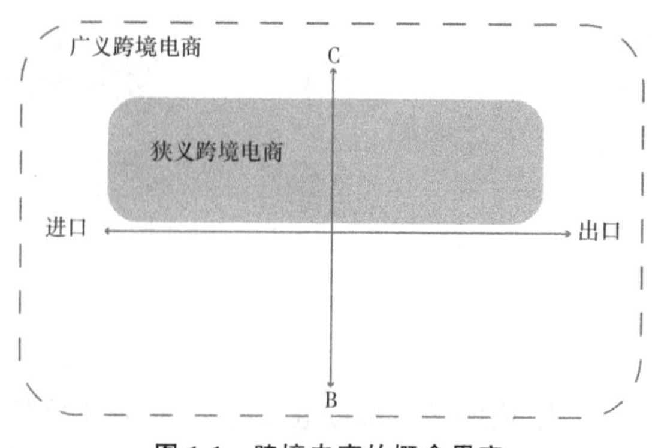

图 1-1　跨境电商的概念界定

任务实施

一、跨境电商发展过程

(一)萌芽期(1997—2007 年)

跨境电商在中国起步于 20 世纪末,最早出现的是帮助中小企业出口的 B2B 平台,代表企业有阿里巴巴国际站、中国制造网等。1997—1999 年,中国的外贸 B2B 电子商务网站中国化工网、阿里巴巴国际站(见图 1-2)、中国制造网(见图 1-3)、敦煌网(见图 1-4)等相继成立,这些跨境电商平台为中小企业提供商品信息展示、交易撮合等基础服务。其中,阿里巴巴国际站是目前全球最大的跨境 B2B 平台,并且已经从线上 B2B 信息服务平台逐步发展成 B2B 跨境在线交易平台。在这一阶段,平台的主要功能是为企业提供展示信息和产品的场所,并在不断的发展过程中逐渐延伸出竞价推广、咨询推广等服务。这一阶段的平台主要通过收取会员费来实现盈利。

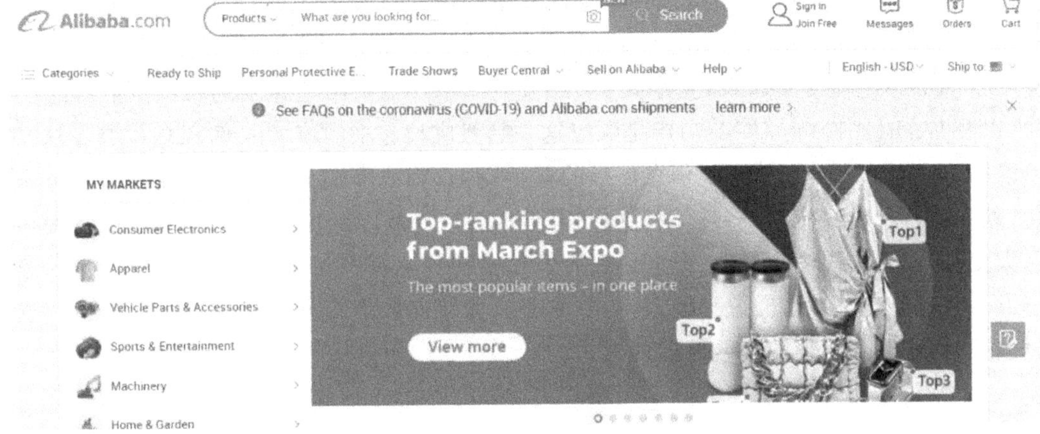

图 1-2　阿里巴巴国际站

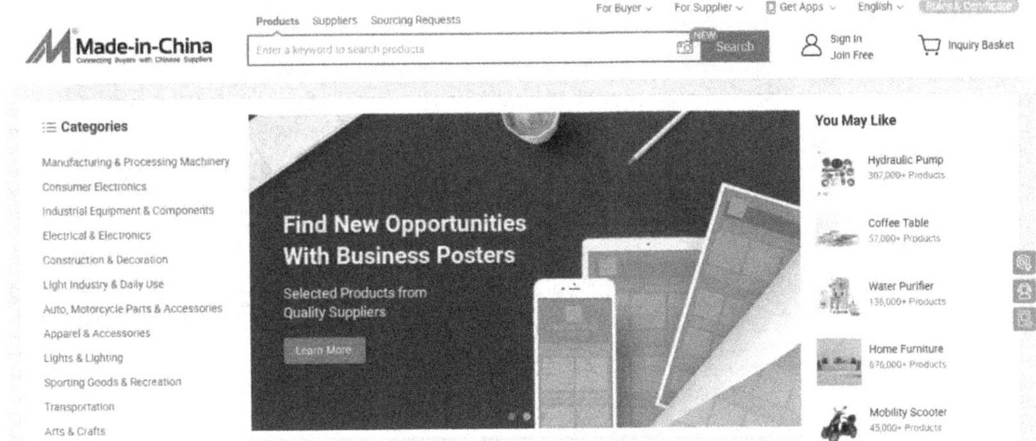

图 1-3　中国制造网国际站

图 1-4 敦煌网主页

(二)发展期(2008—2012 年)

随着互联网的发展,跨境电商在全球网民中的渗透率逐渐提高,跨境支付、物流等服务水平也得到大幅提高。2008 年前后,面向海外个人消费者的中国跨境电商零售出口业务(B2C/C2C)蓬勃发展起来,兰亭集势(2007 年)(图 1-5)、阿里速卖通(2009 年)(图 1-6),以及 Wish(2011 年)(图 1-7)皆是顺应这一趋势成长起来的跨境电商 B2C 平台。这一阶段的跨境电商平台开始摆脱信息展示的黄页行为,将线下交易、支付、物流等流程电子化,逐步完善了在线交易平台。跨境电商零售的发展导致国际贸易主体、贸易方式等发生巨大变化,大量中国中小企业、个人创业者开始直接深入参与国际贸易。在这一阶段,第三方平台也改变了自己的盈利模式,将收取会员费转向收取交易佣金为主,营销推广、支付服务、物流服务为辅的多渠道盈利模式。

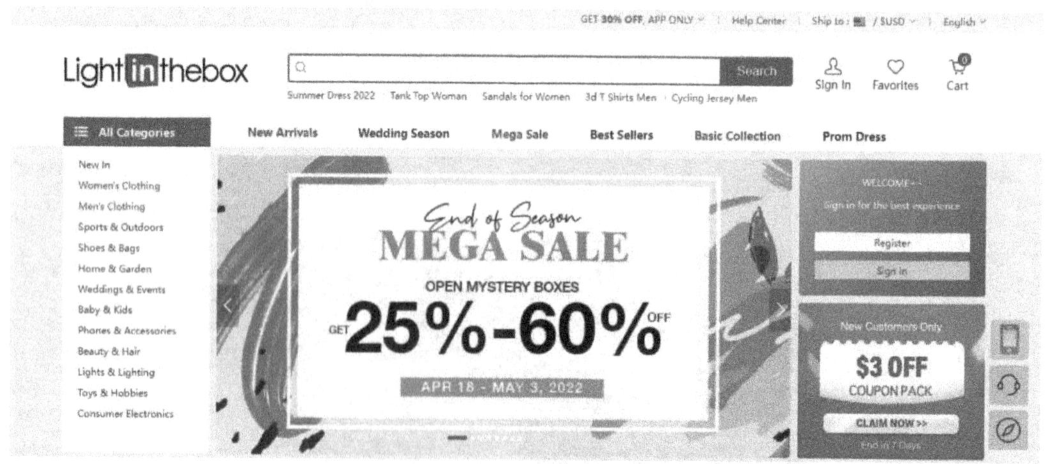

图 1-5 兰亭集势主页

图 1-6 速卖通主页

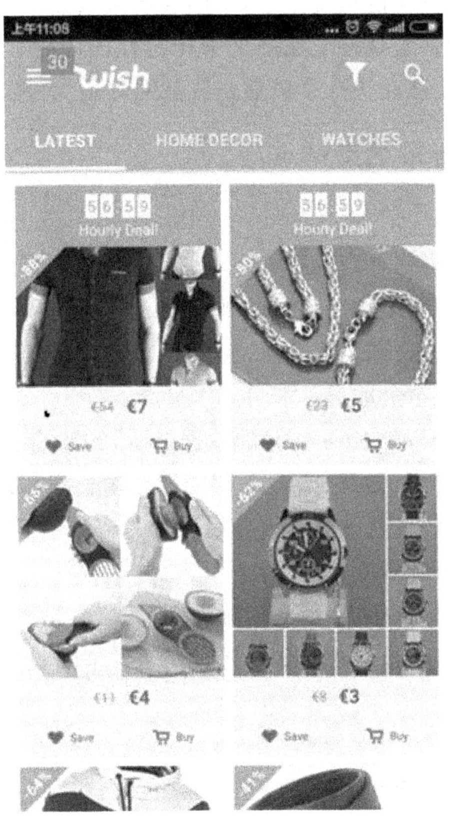

图 1-7 “Wish”App 界面

(三)爆发期(2013—2019 年)

互联网对每一个行业的渗透都是由浅入深、由表及里的。从 2013 年移动互联网开始普及,到“互联网＋”概念出现,再到互联网与不同行业的融合进一步加速、加深,这一过程在一定程度上成为中国跨境电商蓬勃发展的重要推动力,这一阶段的跨境电商规模不断膨胀,区域跨境电商平台层出不穷。2013—2019 年我国出口跨境电商行业规模达到 8 万亿元,占出口贸易总额的比例进一步提升至 47%,年复合增速达 19.8%,远高于同期出口贸易总体的 3.9%,面向东南亚的 Shopee、Lazada 都取得了很好的跨境成绩,形成跨境电商产业带。一方面,跨境电商的主流用户群体由散兵游勇向成规模、成建制的大型外贸企业和大型工厂转变，这些企业的生产设计管理能力，使跨境电商销售的产品从尾货、二手货源等升级为一手货源；另一方面，跨境电商不再只局限于解决"交易"这一环节的问题，而是实现了"贸易—制造—营销—物流—金融"全链路的打通。自2013年起，阿里巴巴国际站、敦煌网便开始将营销、物流等单点连成生态面，每一个点都是一个服务生态，不同服务生态汇聚到一起，给跨境电商的中小企业提供全方位的能力，帮助它们一站式获取服务，做好跨境电商生意。这种"全产业链"服务，让跨境电商大额订单的比例不断提升。

（四）新机遇期（2020年至今）

2020年新冠肺炎疫情打乱了世界运转的节奏。疫情阻隔了人们的往来，却挡不住人们蓬勃的需求：一方面，全球人民"宅家"，更习惯于从互联网上获取一切，从而推动电商爆发式增长；另一方面，全球供应链遭受重创，中国这边风景独好，本身就有极强竞争力的中国制造更为全世界所需要。宏观环境在带来不确定性的同时，也为中国卖家带来了可期的红利，中国跨境电商企业从此进入了机遇与挑战并存的"大航海时代"。

二、当下跨境电商发展的新特点

（一）去中心化

主流跨境电商平台不再是电商的唯一主战场，随着直播带货、社交网络营销、社交电商等新营销方式的兴起，全球用户可随时随地购物，需求也更加个性化、碎片化、即时化；同时，线上线下全渠道、私域公域全场景电商兴起，除亚马逊等中心平台外，独立站、直播带货、直营电商等模式已席卷全球。

市场研究公司Grand View Research的数据显示，2020年全球分销市场规模达1494亿美元，预计2025年将达到5579亿美元，5年的复合增长率超过30%。商务部也曾解读跨境电商的变化：从渠道看，跨境电商从依托第三方平台为主，逐步开发出独立网站、社交网站、搜索引擎营销等多种新渠道。

变则生机。环境在变，去中心化将重构流量生态，当流量不再被中心平台上的少数头部玩家把持时，意味着人人可参与的全球贸易时代已经来临，这对中小卖家与个人来说是巨大的新机遇。

（二）数字化驱动

如今，电商行业早已全面数字化，从需求洞察、精准营销、智能物流，再到柔性制造，每个环节都是数据在驱动。对跨境电商来说，数据已成为重要生产力。根据商务部官方发布，跨境电商的发展趋势之一是电商主体"由早期的个人和贸易型企业为主转变为贸易型企业与生产企业融合发展，许多生产企业由线下转到线上，数字化水平明显提升"。全球消费需求变得越来越"快"，那么"新跨境电商"就要在供给侧迎合这样的"快"，以满足消费者个性化、潮流化、即时化的需求。

（三）生态化服务

行业发展越成熟，分工越精细化。今天的跨境电商同样朝着这样的方向发展：卖货的专注于维护客户、经营流量，余下的事情会有专业服务商完成，如建站、完善供应链、发货、营销等，这在国内的电商行业表现得尤为突出。现在"新跨境电商"呈现的一大特征同样是"生态化服务"。"生态化服务"所提供的各项服务基于"将专业的事情交给专业人士去做”这一理念,可以让跨境电商企业更加专注于卖货本身,这样效率更高。

能力拓展

梳理跨境电商发展过程和当下发展特点,制作演示文稿进行路演,然后用自己的语言叙述跨境电商的前世今生。

任务二 跨境沙盘平台介绍

任务分析

本次任务主要从沙盘特点、沙盘流程、模块概念来介绍跨境电商模拟沙盘,帮助学生了解沙盘的运作原理。

任务实施

一、跨境电商模拟沙盘的简介

跨境电商模拟沙盘支持双语教学,其模拟了相对完整的全球经济环境,全球不同地区的消费者市场、需求,跨境电商经营平台与跨境企业经营决策活动;模拟了现代经济环境下全球不同地区的消费市场环境,体现了不同消费者的消费特征,帮助学生制定消费者分析和定位的跨境电商运营思路与策略;并模拟了常见的跨境电商企业经营模式——B2C 模式。

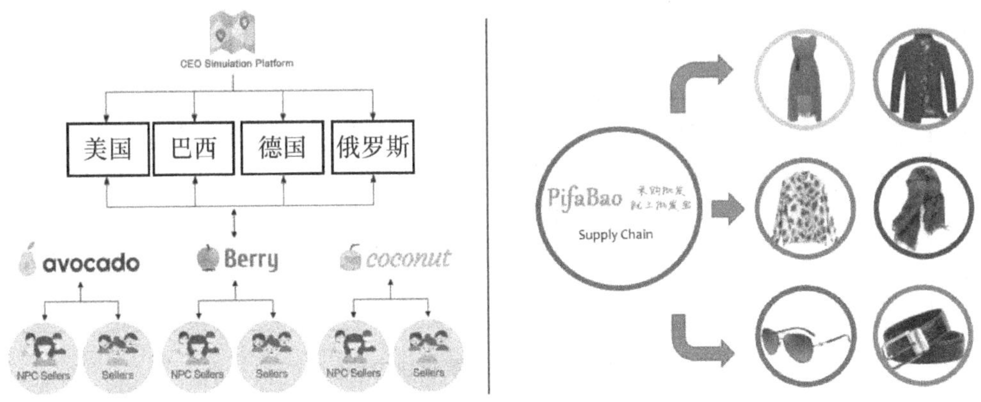

图 1-8 模拟沙盘的主要平台与对象国示意图

学生可以选择在不同的电商平台上开展各自的经营活动,比较各平台的用户差异,体会各平台在使用的技术条件、营销模式上的差别,熟悉和把握各种跨境平台企业的运行特征与策略。

跨境电商运营模拟沙盘旨在帮助学生熟悉跨境电商企业运行的全过程,使其熟练掌握各种相关的运营操作，培养跨境电商环境下成本意识、利润意识、需求意识、竞争意识等核心商业思维意识，同时通过小组化团队项目运作的空间设计和实训项目设计，提升学生们目前最为缺乏的团队合作与沟通能力等核心职业素质。

学生以个人或团队的形式开展跨境电商企业运营，以竞争博弈的方式参与产品开发、店铺开通、产品上架、物流选择、财务、人力资源等各个运营环节的决策制定，学生需要在每个回合内对系统中不断变化的电商平台做出相应的运营决策，并安排每个环节的预算分配，实现公司的利润最大化。

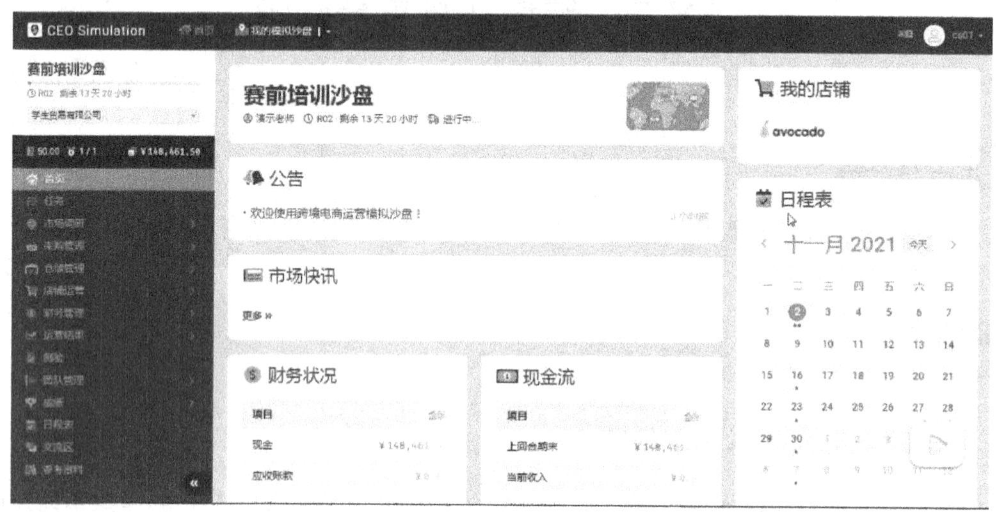

图 1-9　模拟沙盘主页面

模块内容

首页	跨境电商运营	数据分析	团队管理	学习辅助	成绩
信息面板	市场调研	财务分析	团队	任务	分数
回合时间	采购管理	订单分析	公司	测验	排名
	仓储管理	利润分析		日程表	
	店铺运营	库存分析		交流区	
	财务管理			参考资料	

图 1-10　沙盘主要模块内容

二、跨境电商模拟沙盘的特点

（一）沙盘的回合制

沙盘采用回合制。一个回合对应真实世界的某个时间长度，具体回合起始时间与时长由教师账号设定，每一回合结束后系统将计算成绩和排名。

注意：

（1）回合进行中，学生可以不断调整和修改自己所做的决策，如采购决策、运营决策、仓储决策、贷款决策等，但店铺一经开通无法关闭，店铺订阅费无法退回。

（2）回合结束时，系统会对学生所做决策进行计算，生成运营结果和成绩。

（3）回合结束后，之前回合的决策无法调整，学生将对系统给出的数据进行分析，优化运营决策。

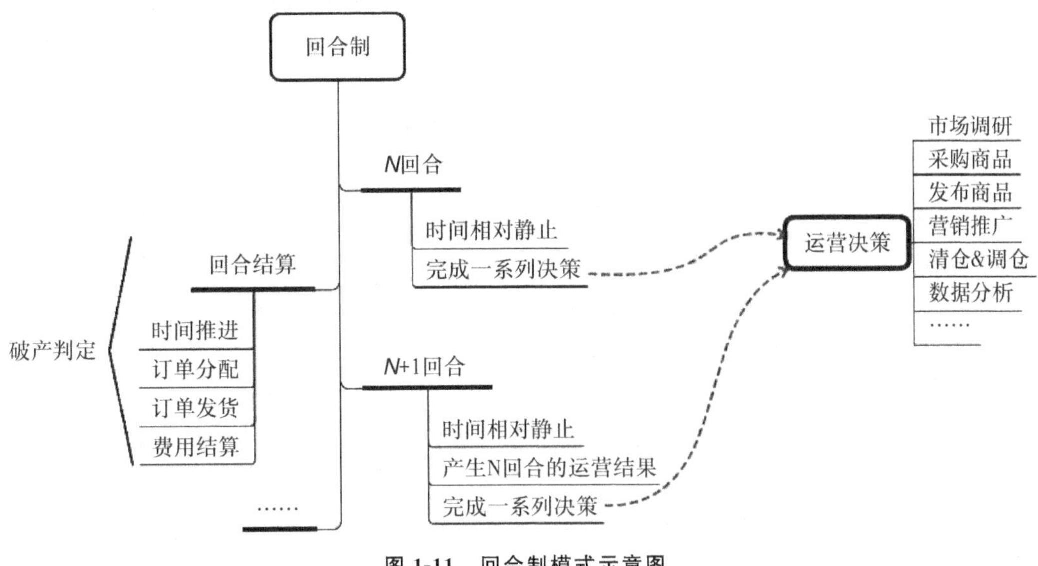

图 1-11 回合制模式示意图

（二）沙盘中的角色

沙盘的卖家由学生扮演，是沙盘中公司的经营者，同一团队中的同学共用初始资金，学生开通店铺并上架产品之后成为默认卖家。沙盘的买家是系统模拟的消费者，沙盘根据消费者需求偏好、采购习惯、价格接受程度等因素模拟购买。

（三）沙盘中的订单获取

学生采购产品后，需要将产品发布到运营的跨境平台销售，在回合结束结算时，系统会根据运营者决策进行统计计算，自动产生订单。

沙盘中模拟店铺订单的依据是学生所制定的运营决策，在系统中与众多参与者进行竞争博弈，回合末结算时再由沙盘系统根据真实运营情况进行模拟，在下一回合就可以在店铺的订单中看到出单情况。如果仓库中有库存，那么在出现订单的当前回合，系统就会直接自动发掉库存产品；而对于没库存或者库存不足的订单，系统会自动发掉有库存的部分，剩余的部分则需要学生去补货。货物补货将在下一回合达到仓库，系统将在回合末结算时自动进行发货。订单发货后，相关订单费用由系统自动结算，计入应收账款。

三、跨境电商模拟沙盘的流程模式

沙盘进入第一回合，学生需要了解沙盘中模拟的环境数据（包括市场、货币、税收、融资）、市场前期调研（第一回合无数据是正常情况，学生上架的产品会在回合结算后显示在跨境平台上)、电商平台、仓储物流。

教师可引导学生思考以下几个问题：

(1)我要出售什么产品？现在市场上流行什么？我需要在市场调研中看哪些部分以帮助我进行选品？

(2)各平台的特点是什么？我要开哪个或哪几个平台？

(3)哪个国家是我的主要目的国市场？针对这些国家市场我所做的调研有哪些？在此市场我所开的店铺以及我的产品和服务是否符合该目的国市场人群的购物需求？

(4)发布商品时我需要注意哪些地方,比如标题、定价、使用到的物流？遇到这些问题我需要到哪里寻找答案？

(5)是否需要去针对一些市场做一些投放性的广告？

…………

学生在做好自己的运营规划后,就进入操作部分,去实际采购商品、开通店铺、发布商品、营销推广,每一个部分都由学生根据自己的计划,有目的性地去操作。在回合结束后,系统将根据学生所做的运营操作,以真实的跨境电商环境为标准,模拟派发订单。

下一回合开始后,学生将会在开通的店铺中看到订单情况。

之后的回合,除了市场调研开发新品,还可以去看运营结果,分析订单报表。大体可以从以下几个方面去分析:产品选品与市场需求的符合度,产品在平台的竞争情况,产品的曝光量、浏览量与点击率等。若学生在运营过程中发现问题,则解决问题的办法是查看"运营结果"中的财务分析、订单分析、利润分析(订单发货后可查看)、库存分析,调整策略。

以上就是沙盘的基本模式。沙盘是一个反复尝试的过程,通过不断调整、优化产品发现最好的运营策略。所以每个回合都可以像第一回合一样去调研市场,进行采购,当店铺运营有了结果之后再去分析店铺情况,从而进行决策调整。值得提醒的是,回合过程中一定要时刻关注自己的资金链,以防资金在回合期末结算时小于零,从而导致破产。

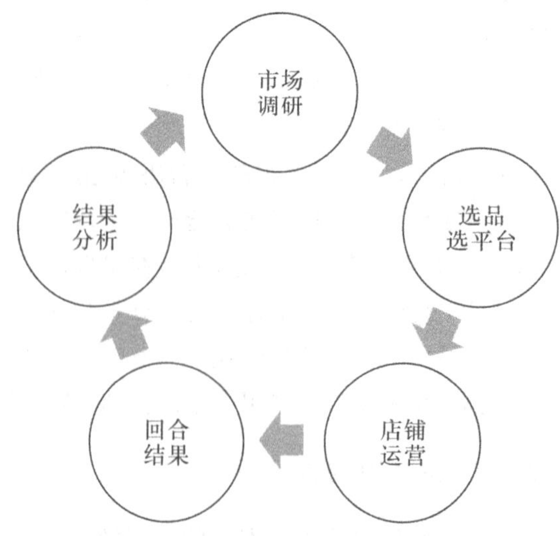

图 1-12　沙盘模拟流程示意图

四、沙盘评分规则

沙盘模拟有两种模式：一种是练习模式，另一种是竞赛模式。两种模式下的评分方式不同。

在练习模式下，评分由测试分数、任务分数以及公司分数三部分构成，各项占比分别为：测试分数20%、任务分数30%、公司分数50%。

在竞赛模式下，评分不包含测试分数、任务分数，竞赛成绩仅有公司分数。而公司分数又受多种因素影响，这些因素包括投资回报率分数和破产影响系数。如果团队经营过多家公司（如破产后重建新公司），则系统会取这些公司分数的最高值进行计算。同时，投资回报率分数受到投资回报率数值分数、投资回报率排名分数的影响。

能力拓展

熟练掌握模拟沙盘的主要模块所对应的基本内容：

1.当我们想要了解公司的盈利情况时，应当点击哪个位置进行查看？

2.当我们想为平台进行广告宣传营销时，应当点击哪个位置进行操作？

3.当我们想要了解巴西市场的流行趋势，进行市场调研时，应当点击哪个位置进行查看？

项目二 目标市场调研

学习目标

(一)知识目标

1.掌握海外市场容量及趋势。

2.熟悉跨境平台受众群体的特点。

3.掌握海外消费者购物习惯。

(二)技能目标

1.能够准确分析海外市场电商容量和趋势。

2.能够分析不同跨境平台及其受众群体的特点。

3.能够挖掘跨境沙盘市场信息,并填写实训任务书。

(三)素质目标

培养学生勤于探索、善于沟通的职业素养,提升创新能力和市场信息分析能力。

思维导图

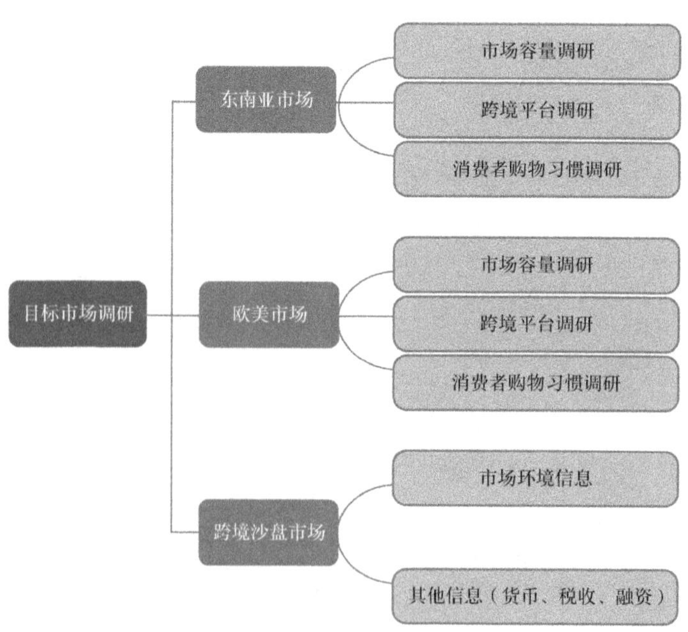

项目背景

通过学习，黎小新对跨境电商有了基础认知，并了解了全球主要跨境平台的概况。为了更好掌握不同消费者的喜好，企业导师王大全让黎小新对海外电商市场发展情况进行调研，掌握市场的需求、主流跨境电商平台和消费者购买习惯，并通过跨境模拟沙盘获取有利的市场信息，为跨境选品打好基础。

项目分解

跨境电商运营需要从目标国的基本国情、消费者的思想观念和心理习惯出发，根据不同区域消费者的个性特征制订不同的营销方案，同时注重消费者喜好、节日促销和平台营销。黎小新通过对东南亚市场和欧美市场的调研，掌握了市场概况、主流电商平台和消费者购物习惯。

任务一　东南亚市场

任务分析

本次任务以东南亚市场为对象，分别从东南亚市场概况、东南亚主要跨境电商平台和消费者购物习惯三个方面进行调研，了解东南亚市场需求和消费者的购买习惯。

知识储备

东南亚即亚洲东南部，包括缅甸、泰国、柬埔寨、老挝、越南、菲律宾、马来西亚、新加坡、文莱、印度尼西亚、东帝汶等11个国家，除东帝汶外，其他国家均为东盟成员国，市场发展前景广阔。东南亚也是世界上人口比较稠密的地区之一，以黄色人种为主，多华人聚居，与中国经贸合作紧密。

纵观全球跨境电商市场，相较于发展成熟的欧美市场，东南亚市场是富有潜力的海外跨境电商市场。东南亚是21世纪海上丝绸之路建设的枢纽地区，是电商发展的蓝海市场，也是中国跨境卖家开展出口电商的首选市场。

任务实施

一、东南亚市场概况

(一)互联网普及率

东南亚地区总人口约6.5亿，主要电商市场新加坡、马来西亚、印度尼西亚、菲律宾、越南和泰国的人口约5.8亿，这六个国家的互联网用户数量超过4.4亿。自新冠肺炎疫情暴发以来，网上购物已成为人们日常消费的主要方式。2021年，东南亚新增4000万互联网用户，这使得东南亚国家的互联网渗透率提升至 75%。庞大的人口基数市场、较为发达的互联网技术等因素为东南亚电商市场提供了发展机遇。

如表 2-1 所示，2021 年新加坡互联网普及率达到 90.0%，排名全球第 20 位，其后的东南亚国家依次是马来西亚(84.2%)、印度尼西亚(73.7%)、越南(70.3%)、泰国(69.5%)和菲律宾(67.0%)。

表 2-1　2021 年东南亚六国互联网普及率及排名

国家	互联网普及率	全球排名
新加坡	90.0%	20
马来西亚	84.2%	26
印度尼西亚	73.7%	34
越南	70.3%	36
泰国	69.3%	37
菲律宾	67.0%	39

数据来源：根据 Internet World Stats 数据整理。

(二)主要电商市场

《2021 东南亚数字经济报告》显示，东南亚数字经济规模(GMV)达 1740 亿美元，预计到 2025 年将超 3600 亿美元，并且到 2030 年有望达 1 万亿美元规模。其中，新加坡、印度尼西亚、马来西亚、菲律宾、泰国和越南都将有 19%～30%不等的互联网经济增长。

如图 2-1 所示，2020 年印度尼西亚是东南亚数字经济规模最高的国家，达 4400 万美元，同比增长 11%，预计到 2025 年将达到 12400 万美元。菲律宾 2020 年数字经济规模为 750 万美元，同比增长 6%，预计 2025 年增长率将达 30%，总规模将达到 2800 万美元，是增长最快的国家。

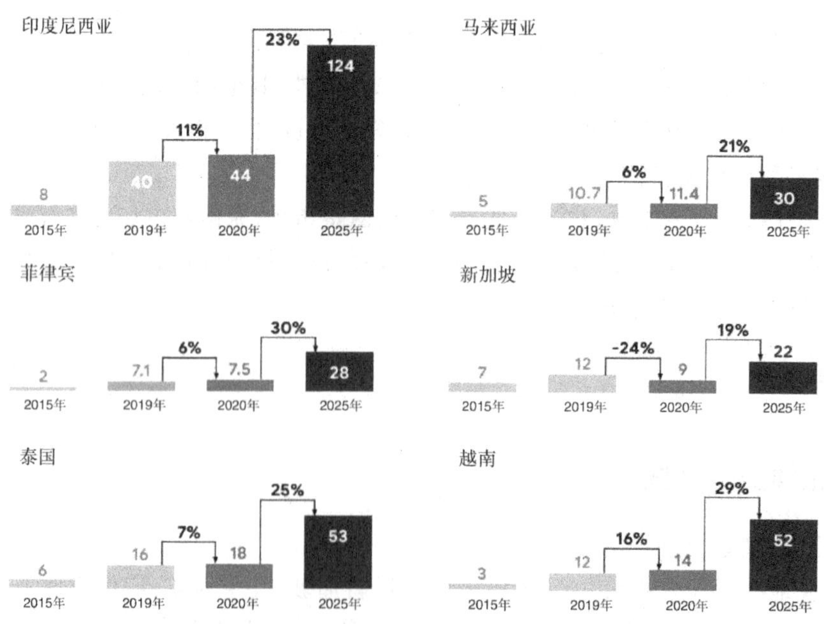

图 2-1　2020 年东南亚数字经济交易总额(单位：百万美元)

1.新加坡

新加坡拥有东南亚最成熟的电商市场，拥有完善的电商基础设施，以及高消费人群，互联网普及率超过90%，主要的国际电商巨头正在争夺新加坡市场。根据Statista的数据，2021年新加坡电子媒体电商市场规模预计将达到13亿美元，占电商总量的26.5%，时尚类将占电商总量的24.5%，家具家电将占电商总量的15.4%。

虽然新加坡在整个东南亚电商市场的份额并不大，但新加坡的电商人均消费额却是东南亚国家中最高的。用户对商品质量和电商服务有比较高的要求，价格是影响其用户购买的决定性因素之一。因此，中国卖家进入新加坡市场时要格外注重顾客忠诚度和持续回购意愿，为用户提供更优质、更优惠的商品以及更高效、更精准的配送服务。

2.印度尼西亚

根据Statista的数据，2020年印度尼西亚电商市场规模已经达到320亿美元，预计到2025年电商市场数字经济规模将达到830亿美元，是2020年的2倍有余，这意味着印度尼西亚市场将占整个东南亚电商市场50%左右的数字经济规模份额，发展前景较好。但在印度尼西亚电商市场中，只有5.93%的卖家是跨境卖家，超90%都是本土卖家。在数量逐渐增长的跨境卖家中，有供应链优势的中国卖家已利用完整的产品链路打造了中国制造产品圈层。数据显示，中国卖家占入局印度尼西亚跨境市场卖家的41%，其次则是美国(10%)和新加坡(10%)。

从行业来看，"时尚"、"电子 & 媒体"、"玩具 & 爱好 &DIY"、"家具 & 家电"以及"食品 & 个护"等五大品类，年复合增长率均超20%，在印度尼西亚电商市场有着健康的发展趋势和较大的上升空间，预计到2025年，五大品类的线上营业收入将突破500亿美元。从人口发展趋势来看，到2025年，印度尼西亚地区的网购人数将达到2.2亿，意味着印度尼西亚市场的人口红利将在跨境电商行业日渐凸显。

印度尼西亚消费者在网购前会通过谷歌搜索来查看产品评论，YouTube、Facebook以及Instagram等使用程度很高的社媒软件，还有包括Line和WhatsApp在内的即时通信工具相关群组里与品牌和产品相关的评价等都是印度尼西亚消费者在进行线上消费时的"参考书"。

3.菲律宾

菲律宾总人口1.2亿，人口数位居东南亚第二，有着约7300万的互联网用户，电商渗透率约为70%，人日均使用互联网的时间约为9小时。在整个东南亚电商行业中，菲律宾电子商务销售份额较低，但由于不断增长的网络和智能手机的普及率，以及日益壮大的中产阶级和年轻群体，菲律宾电商行业存在着巨大潜力。

GlobalData数据预测，2021年菲律宾电商交易额将达55亿美元，同比2020年增加15%，菲律宾的网购者更倾向于购买电子类、服装类、鞋类、美容类及小工具类产品。菲律宾的消费者在社交媒体上最为活跃，平均每天花4小时，社交媒体的普及对于电商和独立商户来说都充满着机遇。

4.马来西亚

马来西亚人口约3200万，活跃互联网人数达2584万，互联网普及率约84%。2021年，马来西亚电商市场规模达62.97亿美元，增势在《区域全面经济伙伴关系协定》

(RCEP)成员国中排名第一。

电子消费品和流媒体目前是马来西亚领先的销售类别,其次是家具和时尚类产品。马来西亚人喜欢的购物平台包括 Lazada、11STREET、Lelong、Shopee 等,并倾向于从中国、新加坡、日本、美国、韩国等国家购买商品。跨境卖家在马来西亚收入排名前三的国家依次是中国、新加坡、日本。

二、东南亚主要跨境平台

(一)Lazada

1.平台简介

Lazada 集团成立于 2012 年,中文名为来赞达,官网为 http://www.lazada.com/,总部在新加坡,是东南亚最大的网上购物平台,在印度尼西亚、马来西亚、菲律宾、新加坡、泰国和越南六个国家开展电商业务,同时在中国香港、韩国、英国以及俄罗斯设立办事处。目前,Lazada 平台用户超过 3 亿个 SKU(stock keeping unit,库存量单位),主要经营 3C 电子产品、家居用品、玩具、时尚服饰、运动器材等产品。

图 2-2　Lazada 平台首页

2016 年 4 月 12 日,阿里巴巴集团以 10 亿美元控股东南亚领先的电商平台 Lazada。截止到 2021 年 12 月,阿里巴巴集团先后投资达 40 亿美元,控股占比达 83%,Lazada 成为阿里巴巴东南亚旗舰电商平台。Lazada 持续打造区域最好的电商数字生态系统,帮助更多的东南亚本土商家成长,未来将服务 3 亿东南亚消费者,实现年均数字经济规模 1000 亿美元的增长目标。

2.入驻条件

(1)企业营业执照。

(2)法人身份证。

(3)需要有 Payoneer 卡(以下简称 P 卡),同时必须要以企业形式注册,在入驻

Lazada 时收到的第二封邮件会有 P 卡注册的通道。

(4)卖家必须有一定的电商销售经验，如在 Amazon、速卖通、Wish、eBay 等有开店经验。

(5)如有品牌请提供品牌证书，如有品牌授权需提供品牌授权书。

3.平台费用

(1)订单佣金(commission)。Lazada 全站点收取 1%～4%的佣金，无需年费。

(2)货物服务税(goods and services tax,GST)。Lazada 平台对每个国家的增值税有所不同，马来西亚增值税税率为 6%，新加坡和泰国增值税税率均为 7%，印度尼西亚和越南增值税税率均为 10%，菲律宾增值税税率为 12%。

(3)账务处理费。Lazada 开店费用中账务处理费是固定的，为每笔订单金额总额的 2%。

(4)运费及其他费用。Lazada 平台推出 LGS(Lazada Global Shipping)全球配送方案，也可以由卖家自行运输，因此在运费成本计算时根据卖家发货所选方式不同而定。

此外，其他的费用还包括各国关税、Payoneer 手续费等。

(二)Shopee

1.平台简介

Shopee 是东南亚及中国台湾地区的电商平台，中文名为“虾皮”，官网为 http://www.shopee.com/，2015 年于新加坡成立并设立总部，随后拓展至马来西亚、泰国、中国台湾、印度尼西亚、越南、菲律宾及巴西等市场。截至 2022 年，Shopee 在墨西哥、哥伦比亚、智利、波兰、西班牙、法国和印度增设站点，拥有丰富的商品种类，包括电子消费品、家居、美容保健、母婴、服饰及健身器材等产品。

图 2-3 Shopee 站点

Shopee 拥有 7000 万活跃卖家，是东南亚发展最快的电商平台。2016 年，Shopee 进入中国并于深圳设立总部，全面开启中国跨境业务；2017 年在上海设立办公室，服务华东市场；2019 年在厦门落成首个 Shopee 跨境孵化中心，并与杭州达成战略合作；2020 年 Shopee 义乌运营中心开业，跨境业务合作日益紧密。

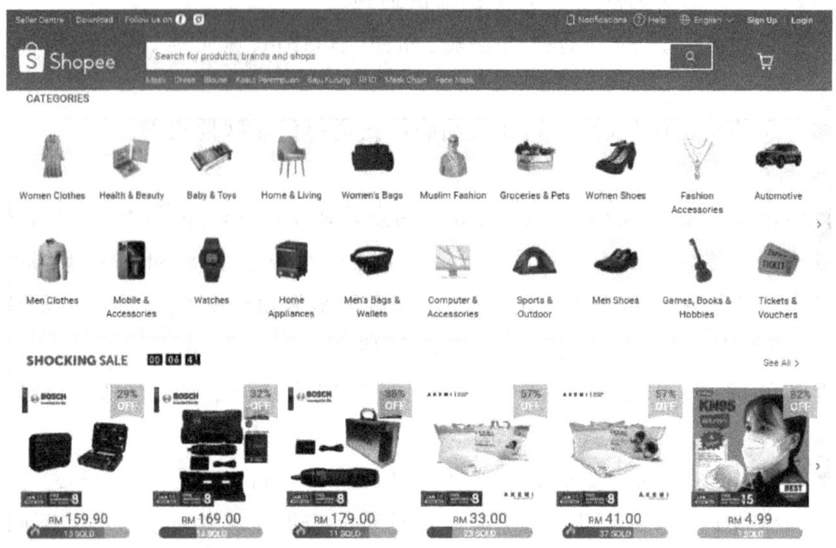

图 2-4　Shopee 平台首页

2.入驻条件

(1)企业营业执照或者个体户营业执照。

(2)法人身份证。

(3)内贸平台(淘宝、京东等)或跨境平台(亚马逊、速卖通等)近三个月的店铺流水，商品数量达到 100 款以上。

(4)未注册过 Shopee 的手机号和 QQ 邮箱。

3.平台费用

(1)订单佣金。只针对完成的订单收取，佣金的基数不包含订单运费。Shopee 向首次入驻平台的新卖家提供 3 个月的免佣期，新卖家各站点免佣时间以卖家在相应平台开设店铺的日期开始计算。

(2)交易手续费。收取手续费的基数包括买家支付的运费，从 2019 年 1 月 1 日开始，Shopee 对卖家收取 2%的交易手续费，该费用实际为需要支付给交易清算服务商的手续费，此前该部分费用一直由 Shopee 承担。

(三)11STREET

1.平台简介

11STREET 中文名为 11 街，官网为 https://global.11st.co.kr/，是韩国移动通讯巨头 SK 旗下知名电商平台，其方便简捷的用户体验以及多样化的支付方式对用户具有不小的吸引力，平台消费群体以 20～40 岁人群为主。目前，11STREET 在马来西亚、泰国和土耳其均开设站点。

2.入驻条件

(1)企业营业执照，并拥有对公美元收款账户。

(2)法人身份证明。

(3)银行账户证明。

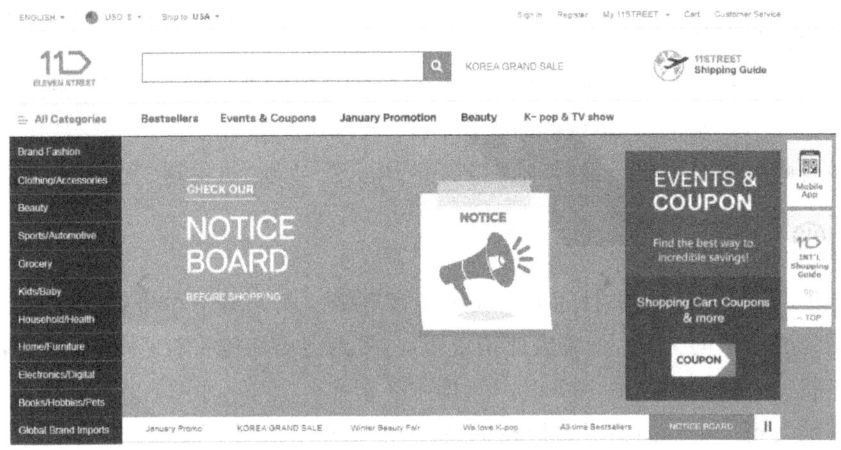

图 2-5 11STREET 平台首页

3.平台费用

(1)订单佣金。全品类收取 12%的佣金费用。

(2)平台免刊登费用、店铺租金。

(四)Qoo10

1.平台简介

Qoo10 中文名为“趣天”,官网为 https://www.qoo10.sg/,是新加坡的第一大电商平台。2009 年 eBay 斥资 12 亿美元收购 Gmarket,并于 2012 年在新加坡成立 Qoo10 公司。Qoo10 成为在中国、新加坡和其他许多亚洲国家非常受欢迎的电子商务平台,目前平台在新加坡、印度尼西亚、中国、日本、马来西亚等 5 个国家设有 7 个本地市场。“Q”指 quest,即探索,“oo”表示眼睛,“10”则指十全十美,寓意消费者能在网站上找寻到各种满意的商品。平台商品种类繁多,优势品类为时尚、3C、美容类,热销商品包括男装、女装、童装、母婴用品、家电、家居、美容、食品、化妆品等。

图 2-6 Qoo10 平台首页

2.入驻条件

(1)身份证明文件。

(2)能够接收新元的银联卡,可以是公司对公账户收新元,或者个人账户收新元,不一定需要法人账户。一般平台确认产品妥投后15天打款。

(3)具备跨境电商行业经验,注册时提供eBay、亚马逊、速卖通、Wish等店铺链接用于审核。

3.平台费用

(1)订单佣金。收取的平台佣金取决于卖家等级。卖家分三个等级,即标准、优秀和高级,开始为成交额的15%,随着店铺销量增加,平台会给店铺进行评分,也会降低佣金。

(2)年费。入驻需要充值10000Q币,即100新元。

(3)其他费用。平台招商不收取招商费用,产品单个上传不收费,但批量上传产品1个SKU收取1Q币。

三、消费者购物习惯

(一)支付习惯

电子支付是指消费者、商家和金融机构之间使用安全电子手段把支付信息通过信息网络安全地传送到银行或相应的处理机构,以实现货币支付或资金流转的行为。支付方式是电商转化的重要环节。不同国家发展程度不尽相同,令消费者感到安心的支付方式也不一样。2021年东南亚国家电商支付方式中,现金支付方式占比下降至59%,但依然占据主导地位;信用卡、借记卡和预付卡等银行卡支付方式占比为19%;转账(A2A)支付在新加坡和泰国较为流行;电子钱包(e-wallet)使用最少,多数东南亚消费者还是首次体验数字支付。

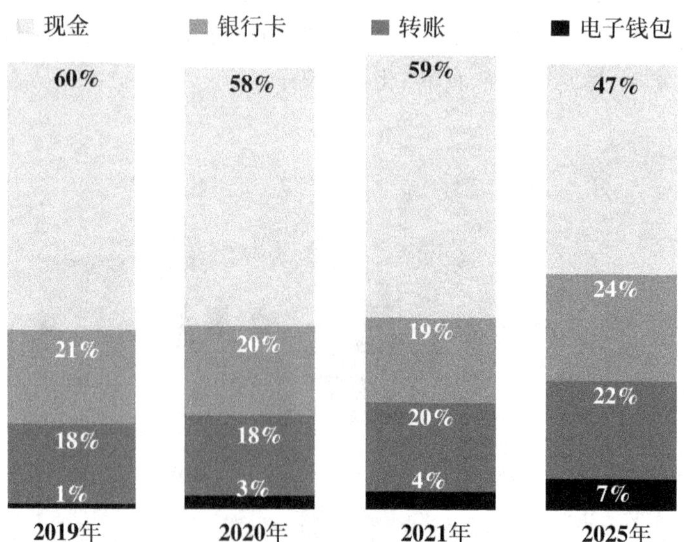

图2-7 2019—2025年东南亚国家电商支付方式比例构成

数据来源:“e-Conomy SEA2021”报告。

1.印度尼西亚

银行卡是印度尼西亚消费者首选的在线购买付款方式(占比 34%),大多数交易都是使用本地银行卡完成的,其次是转账(29%)和电子钱包(17%)。

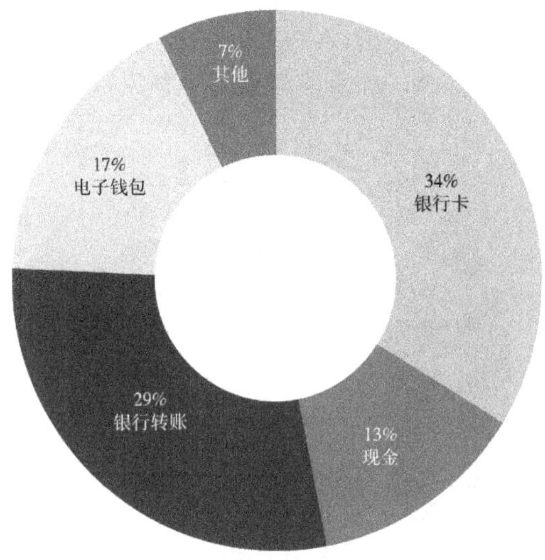

图 2-8 印度尼西亚网购支付方式

数据来源:“Southeast Asia: The New E-commerce Frontier”(PPRO),2020。

2.马来西亚

银行转账是马来西亚电商市场主要的电子支付方式,占所有交易的 46%;其次是银行卡支付,占比 32%;现金支付占比 11%。马来西亚银行普及率达到 85%,人均拥有借记卡 1.33 张,信用卡仅有 0.32 张。马来西亚流行的本地支付方式包括 Boost(生活方式电子钱包)、GrabPay(移动钱包)、Touch 'n Go(数字钱包和在线支付平台)以及 Financial Process Exchange(FPX,银行转账方式)。

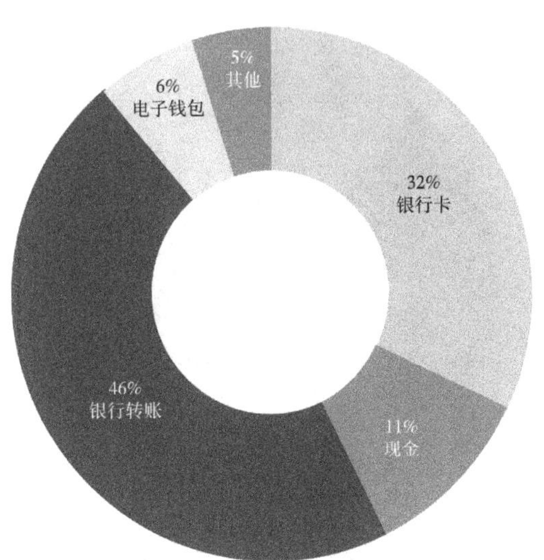

图 2-9 马来西亚网购支付方式

数据来源:“Southeast Asia: The New E-commerce Frontier”(PPRO),2020。

3.菲律宾

尽管数字化迅速,但习惯却难以改变,现金仍然是菲律宾消费者首选的在线付款方式。在菲律宾,网上购物现金支付的比例为37%,其次是银行转账(占29%)和银行卡(占22%)。菲律宾流行的付款方式有Dragonpay(在线付款平台),该平台允许商户通过非传统方式接收付款,例如在实体付款柜台,ATM和移动钱包中使用现金或支票。电子钱包GCash和移动银行应用程序PayMaya是菲律宾另一种流行的付款方式。

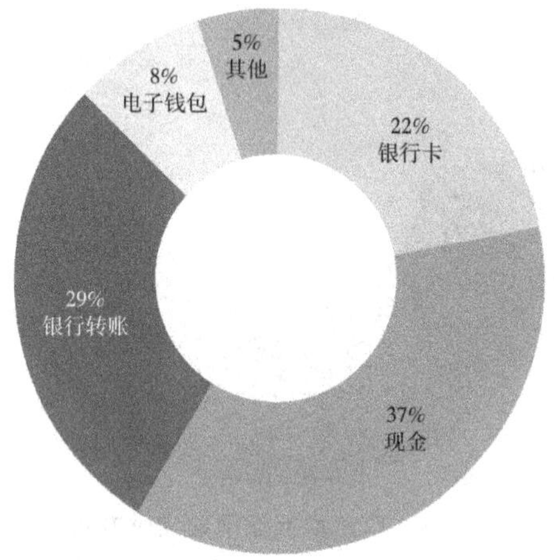

图 2-10 菲律宾网购支付方式

数据来源:"Southeast Asia: The New E-commerce Frontier"(PPRO), 2020。

4.新加坡

新加坡在线购物的用户中,75%是使用信用卡或借记卡付款的,这与其他东南亚市场形成鲜明对比;其次是电子钱包和银行转账,两者均为10%。新加坡流行的付款方式有GrabPay、PayNow(实时银行转账付款方式)和hoolah(先购买后付款的付款解决方案)。

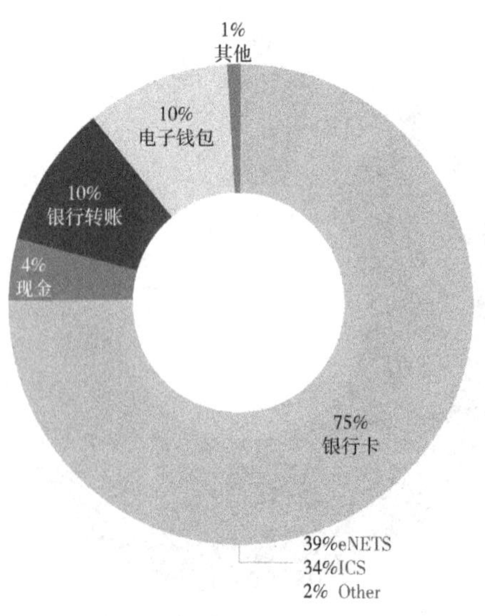

图 2-11 新加坡网购支付方式

数据来源:"Southeast Asia: The New E-commerce Frontier"(PPRO), 2020。

5.越南

在付款方式上，越南电商消费者最喜欢使用信用卡或借记卡(35%)，银行转账和现金紧随其后，分别占26%和21%，电子钱包占15%。越南本地电子钱包支付品牌中，MoMo Wallet和ZaloPay比较出名，其中MoMo Wallet在2019年被评选为越南最受欢迎的电子钱包，ZaloPay是即时通信软件Zalo旗下的支付方式，用于网购付款、收付款、红包收发、生活缴费等支付领域。

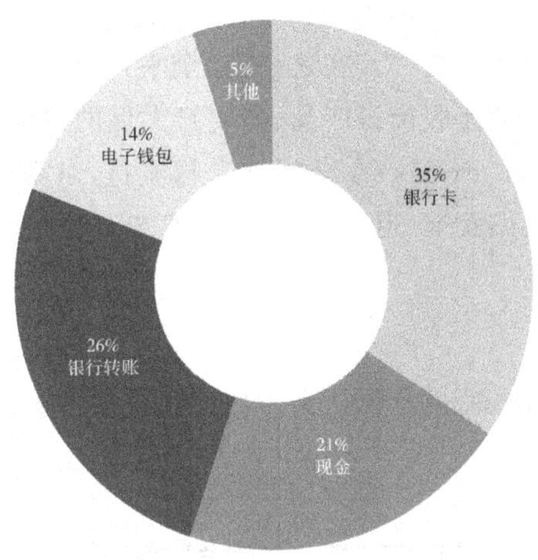

图2-12　越南网购支付方式

数据来源："Southeast Asia: The New E-commerce Frontier"(PPRO)，2020。

对卖家而言，主流电商平台有各自的收付款习惯。如Lazada平台支持Payoneer和WorldFirst，要求卖家必须于SellerCenter绑定P卡，否则无法上传产品；而Shopee平台收款方式支持连连、Payoneer、pingpong，卖家需在开店后立即完善。

(二)购物习惯

通过节日进行促销是电商重要的营销手段。东南亚比邻中国，与中国建交多年且拥有众多华侨，所以中国诸多传统行业也早已纷纷出海东南亚，甚至在东南亚占有一席之地。

首先，1月有年货节。东南亚市场华人众多，故将各种过年习俗带到了海外，新加坡、马来西亚、越南、印度尼西亚等国家更是把春节列为法定假日。除了传统的春节物件，各种各样的节庆食品、新衣服、新物件，给家人和朋友赠礼，都是人们庆祝新年的方式。许多华人社区甚至在除夕来临前一个月就开始做准备，节庆氛围提前拉满，电商消费需求旺盛。所以，每年的1月至春节前夕的电商销售都会激增，各大电商平台和卖家都会推出不同力度的促销活动。

其次，斋月是宗教节日，是伊斯兰历第9个月，也是电商的购物狂欢节。在穆斯林人口众多的东南亚，这个月的电商市场尤为火爆，其中印度尼西亚是世界上拥有穆斯林人口最多的国家。在斋月期间，许多消费者会进行房屋装饰、节日食品和新衣服采购，以便为斋月后的开斋节做准备。同时，随着线上消费普及率的上升，东南亚电商消费者对斋月期间相关用品的网购市场有很大的助推作用。如2021年的入斋时间为2021年4月13日，出斋时间为 2021 年 5 月 13 日，电商大促从 4 月开始持续了 1 个多月。

再次，6—7 月的年中大促、9 月“99 大促”、11 月的“双 11”和 12 月的“双 12”是中国最大的电商促销日。随着东南亚跨境电商与物流体系日趋成熟，更多中国电商节日被引入当地市场，Shopee、Lazada、11STREET、天猫出海等平台纷纷开启不同力度的电商节日促销，品类包括服饰时尚、手机平板、运动户外、智能设备、摩托汽配等热销产品。

最后，平台周年大促也是重要的电商节日。Lazada 生日大促也就是 BDay，一般是 3 月 27 日，全站点都参与，每年实际活动时间不一样，活动力度也不一样。Shopee 周年庆为 12 月 12 日，是全年重点大促之一。在这一天，全平台销量暴增，尤其是 3C 家电、时尚配饰、美妆护肤、家居生活、潮流服饰等产品，是生日大促的热销产品。

此外，黑色星期五(black Friday)在全球越来越流行，东南亚国家也开始参与黑色星期五的庆祝活动。情人节、妇女节、返校节、圣诞节等节日也是电商促销的重要推力。

能力拓展

试总结东南亚市场的特点，说说你认为应如何制订跨境运营方案。

任务二　欧美市场

任务分析

本次任务以欧美市场为对象，从欧美市场概况、欧美主要跨境电商平台和消费者购物习惯三个方面进行调研，了解欧美市场需求和消费者的购买习惯。

知识储备

欧美市场是欧洲市场和美洲市场的简称，是我国对外贸易的主要目标市场。欧美地区市场容量大，电子商务起步早、应用广，但竞争激烈，对产品质量要求也比较高。美国和德国是典型的发达国家，俄罗斯和巴西都是金砖国家，电商行业发展各具特点。

美国是世界上最大的经济体，也是世界第二大电商市场，包括亚马逊和 eBay 在内的诸多跨国电商公司的总部都位于美国，互联网技术总体领先世界。德国作为欧洲第一大经济体，人口众多，基础设施完善，人们生活水平普遍较高，是欧洲第二大零售电商市场。俄罗斯在商品市场上拥有巨大的潜力，特别是中俄邻国关系和长期友好的政治同盟，再加上现在互联网的渗透和交通运输线路的发展，所以俄罗斯跨境电商市场有广阔前景。巴西是拉丁美洲网络市场规模最大的国家，也是增速最快的电商市场。

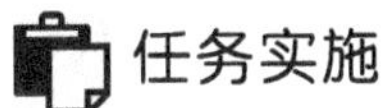

任务实施

一、欧美市场概况

(一)互联网普及率

根据《2020 年数字报告》的统计数据,全球互联网用户数约为 45.4 亿,普及率达 59%。全球互联网技术的快速发展与应用普及带来互联网渗透率的持续提升,截至 2021 年 3 月 31 日,全球互联网渗透率达 65.6%,其中北美地区互联网渗透率最高,达到 93.9%;其次为欧洲地区,互联网渗透率为 88.2%。

美国作为世界互联网大国,引领世界互联网技术创新发展,但其互联网普及率为 90.0%,排名全球第 18 位,落后于互联网普及率为 94.0%的德国。俄罗斯和巴西均是新兴市场的代表,互联网普及率分别为 85.0%和 75.0%,排名全球第 24 和 32 位。在互联网普及率不断增长和消费者对网上购物的信任度不断提高的推动下,全球线上零售业持续增长。再加之近年来新冠肺炎疫情的影响,线下消费受限,进一步推动了电子商务的发展。

表 2-2　2021 年欧美四国互联网普及率及全球排名

国家	互联网普及率	全球排名
德国	94.0%	10
美国	90.0%	18
俄罗斯	85.0%	24
巴西	75.0%	32

数据来源:根据 Internet World Stats 数据整理。

(二)主要电商市场

1.美国

美国是世界经济最发达的国家,总人口约 3.3 亿,超 90%的网民进行网购,在目前全球所有电子交易额中,大约 50%以上都发生在美国。美国电商的应用领域和规模都远远领先于其他国家,线下零售是美国最大的销售市场,而电商市场是美国零售商的主要增长动力。根据美国商务部统计,2020 年美国电商销售额增长率为 32%,达到 7900 亿美元,电商占零售总支出的 14%。

2020 年新冠肺炎疫情爆发,人们频频居家隔离,消费也从线下大批量转至线上,线上销售因此获得大幅增长。美国主要电商平台有 Amazon、eBay、Walmart、Etsy、Target、AliExpress 等。2021 年,实体门店陆续重新开业,电商销售额的增长速度便有所放缓。即便如此,Amazon 仍然展示出强劲的发展态势。Statista 数据显示,Amazon 在 2021 年近乎占据了美国电商市场的半壁江山,切下市场 41%的蛋糕,遥遥领先于其他零售商,且仍在增长。

2.俄罗斯

俄罗斯总人口约 1.45 亿,拥有欧洲最大的在线客户量,俄罗斯消费者对海外商品有着浓厚的兴趣,甚至在这个幅员辽阔国家的最偏远角落,网购规模也在逐渐增长。俄罗斯电商企业协会(AKIT)数据显示,2020 年俄罗斯电商交易总额为 3.22 万亿卢布,同比增长 58.5%。

电子商务的快速增长离不开互联网普及率和线上消费者的大幅上升,根据 eShop-World 的报告,2019 年俄罗斯国民中有 92%的 18~24 岁群体、83%的 25~39 岁群体和 60%的 40~54 岁群体每天都使用互联网,促进了线上购物消费模式的发展。

AliExpress(速卖通)和 eBay(易贝)是俄罗斯电商市场两个占主导地位的外国电商零售平台,这两个平台共占据俄罗斯 80%的跨境贸易电商市场份额。俄罗斯居民电商市场热销类目主要包括服装和鞋类、化妆品、家用电器和家庭用品、消费电子产品和计算机硬件、汽车零部件以及儿童商品等。

3.德国

德国拥有 7900 多万互联网用户,渗透力及偿付能力较高。2020 年德国的电商规模为 833 亿欧元,同比增长 14.6%。德国拥有健全的供应链设施,并且在通关效率、物流基建服务等方面十分专业高效,这些在很大程度上都促进了电商的快速发展。

德国电商市场受到了美国多领域平台的支配,尤其是 Amazon 和 eBay,Amazon 德国站和 eBay 德国站的月访问量分别超过 4.3 亿和 2.2 亿,遥遥领先于其他竞争对手,占据了德国主要的电商市场份额。电商热销类目包括家居品类、电子与数码类、服装配饰类、户外运动类、美妆护肤类等。

4.巴西

作为拉丁美洲最大的经济体,也是该区域最大的电商市场,疫情之下,巴西电商的发展突飞猛进,移动电商更是前进的主力。Statista 公司提供的资料显示,2020 年,线上购物为巴西创收 1263 亿巴西雷亚尔(约 248 亿美元),比上年增长 68%。2020 年,访问量最高的电商平台 Mercado Livre 在巴西获得的收入近 22 亿美元,同比增长 50%。在拉丁美洲前十名的电商平台中,以 Americanas 为首的巴西本土网站占领了七个席位,其中有纯电商平台,也有实体零售店发展的线上商店。

尽管受到疫情和汇率波动的影响,跨境电商在巴西的发展势头十分迅猛,来自亚洲的电商也在巴西市场蓬勃发展。Shopee 于 2019 年进入巴西,据 App Annie 的移动状态报告,2020 年 Shopee 已成为巴西下载量第九的应用程序,具有广阔的运营前景。2020 年,阿里集团旗下的跨境电商 AliExpress 在巴西的销售额增长 130%。三大国际电商 AliExpress、Amazon 和 Wish 已经在巴西站稳市场,新晋者 Shopee 也显示出了快速增长的趋势。

二、欧美主要跨境平台

(一)Amazon

1.平台简介

Amazon 成立于 1994 年,中文名为"亚马逊",总部位于美国西雅图,官网为 https://www.amazon.com/,是网络上最早开始经营电子商务的公司之一。Amazon 最初只经营书籍销售业务,现在则扩及至范围相当广的其他产品,成为全球商品品种最多的网上零售商和全球第二大互联网企业,也是美国最大的一家网络电商公司。

Amazon 平台目前共有 17 个站点，北美有美国、加拿大和墨西哥 3 个站点，欧洲有英国、意大利、西班牙、德国、法国、荷兰、瑞典和波兰 8 个站点，亚洲有日本、印度、新加坡、阿联酋和沙特阿拉伯 5 个站点，大洋洲有澳大利亚 1 个站点。所有站点均向中国卖家开放，热销经营类目包括书籍、电子产品、玩具和游戏、运动服装、珠宝等。

图 2-13　Amazon 平台首页

2.入驻条件

(1)企业营业执照。

(2)法人身份证。

(3)可进行国际付款的信用卡，VISA 或者 MasterCard 均可，首选 VISA。

3.平台费用

(1)佣金。销售佣金适用于所有卖家，但不同品类商品的销售佣金比例和按件最低佣金都有不同的规定，具体比例和费用可登录官网查询。

(2)月服务费。英国站点 25 英镑/月，法国、德国、西班牙、意大利、荷兰和瑞典站点 39 欧元/月，日本站点 4900 日元/月，开启两个或者以上站点账户，可以享受多站点月租费总额 39.99 美元。

(3)FBA 费用。使用亚马逊物流(fulfillment by Amazon，FAB)会收取仓储费、配送费及其他相关费用。

(二)Wish

1.平台简介

Wish 是 2011 年成立的一家高科技独角兽公司，有 90%的卖家来自中国，也是北美和欧洲最大的移动电商平台，官网为 https://merchant.Wish.com/。Wish 旗下共拥有 6 个垂直的 App，提供多种产品类别：Geek 主要提供高科技设备，Mama 主要提供孕妇和婴幼儿用品，Cute 专注于美容产品、化妆品、配饰和衣服，Home 提供各种家居配件，Wish for Merchants 则是专门为卖方设计的移动 App。

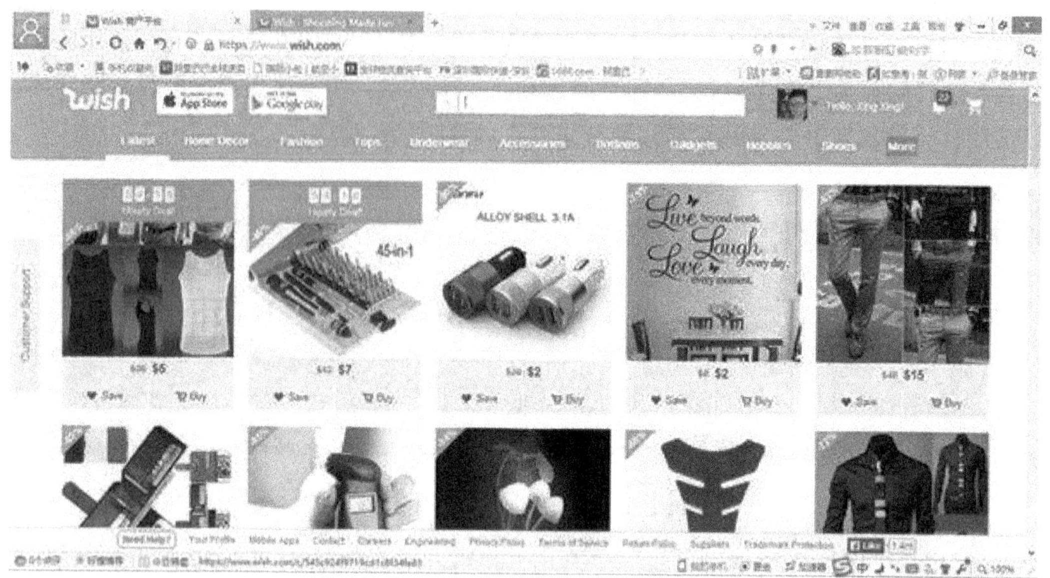

图 2-14 Wish 平台商户首页

Wish 平台 98%的流量和 95%的订单都来自移动端，就目前移动互联网发展趋势来看，Wish 平台在移动电商的潜力巨大。由于平台定位是欧美发达地区，客户先看到图片，然后才是价格，因此低价在 Wish 上其实是不占优势的。平台核心品类包括服装、饰品、手机、礼品等，此外家居用品、美容妆发、鞋靴和箱包、母婴用品等也是热销产品。

2.入驻条件

Wish 平台入驻分为个人入驻和企业入驻。个人入驻在注册时提供注册邮箱、注册手机号、地址、个人信息、支付服务商信息等，个体工商户也只能按个人账户进行注册。企业入驻除了提供个人入驻的信息外，还需要提供企业营业执照、税务登记证。

3.平台费用

Wish 平台无使用费、年费、保证金，产品售出后，Wish 将从每笔交易中按一定百分比或按一定金额收取佣金，即卖出物品之后收取这件物品收入(售价＋运费)的 15%作为佣金。

(三)eBay

1.平台简介

eBay 成立于 1995 年，中文名为“电子湾”、“亿贝”或“易贝”，官网为 http://www.eBay.com/，总部位于美国加利福尼亚州，是一个集线上拍卖和买卖于一体的购物网站。eBay 入驻门槛相对较低，其销售模式除一口价、拍卖两种方式外，还有两者结合的模式，以及定价出口、无底价竞拍等。平台热销类目包括电子产品、服装鞋帽、摄影器材、配件首饰类、兴趣爱好、汽车用品等。

目前，eBay 全球站点包括阿根廷、丹麦、爱尔兰、菲律宾、澳大利亚、芬兰、意大利、波兰、泰国、奥地利、法国、韩国、葡萄牙、土耳其、比利时、德国、马来西亚、俄罗斯、英国、巴西、希腊、墨西哥、新加坡、越南、加拿大、荷兰、西班牙、中国、匈牙利、新西兰、瑞典、捷克、印度、挪威、瑞士等。美国站点是 eBay 站点中最成熟且流量最大的站点，也拥有最多的活跃买家和商品页面，同时竞争也最激烈。

图 2-15　eBay 平台首页

2.入驻条件

eBay 入驻分为个人入驻和企业入驻，个人入驻比较简单，注册时提供邮箱即可，企业入驻需要提供以下材料：

(1)企业营业执照。

(2)法人身份证明材料。

(3)地址证明材料。

(4)PayPal 账号。eBay 目前仅支持 PayPal 一种收款方式。

(5)双币信用卡，如 eBay、MasterCard 等。

3.平台费用

(1)刊登费(insertion fee)。当卖家创建 listing 刊登时，会收取刊登费。每个月卖家都将获得至少 50 条免刊登费(zero insertion fee，ZIF)的 listing。如果订购了 eBay 店铺，将获得更多的 ZIF 条数，卖家只需要为超出这个数字的 listing 支付刊登费。eBay 每 30 天收取一次刊登费。

(2)成交费(final value fee)。当产品售出时，eBay 会收取成交费。成交费收取是基于买家付款金额的一定百分比来收取的，包含了产品费用和运费处理费，具体比例可登录官网查看。需要注意的是，如果出现买家不付款等情况，成交费是可以返还，但如果账号表现不佳，跌入“Below Standard”级别后，成交费会增加 4%。

(四)速卖通

1.平台简介

速卖通成立于 2010 年，英文名为 AliExpress，是阿里巴巴旗下的面向国际市场打造的跨境电商平台，被广大卖家称为“国际版淘宝”，官网为 https://www.aliexpress.com/。全球速卖通面向海外买家客户，通过支付宝国际账户进行担保交易，并使用国际物流渠道运输发货，是全球第三大英文在线购物网站。该平台对价格比较敏感，低价策略比较明显，且侧重点在新兴市场，特别是俄罗斯和巴西。

作为阿里巴巴未来国际化的重要战略产品，速卖通已成为全球最活跃的跨境电商平台之一，并依靠阿里巴巴庞大的会员基础，成为目前全球产品品类最丰富的平台之一。平台产品覆盖 3C、服装、家居、饰品等 30 个一级行业类目，其中热销产品包括服装服饰、手机通信、鞋包、美容健康、珠宝手表、消费电子、电脑网络、家居、汽车摩托车配件、灯具等。

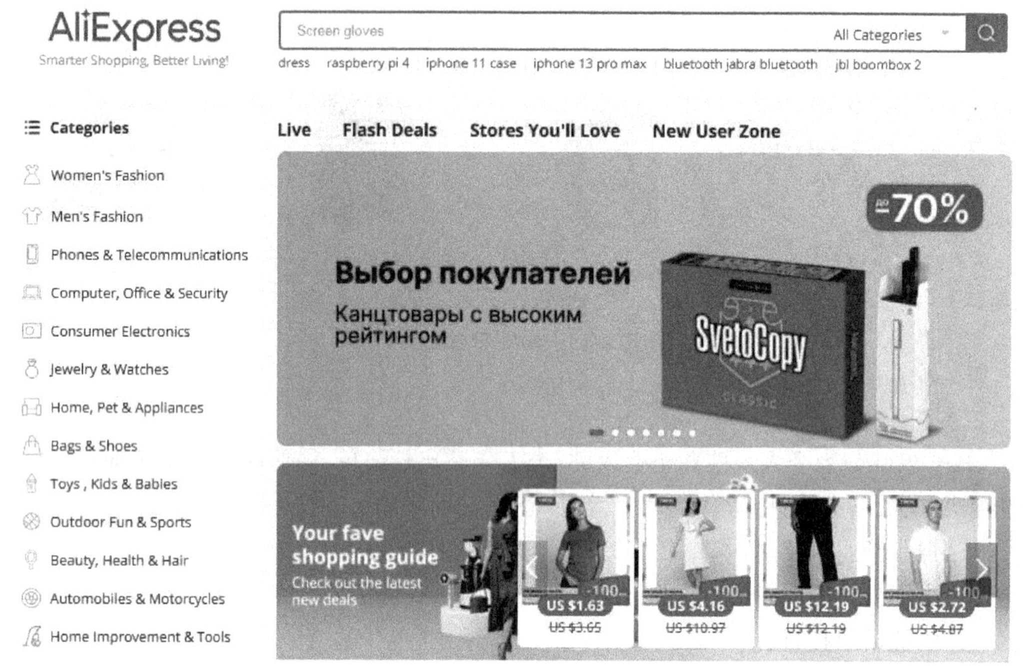

图 2-16　速卖通平台首页

2.入驻条件

个体工商户或企业身份均可在速卖通开店，须通过支付宝账号完成身份认证。店铺类型分为官方店、专卖店和专营店，三种店铺类型在注册时均需提供以下资料：

(1)企业营业执照副本复印件。

(2)企业税务登记证复印件(国税、地税均可)。

(3)组织机构代码证复印件。

(4)银行开户许可证复印件。

(5)法定代表人身份证正反面复印件。

3.平台费用

(1)保证金。卖家入驻速卖通无须缴纳年费，但需要缴纳保证金。从 2019 年 11 月起，速卖通取消原有的年费激励返还机制，新入驻的卖家无须再缴纳年费，而是需要按入驻类目缴纳一定的保证金，金额在 1 万～5 万元不等，具体以每个类目收取的保证金为准。

(2)佣金。速卖通会对每笔订单收取一定比例的佣金，费率在 5%～8%不等，具体以每个类目收取的佣金为准。

(3)商标费用。速卖通要求卖家必须有品牌商标才能入驻，卖家可以自己去注册商标，费用在 500～1000 元不等；也可以获取商标授权，只是每年都要支付一笔商标授权费用。

(4)提现手续费。平台通过企业支付宝进行收款，若提现人民币，则不收取任何手续费；若提现美元，则需要收取 15 美元/笔的提现手续费，手续费直接从提现金额中扣除。

三、消费者购物习惯

(一)支付习惯

1.美国

北美地区是全球最发达的网上购物市场,该地区的消费者习惯并依赖于各种先进的电子支付方式。网上支付、电子支付、邮件支付,甚至是国内 Wintopay(赢支付)在线收款通道等支付方式对于美国的消费者来说都不陌生。美国第三支付服务公司可以处理支持 158 种货币的 VISA(维萨)和 MasterCard(万事达)信用卡,支持 79 种货币的 American Express(美国运通)卡,支持 16 种货币的 Diners(大莱)卡。

2.俄罗斯

在俄罗斯市场上,支付和物流是最大障碍,且俄罗斯人对网络支付的安全性持有怀疑态度,所以很少有人使用电子支付,目前俄罗斯人仍是以现金支付为主,使用信用卡支付的消费者只占 10%,更多人倾向货到付款的方式。

俄罗斯主流电商平台支持的付款方式有信用卡 VISA、现金、银行转账等。QIWI Wallet、Yandex. Money、WebMoney 是俄罗斯人最常用的三大电子钱包,其他常用有 Sberbank、Alfa-Click、Russian Standard Bank、Russian Post centres 等银行转账方式。

3.德国

德国最常用的付款方式是网银转账,市场占有率约 52%,电子钱包占比 25%,卡支付约为 11%,现金支付约占 4%。其中主流在线支付方式包括 Pay Now(原为 SOFORT Banking,欧洲常用的在线银行转账支付方式)和 Giropay(德国最受欢迎的在线支付方式)。

4.巴西

巴西最流行的电商平台是 Mercado Livre。Mercado Livre(美客多网)是巴西本土最大的 C2C 平台,相当于中国的淘宝,它在拉美地区的电商市场份额高于 eBay 和 Amazon,旗下的第三方支付 MercadoPago 是拉美最常用的在线支付方式之一,覆盖多个拉美国家。

其他支付方式包括账单支付(Boleto)、网银转账(Itau Bank、Banco do Brasil)、银行转账(Banco Santander、Bradesco、CAIXA Bank、HSBC Bank)、本地信用卡(VISA、MasterCard、Amex、Discover、ELO、Hipercard)等。

(二)购物习惯

美国最大的电商节日从感恩节开始,经历"黑色星期五"(简称"黑五"),持续到网络星期一。感恩节是 11 月第 4 个星期四,圣诞节大采购就从感恩节之后开始,美国线上商店会推出大量的打折和优惠活动,以在年底进行最后一次大规模的促销。根据 Sensormatic Solutions 的统计数据,2021 年仅"黑色星期五"的在线销售额达到 89 亿美元。此外,情人节、复活节、万圣节等也是美国主要的电商节日。

俄罗斯主要的电商节日包括情人节、祖国卫士节、妇女节、"双 11"、"黑色星期五",其中"黑色星期五"和"双 11"是俄罗斯较大型的电商节日。AKIT 数据显示,2019 年俄罗斯"黑色星期五"(11 月 29 日—12 月 1 日)网购交易额为 223 亿卢布,同比上涨 30%,速卖通"双 11"电商节(11 月 10 日—12 日)的交易额达 172 亿卢布。2020 年,全球速卖通俄罗斯公司(AliExpress Russia)平台交易额为 2293 亿卢布,其中"双 11"的交易额达到 193 亿卢布,同比增长 12.2%,占全年总额的 8.4%。

巴西的重要节日也是电商狂欢的时机。根据电商平台 Nuvemshop 的研究,2021 年巴西情人节(6 月 12 日)前 15 日,电商收入约为 42 亿巴西雷亚尔(约 8.25 亿美元),"黑色星期五"前夜和当天的总收入超过 40 亿巴西雷亚尔,圣诞节前二周的收入为 38 亿巴西雷亚尔。对巴西电商来说,狂欢节也是绝对不可错过的促销时机,针对狂欢节期间热卖商品进行促销事半功倍。这些热卖商品包括穿戴式运动设备、塑身美颜产品、户外活动用品、便携电子产品和节日相关配饰等。

能力拓展

欧美市场和东南亚市场有什么区别?针对欧美市场特点,你应如何制订跨境运营方案?

任务三 跨境沙盘市场信息

任务分析

本次任务以模拟沙盘为对象,对沙盘的市场环境、货币信息、税收政策和融资政策进行解读,获取有利于跨境运营的综合信息。

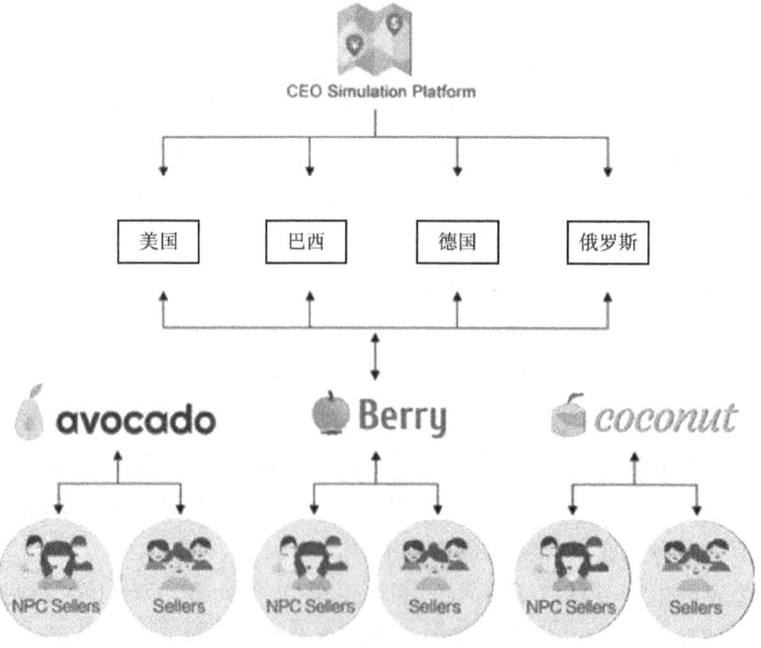

图 2-17 模拟沙盘示意图

任务实施

(一)市场环境信息

1.四回合市场信息

目标市场:美国、德国、巴西、俄罗斯。

适用平台:Avocado、Berry、Coconut。

产品类目:连衣裙、太阳镜、睡衣。

(1)第一回合市场信息

近年来,随着电子信息技术的发展和经济全球化的深入,电子商务已成为我国对外贸易的重要一环,其在国际贸易中的地位和重要作用日益凸显。大量外贸企业利用Avocado、Berry、Coconut 等在线交易平台开展零售业务,出口服装、饰品、小家电、数码产品等。

根据海关总署的统计,中国跨境电商出口趋势如下:第一,跨境电商主要市场依旧分布在美国、俄罗斯、巴西、德国等几个国家。第二,欧洲市场在跨境电商交易中占有非常重要的地位,北美市场看重质量与服务。第三,市场研究机构 Beetles 的数据显示,3C 电子数码、服装与配饰、家具与园艺品类是几大跨境电商平台份额占比较高且增长潜力较大的品类。2022 年,全球服装与配饰的电商零售额将增长 14.5%,占电商零售总额的 19.7%,这意味着服装与配饰品类将成为全球热销品类之一。

第一回合,北半球春季已逐渐进入尾声。5 月份的北半球正值春季,是穿休闲外套的好时节,越来越多的人穿休闲外套作为日常服饰,其中,时尚有型的男士夹克备受消费者的青睐。无论是工作场合将休闲外套搭配正式的纯色衬衫和皮带,还是在节假日期间搭配印花衬衫和牛仔裤,效果都很不错。

(2)第二回合市场信息

写给跨境电商新手卖家的几条建议:第一,选择大于努力。选择一个平台很重要,通常需要考虑以下几个方面——①你对平台规则了解吗?②你对平台的基本运营环境熟悉吗?③你是否已经做好市场调研?④平台与你期望的市场契合度高吗?第二,重视平台规则,远离投机取巧。了解平台规则,查看竞争者上架的产品信息,做好竞品分析。第三,长远的打算和布局。对主营产品,找准细分市场,明确消费者群体,有精准的选品方向和销售方向。第四,做好产品内容和流量获取。平台的最核心部分有两个,即产品内容和流量获取,这两方面是相辅相成的,没有任何一个都不行,一个主内一个主外。第五,量变到质变的思维是真理。店铺的养成需要一段时间,做好量的积累,才能从小卖做到大卖。第六,总结和分享。做好每个回合的总结和分享,才能走得更远。

卖家在刚接触跨境电商时,对选择平台和站点通常会充满疑惑,此时在平台选择和站点选择上应该考虑以下问题:第一,市场和竞争环境。只有了解平台拥有的市场规模和竞争环境才能知道自己能走多远。第二,收入和增长潜力。需要认真评测不同平台带来的收益和增长潜力。第三,顾客数量和忠诚度。目标平台的消费者数量和消费者对平台的忠诚度会极大影响卖家在该平台的销售情况。第四,政策风险。在经营平台时要考虑相关的经营政策风险,如物流政策、进口海关政策等。第五,产品选择。应该认真思考期望经营的产品品类在目标平台是否具有良好的发展空间。第六,物流等相关问题。所拥有的物流方式到平台主要的目标市场是否具有优势。

(3)第三回合市场信息

春季潮流新风向,谁是时尚弄潮儿?2022年春季的纽约时装周,设计师们展示了未来一年,甚至更久以后男装的潮流趋势。各式高领服装以及字母T恤的爆红,宣示着另类街头休闲风的到来。设计师们喜爱制造层次感,于是在服装上用色彩缝合营造出了一种别样的街头休闲气质。蓝色牛仔布与帆布的拼接是有趣的碰撞,补丁式的缝合被设计师灵活应用到了服装上,给人以新奇感。但总的来说,休闲、宽松的风格占据主导地位。

(4)第四回合市场信息

选品有“道”。许多跨境电商的大卖家都有精准独到的选品眼光,如赛维、Anker这样的卖家,它们的共同特点是产品为王,控制供应链。在产品的运营过程中,除了要研究选品的特性,也需要关心产品的生命周期。即使是市场经验丰富的卖家,也要反复思考选品的问题。对中小卖家来说,若想从激烈的选品大战中脱颖而出,成功打造一款高利润、高品质的爆款,需要掌握以下几个技巧:第一,市场分析选品。从市场容量出发,了解供求关系,把握消费者的需求点,确定产品是否符合市场的发展需求。第二,自我分析选品。对自己足够了解,才能选择适合自己的产品。自己对哪一类产品更感兴趣?这一类产品是否适合目标平台?当对自己足够了解后,才能更加充分地去了解这些产品,并且能够继续深挖这些产品的市场价值,打开市场的大门。第三,竞争对手分析选品。知己知彼,才是制胜的关键。第四,差评数据分析选品。通过分析差评数据,抓住消费者的痛点,满足消费者的需求,产品也可以得到很好的曝光,进而获得较好的销量。第五,谷歌趋势分析选品。通过谷歌的数据分析工具进行产品数据挖掘,对产品的销售品类、销售价格以及整个行业的变动趋势进行分析。选品的方法和技巧多种多样,大家可以尝试多种组合,做好选品工作,选择合适自己的,再配上合适的营销引流,你的店铺运营起来也就能得心应手。

天气在服装配饰行业扮演着重要角色。随着天气逐渐变暖,北半球的人们对于即将到来的夏季也做好了夏季必备品采购的准备。作为跨境卖家,应对即将到来的夏季做好充分准备。那么,对于南半球的消费者来说,什么是他们需要的产品呢?

大数据调查结果分析显示,品类销量受季节影响较大。随着夏天的到来,毛衣、加绒睡衣的搜索量已经达到最低;与此同时,雪纺连衣裙、太阳镜、T恤等产品的搜索量则在迅速增长。随着气温的升高,“真丝”“雪纺”“短袖”“短裤”等关键词的搜索量有了显著的增长。

2.八回合市场信息

目标市场:美国、德国、巴西、俄罗斯。

适用平台:Berry。

产品类目:手套、衬衫、毛衣、太阳镜、围巾。

(1)第一回合市场信息

近年来,除了国内电商平台快速发展以外,随着全球化趋势的不断深入,全球的跨国电商同样也发展得如火如荼。2021年,全球B2C跨境电商交易额突破6500亿美元,同比增长27.5%,预计2022年全球B2C跨境电商交易额将突破8000亿美元。近年来,Berry

平台发展迅猛。调查显示,截至 2021 年,美国、俄罗斯、德国和巴西地区的消费者对 Berry 的接受度日益提高。

雨季结束,北半球迎来了最后一次热浪,同时正值暑假末期,不少家长带着子女外出度假,防晒丝巾、太阳镜和其他丝质、雪纺类产品销量仍然不错。但不少卖家也意识到服装与配饰类产品具有季节性明显的特点,所以在渴望抓住夏季产品流量的同时表示不会大规模备货,并且对即将到来的秋冬季节更有信心。南半球短暂的冬季也进入尾声,温暖的春天即将到来。

(2)第二回合市场信息

返校热季即将来临,跨境卖家如何搭上这辆"返校车"?返校季(Back-to-School)不是一年最后的购物季,却是一年中仅次于寒假的第二大零售旺季。数据显示,2021 年美国返校季销售成绩喜人,在线销售总额为 581 亿美元。返校季期间服饰品类的搜索点击量比其他品类提前达到顶峰。据估计,2022 年返校季的服装配饰品类及流行搭配的重点单品主要集中于休闲外套(jacket)、裤子(pants)、裙子(dress)、袜子(socks)以及睡衣(pajamas)等,且不同年龄段的孩子返校需求各有不同,其中儿童在服饰上的花费最多。

电子商务在全球蓬勃发展,市场竞争日益激烈,部分市场已经进入"红海时代",卖家们更是以"你追我赶"的姿态展开激烈竞争。若想从激烈选品大战中脱颖而出,只有价格、品质以及营销等方面更具优势的产品,才能受到消费者的青睐。想要在红海市场分一杯羹,必然是产品低毛利或者高差异化的走向。此外,还需要有极大的营销投入。也有部分卖家选择不在红海市场中挤破头,转而寻找蓝海市场。对中小卖家而言,选品前的市场调研应考虑以下几个方面:

第一,核心关键字搜索量是能够反映产品需求和热度的最直接体现,搜索量高则证明其需求大,反之则小。第二,分析首页 listing 销量。在一般情况下,首页 listing 的销量几乎占整个品类的一半,可以据此预估产品的销量情况以及自身的销售目标,同时也可作为配货依据,尽可能避免库存过多或过少。第三,卖家图文展现的专业度。竞品 listing 越专业,证明此卖家竞争力越强,市场份额也就越难争夺。第四,Feedback 好评分析,好评越高,对 listing 的影响也越积极,在同等竞争条件下可以更上一层楼。第五,明确了解整个市场的容量,然后通过对比分析自己产品的优劣势后,确定自身的目标和位置,从而根据目标位置预估自身的市场占有率和销量。第六,观察价格走势,收集同类相似竞争产品的价格和排名前十页产品的价格信息,以制定自身的价格策略。

经过以上市场调研,对于谁在卖、多少人在卖,以及竞争对手是否强大等诸如此类的问题自然也就不攻自破。

(3)第三回合市场信息

备战旺季,你准备好了吗?进入下半年,很多卖家都开始为节日旺季做准备了,在旺季"僧多粥少"的流量竞争中,想要抢占更多的市场份额,流量是旺季成败的关键。获取流量的方式是多样的,其中对流量影响最大的是产品本身和 listing 的质量,同时产品 listing 的销售额还受到点击率和转化率的影响。因此,要在激烈的旺季竞争中获得较好的业绩,产品是基础,流量是前提,点击率和转化率是保证。

随着年终旺季的到来,订单的大幅上涨让跨境物流面临巨大挑战。某平台负责人说:

“跨境物流与国内电商差异很大，最直接的影响因素是派件时效。”具体来说，如果卖家的自发货物流很慢，将影响卖家购物体验；但卖家使用快递等快速物流，又有很大的资金压力。如何在确保物流时效的基础上，最大程度控制资金的不确定因素呢？既能让买家满意，又能让店铺订单量、GMV(gross merchandise volume，商品交易总额)不断暴涨，是每个跨境电商卖家需要考虑的问题。

赢战旺季，大卖都打算布局海外仓。随着旺季的到来，越来越多的大卖家加大了海外仓备货力度，以此来提升产品的流量和服务。但与此同时，海外仓也存在断货和库存积压的风险，因此如何布局海外仓也是极其重要的一件事。第一，海外仓产品选择。对精准做过品类分析，具有较好发展潜力或者存在高增长、高毛利的产品来说，使用海外仓是快速抢占市场先机、加快铺货速度和降低管理成本的不二选择。第二，海外仓物流选择。对于一些生命周期短、需要快速抢占市场的产品，可以通过快递或者空派模式进行海外仓备货；而发展成熟的产品，并且国内安全库存较多的产品可以使用海运。同时采用同批次混发多种产品的方式，使每次发货重量超过物流费用计重点来降低物流成本。第三，海外仓库存管理。建议保持国内安全库存，合理备货，增加运输频次，尽量保持较少的滞销品库存。

总之，无论选择直邮物流方式或海外仓，适合自己的才是最好的。卖家应该在日常操作中多总结经验，找到适合自己产品的库存管理和物流方式组合，最终达到效率和利润最大化。

(4)第四回合市场信息

第四回合恰逢“黑色星期五”“双 11”大促，这对跨境电商卖家来说是下半年的最强旺季。据统计，2021 年美国感恩节和“黑色星期五”的网购消费总额达 79 亿美元，同比增长 17.9%，预计 2022 年“黑色星期五”“网络星期一”的消费总额将继续增长。同时，“剁手族”以及 Berry 商家们翘首以盼的“双 11”即将迎来十周年庆，从网购，到购物狂欢节，再到全球狂欢节，本次大促 Berry 平台投入了史上最高的人力和市场预算，买断全球优质流量，投入千万美金的优惠券，准备在年底大干一场。跨境卖家们都对这一最强旺季无比期待，都渴望高流量和好业绩，纷纷做好充足的备战预案：第一，优化产品展示效果，提高销售转化率，直击客户痛点。第二，流量就是店铺的生命，没有高的流量，就很难提高销量。卖家可以借助社交媒体的站外引流，打造爆款。第三，提前做好热销产品的库存采购备货工作，应对“爆单”，及时发货以提高好评率。

在海外营销中，不管是产品营销还是客户服务解决，社交媒体都扮演着关键的角色。通过社交媒体，卖家可以更好地跟踪受众需求，提高受众参与度，增加受众黏性。社交媒体是增加电商网站流量最无缝的方式，可以为客户提供完美的在线购物体验，这将为卖家带来更高的销售额。

(5)第五回合市场信息

欧美圣诞季销售将再创纪录，2023 年有望达到新高。如火如荼的圣诞节已经到来，北半球也将迎来一年以来最寒冷的天气。据估计，美国圣诞季零售总额将比 2021 年同期增长5.1%，零售规模将超过 8500 亿美元。在线零售的增长将引领整个圣诞季购物的繁荣景象，冬季产品将达到销量巅峰。

跨境店铺销量很重要，评价也很重要。店铺的评价对跨境电商卖家的重要性已不言自明，好评可以带来订单数的增长，好评的存在与产品曝光和排名也有着千丝万缕的关系。知名企业给出了以下两个调查结果：第一，91%的消费者会去看线上客户的评价；第二，84%的人对网上的产品好评的信赖度与熟人推荐相当。

然而，在跨境卖家店铺的运营过程中，还是存在因为自身产品品质、发货时效、价格等因素而收到一些差评的情况，致使产品好评率降低。处理差评最有效的方法是从源头上避免差评，即你的产品差评出自哪些方面，就从哪些方面去完善。

(6)第六回合市场信息

新年将至，这是俄罗斯一年中最隆重的传统节日，也是购物狂欢的日子。长久以来，俄罗斯的新年习俗都是购买新年礼物，添置欢乐饰物，举办家庭派对，或者出国旅游。直到 1 月 19 日的耶稣受洗节，人们仍然保持着高涨的情绪，准备各类华丽的服饰迎接这个盛大的节日。

管理库存是具有挑战性的，尤其是在商品种类太多的情况下。那么，究竟要备多少库存，通常跨境卖家会用以下计算方式来预计备货量：

备货量＝待发货数量＋预测订单数量－实际库存数量(当期可用)－在途商品数量

在计算备货量的时候，还需要注意一些复杂的变量。第一，备货时间。库存采购入库时间要在订单发货期之前，不能等到订单快过期才进行采购，这样会产生未履约订单，从而对商品以及店铺造成一定的影响。第二，预测销量通常以历史销量为准，同时又要注意商品的变化趋势，如果一款商品越来越不好卖了，那么备货可以减少。第三，同一商品多平台刊登。如果一个商品在多个平台刊登，那么做库存管理的时候就需要统计多个平台的数据。

再看南半球，巴西圣保罗时装周拉开帷幕，南半球正值盛夏，夏季流行发布。开幕当天，设计师们率先展示了自己的春夏系列服装。夸张、灵动、绚烂是春夏系列的设计灵魂。其中，印花元素可以彰显热情奔放的个性，深受巴西人的喜爱。

(7)第七回合市场信息

正值销售形势较为严峻的 2 月，随着销售旺季的结束，各大平台的销售有所减少，同时服饰与配饰类产品的销售极大程度受到季节的影响，呈现出生命周期短、变化快的特点。为了能在 2 月实现盈利，卖家面临的形势相当严峻。卖家们可以尝试的方向有：第一，虽然现在过情人节的人越来越少，但是节日带来的消费热情丝毫不减。第二，春季即将到来，许多生活在寒冷气候地区的人们会选择比较温暖的地区来享受春假，也许他们会去温暖的海滩或者去其他温暖的地方冒险，春季的服装与服饰也许是一个不错的切入点。

大卖是如何优化 listing 的？“七分靠选品，三分靠运营”从侧面说明了平台运营中以产品为王的特性；但是要想大卖，仅仅有较好的产品是远远不够的，还要好好优化自己的 listing。这样产品的优点和卖点才会淋漓尽致地展现在消费者眼前。在运营中，listing 最好是一出场就达到惊艳的效果，然后在日后的运营中再进行适当的优化。关于完美的 listing，大卖都给出了以下建议：第一，保持专业性。专业度和可信赖度是从 listing 界面传递出来的，确保内容无错误且专业是每个运营人员的责任。第二，展现卖点。每个产品都具有自己的卖点，在 listing 编辑过程中要展现产品的优势亮点和解决用户的痛点。第三，注重差异。挖掘和展现 listing 的特色，才会让 listing 有更好的表现。

(8)第八回合市场信息

Berry 平台“3·28”大促即将到来，将打响春季第一枪。3 月是新的一年的起点，做好 3 月大促，相当于为接下来几个月份奠定根基。“3·28”大促作为仅次于“双 11”的大型促销活动，能为卖家输送海量流量，帮助卖家显著提升订单量。

此时巴西狂欢节拉开帷幕，不少节日用品需要从中国采购。了解巴西狂欢节的人都知道，每年的这个时候，热情的巴西民众都会穿上各种奇装异服，走上街头，追随着游行队伍跳起热情的桑巴舞。而在狂欢节期间，各类节日产品纷纷热销。据估计，狂欢节持续一周左右，将会有约 2 亿人共同庆祝，可带来约 6.28 亿美元的经济收入。

3.十二回合市场信息

目标市场：美国、德国、巴西、俄罗斯。

适用平台：Coconut。

产品类目：连衣裙、男士外套、围巾、皮带、太阳镜。

(1)第一回合市场信息

服装配饰一直都是人们日常生活需求的重要组成部分，也是商家角逐市场、获取利润的重要领域之一。无论是实体店铺还是网上店铺，服装与配饰行业都占据了市场的半壁江山。在众多服装产品中，男士外套、女士连衣裙都是消费者们特别关注的产品：男士外套款式多样，能够满足不同男性消费者的衣着需求；连衣裙则深受女性消费者的喜爱，是日常穿搭的必备服装之一，无论什么季节、什么场合都可以选择相应的连衣裙。配饰行业目前也是人们关注的重要行业，恰当得体的配饰可以增添个人气质。某知名数据调研机构做出的一份消费者调查报告显示，围巾、腰带、太阳镜等配饰产品深受消费者的喜爱，而兼具装饰和保暖功能的围巾一直都是人们生活的必备品之一。

除了炎热的夏季，人们都愿意为自己准备几条时尚又保暖的纯棉围巾；如果碰到了比往年更加寒冷的冬天或者是在俄罗斯地区，羊毛围巾或者加长加厚的纯棉围巾可以大大满足消费者的保暖需求。丝巾也一直是大牌奢侈品的宠儿，特别是奢侈品巨头 Hermès，一直引领着丝巾界的潮流，吸粉无数。

据调查，光面的牛皮皮带一直是欧美职业男性日常穿搭的必需品，而南美地区比如巴西的男士则更偏爱于皮质的或者帆布编织的休闲皮带。而在新兴的 Coconut 平台上仍然以低价的 PU(聚氨酯)皮带为主流。

第一回合，北半球的国家刚刚走出寒冷的冬季，保暖需求虽然日益递减，但仍然存在。而在温度适宜的南半球，人们纷纷计划出行游玩，太阳镜是必不可少的配饰。

(2)第二回合市场信息

无论男士还是女士，总会需要出席一些正式的场合，所以适合出席正式场合的连衣裙和职业外套一直是国外消费者的必备衣物。据某个提供正装定制服务的卖家介绍，正式服装的需求一般不会受外部因素影响。为了适应全球在配饰产品上的消费需求，各大引领时尚潮流的奢侈品品牌也都在配饰产品上下足了功夫。在今年的巴黎时装周上，知名奢侈品品牌 GUCCI 发布了一款新腰带——优质的鳄鱼皮配上百年手工工艺尽显奢华，受到了欧美精英阶层消费的喜爱，一时风靡市场。其他非著名品牌的腰带厂家也纷纷效仿，使用鳄鱼皮生产腰带。而 Hermès 则推出了 Voilà le début 系列丝巾，也使众多社会名流为之倾倒。

复活节在即，在德国和俄罗斯等国家，该节日作为一个庆祝性的节日，人们会在此刻互相交换礼物。消费者购物热情高涨，电商市场生机勃勃，为跨境电商的卖家们提供了很好的销售机遇。

(3)第三回合市场信息

多平台数据显示，summer、silk、print、short 等关键词的搜索量剧增，这和此时北半球的天气有极大关系。天气在服装配饰行业扮演着重要角色，随着天气逐渐变暖，卖家对销售额的增长充满信心。夏季选品相对来说会更加直观。太阳镜在夏季显然非常畅销，除了护眼，同时也可以拗造型。但卖家要做的不是简单地出售太阳镜，而是要细分消费者偏好，抓准用户需求。

除了天气之外，这一增长还受到行业的强劲推动。现在人们的生活质量提升，对流行配饰和时装的需求与日俱增，太阳镜、真丝围巾等配饰已成为人们出游的必备产品。

(4)第四回合市场信息

随着互联网和移动支付技术的发展与普及，跨境电商作为新型的网购方式受到广大消费者的喜爱。近年来全球出现的越来越多的跨境电商平台，对早期的跨境电商平台构成冲击。Coconut 为了吸引更多的消费者，提高在跨境电商市场的占有率，宣布与 Facebook 达成推广合作。Facebook 的用户可以直接使用 Facebook 的账户登录 Coconut 平台，并在初次登录时得到 Coconut 平台发放的 5 美元无门槛优惠券，这一举措吸引了国内大批电商卖家进驻 Coconut 平台。标准普尔分析机构表示，此举能够给 Coconut 平台带来 24.7%的额外流量，Coconut 在美国零售市场的占有率将达到 19.6%。

(5)第五回合市场信息

随着欧美地区夏季的到来，轻便、透气的帆布腰带配上舒适的休闲服装受到消费的喜爱。爱美的女性当然也早早为夏季准备好了凉爽轻便的雪纺连衣裙。太阳镜成为人们日常出行的必备之物，市场上太阳镜的款式也渐渐多了起来。俄罗斯的气温虽然有所回升，但还是没有走出漫长的冬季，保暖衣物仍然畅销。国内的服装及相关配饰行业却面临着不小的难题。据多家服装服饰供应商工厂负责人介绍，今年国家派驻督导组进驻地方产业带，对环境产生污染的印染厂、电镀厂等进行大面积停产整治，整治不力的将强制关闭，这导致服装服饰相关原材料价格迅速上涨，棉纺丝质行业均受到不同程度的影响。

(6)第六回合市场信息

北半球已进入盛夏，这意味着沙滩露营等产品的热卖季也要开始了。据往年数据，一般在第二季度和第三季度，多个沙滩旅游子分类的产品都会有明显增长，夏季产品将迎来销售高峰，体现在两类产品上：第一，抵抗强阳光的产品。夏天的太阳是一年中最毒辣的，因此聪明的卖家应该尽快准备防晒产品；第二，夏季旅游时尚品。夏季拥有自己的时尚风格，因此储备一些男士和女士的夏季服饰至关重要。在色彩方面，夏季是一个明亮色流行的季节，在规划产品采购策略时，请务必专注于采购适合夏季颜色的产品。

(7)第七回合市场信息

俄罗斯将于近期举办世界瞩目的赛事"世界杯",经济处于下行周期的俄罗斯迫切希望此次盛会能给国家带来新活力。根据相关机构的测算,本届世界杯可以为莫斯科带来300万国外游客,同比增长60%,这些球迷预计可以为俄罗斯带来接近2亿美元的消费额。俄罗斯的本地商家和电商平台都表示对这段时间的销售有充足的信心。

(8)第八回合市场信息

进入第八回合,欧美金融危机和次贷危机的影响还没有完全消除,社会竞争的加剧让年轻人喘不过气来。摇滚音乐因其发泄情绪、释放自我的咆哮风格获得了全世界尤其是南美年轻人的热捧。摇滚音乐的流行使得跨境电商平台上摇滚风的服装和配饰热度持续上升。同时,巴西近年的态势不容乐观,持续的经济萧条使人们不得不减少日常开支,众多商家的经营压力与日俱增。据中国深圳的速卖通卖家反映,这段时间来自巴西的订单量明显减少且单价较高的产品不好卖,但一些平价产品还能保持不错的销量。此外,据CNN新闻报道,巴西前总统卢拉被指控贪污等多项罪名遭到逮捕引发国内大范围的政治危机,海关、邮政等机构相继举行罢工,严重影响了当地的经济贸易活动。

(9)第九回合市场信息

最近中美之间的贸易气氛有点紧张,美国总统特朗普宣布"因为知识产权问题"拟向中国商品征收500亿美元的关税,并在后续的事件中考虑对中国商品额外征收2000亿美元的关税,随后中国宣布对相应规模的美国产品征收25%的关税。中美贸易摩擦对中国商家,尤其是主要目标市场在美国的电商卖家影响很大。部分卖家反映,这段时间美国海关加大了对中国货物的检查力度,很多发往美国海外仓的货物被截留审查,缴纳关税,这大大影响了中国货物在美国地区的正常销售。

(10)第十回合市场信息

跨境电商的卖家都清楚,每年的下半年才是一年当中的销售旺季。为了把握当前服饰潮流的变化,做好选品,优化自身的跨境供应链,在中国广州市举办的某大型服装服饰行业展会吸引了数千厂家的进驻和上万名平台卖家的参与。根据会后主办方的统计,本次参展的男装厂家,尤其是各式男士外套的厂家展位接待的平台卖家最多,其次是生产棉质、毛呢等长袖连衣裙的厂家。

(11)第十一回合市场信息

北半球的冬天正在临近,人们开始准备过冬的衣物,购买保暖的衣物配饰开始提上日程。俄罗斯则早早进入了寒冷且漫长的冬季,毛呢大衣及连衣裙、加长加厚的纯棉或者羊毛围巾成为每个俄罗斯人的必需品。相反,巴西的消费者则沐浴在夏日的阳光下,炎热的气候驱使人们纷纷聚集到大西洋沿岸城市度假避暑,电商平台上做反季销售的店家销售额有不错的增长。本年度西方最大的节日也是跨境电商卖家一年中的重头戏——"圣诞销售季"即将到来。此时,国外消费者们都在认真地为亲朋好友准备圣诞礼物。搜索引擎Google发布的近2个月的大数据报告显示,款式新潮、充满个性又便于包装的服装及配饰产品将是消费者们追逐的最佳产品。

(12)第十二回合市场信息

忙碌的"圣诞销售季"已经过去,国外大部分的消费者已经在享受圣诞和新年假期。

平台上的卖家也正在对一年的销售工作进行收尾，对圣诞季没有销售的库存产品进行优化，并且合理推广，以实现当年营业利润的最大化。更多卖家在旺季之后会不断总结自己的经营成果，研究销售报表，计算经营利润，希望下年有更好的业绩表现。

(二)其他信息

1.货币

货币是商品交换的产物，是在商品交换过程中从商品世界分离出来的固定充当一般等价物的商品。汇率是兑换外国货币的报价。在跨境电商运营中，不同国家消费者进行商品买卖，需要进行汇率换算。

表 2-3 为境内银行提供的当前回合的美元/人民币外汇牌价数据，即 1 美元可以兑换多少人民币。由于汇率是波动变化的，因此运营者需要时时关注货币兑换价格走势。

表 2-3　美元/人民币外汇牌价

	现汇买入价	现汇卖出价
最高	6.7061	6.7175
当前	6.7007	6.7141
最低	6.6994	6.7107

2.税收

税收是指国家为了向社会提供公共产品、满足社会共同需要、按照法律的规定，参与社会产品的分配、强制、无偿取得财政收入的一种规范形式。跨境电商运营是分属不同关境的交易主体进行国际商业活动，因此税收种类包括关税、增值税和企业所得税。

(1)关税。关税是引进出口商品经过一国关境时，由政府所设置的海关向其引进出口商所征收的税收。不同地区和类目的关税起征点、关税税率比例各不相同。如果关税的完税价格小于起征点，则免收关税。

模拟沙盘中的关税针对使用海外仓的卖家征收，且在货物运达目的地区海关之后计算。计算公式如下：

$$P=V,D=P\times r$$

其中：P 为完税价格，V 为货值，D 为关税，r 为关税税率。

(2)增值税。增值税是对商品生产、流通、劳务服务中多个环节的新增价值或商品的附加值征收的一种流转税。当货物进入一国海关后，卖家需缴纳进口增值税；而当货物销售给消费者之后，卖家可以获得退回的进口增值税，然后再按销售额缴纳相应的销售增值税。

模拟沙盘中的增值税主要是指销售增值税，计算公式如下：

$$V=S\times(1-\frac{1}{1+r})$$

其中：V 为增值税，S 为销售商品的收入，r 为增值税税率。

美国、俄罗斯、德国、巴西的关税和增值税相关数据如表 2-4 至表 2-7 所示。

表 2-4 美国对服装配饰类产品征收关税和增值税信息表

类 目	关税起征点/美元	关税/%	增值税/%
围巾	800.00	16.00	10.00
皮带	800.00	16.00	10.00
太阳镜	800.00	16.00	10.00
男士外套	800.00	16.00	10.00
连衣裙	800.00	16.00	10.00

表 2-5 俄罗斯对服装配饰类产品征收关税和增值税信息表

类 目	关税起征点/美元	关税/%	增值税/%
围巾	225.00	15.00	20.00
皮带	225.00	15.00	20.00
太阳镜	225.00	15.00	20.00
男士外套	225.00	15.00	20.00
连衣裙	225.00	15.00	20.00

表 2-6 德国对服装配饰类产品征收关税和增值税信息表

类 目	关税起征点/美元	关税/%	增值税/%
围巾	25.30	17.00	19.00
皮带	25.30	17.00	19.00
太阳镜	25.30	17.00	19.00
男士外套	25.30	17.00	19.00
连衣裙	25.30	17.00	19.00

表 2-7 巴西对服装配饰类产品征收关税和增值税信息表

类 目	关税起征点/美元	关税/%	增值税/%
围巾	46.00	15.00	15.00
皮带	46.00	15.00	15.00
太阳镜	46.00	15.00	15.00
男士外套	46.00	15.00	15.00
连衣裙	46.00	15.00	15.00

(3)企业所得税。企业所得税是对我国境内的企业和其他取得收入的组织的生产经营所得和其他所得征收的一种所得税。企业所得税按纳税年度计算征收,企业按申报缴纳周期预缴税款,并在当前纳税年度结束后把企业所得税结算清楚,少交的应当补齐,多交的则可获得退还。

在模拟沙盘中,一个完整的纳税年度为 48 个回合,申报缴纳周期为 4 个回合,在一个完整的纳税年度结束后系统即刻进行汇算清缴,企业所得税税率为 25%。计算公式如下:

$$T=I\times r$$

其中:T 为企业所得税,I 为应税企业收入所得(营业利润),r 为企业所得税税率

3.融资

在中小企业的手头没有足够的现金或流动性资产来支付日常运营费用时，它们通常会为此目的需求贷款。模拟沙盘提供中小企业信用贷款和应收账款质押贷款两种融资方案。

(1)中小企业信用贷款

市场上存在很多融资机构，这些机构在综合评价企业及企业信用的基础上，对资信好的中小企业发放小额的、用于生产经营活动的短期信用贷款，这种业务被称为中小企业信用贷款。这种贷款无须抵押或第三方担保，资金用途也很灵活，同时借助于互联网先进的大数据分析能力，贷款的申请和审批都很方便快捷。

融资机构为企业提供了循环信用贷款服务，它允许企业在可用贷款额度内反复借还资金，可用贷款额度随着借出或偿还资金相应地减少或增加。模拟沙盘最高可用贷款额度由融资机构设定，目前为人民币 50000 元。

借款方按回合等额还本付息，每回合应还款金额按下列公式计算：

$$R=\frac{P\times r\times(1+r)\times t}{(1+r)\times t-1}$$

其中：R 为每回合应还款金额，P 为贷款本金，r 为利率，t 为贷款期限。3 个回合的贷款利率为每回合 0.49%，6 个回合的贷款利率为每回合 0.42%，12 个回合的贷款利率为每回合 0.38%。

(2)应收账款质押贷款

应收账款质押是一种从融资机构获得短期贷款的融资担保方式，在应收账款质押担保的基础上可以进一步开展贷款等多种融资业务，通常用以解决企业临时性的资金短缺问题，满足日常运营的需要。市场上存在着很多应收账款质押融资机构，这些机构会对质押的应收账款质量做出综合评定，并根据评定结果发放相应的质押贷款。这种贷款以应收账款作为质押物，贷款期限即为应收账款的账期。

融资机构一般会限制贷给企业的资金与应收账款账面金额的比，即贷款价值比(LTVR)。可贷款金额按下列公式计算：

$$P=A\times \mathrm{LTVR}$$

其中：P 为可贷款金额，A 为应收账款总金额，LTVR 为贷款价值比

借款方在贷款到期时一次性偿还所有本金、利息及其他应付费用。模拟沙盘设定借款方在贷款到期时应支付的质押管理费为人民币 5000 元。所有应还款金额按下列公式计算：

$$R=F+P\times(1+r\times t)$$

其中：R 为所有应还款金额，F 为管理费，P 为贷款本金，r 为利率，t 为贷款期限。贷款期限、贷款价值比和利率如表 2-8 所示。

表 2-8 应收账款质押贷款期限与利率

贷款期限	贷款价值比/%	每回合利率/%
1 个回合	80.00	2.00
2 个回合	79.00	1.90
3 个回合	78.00	1.80
4 个回合	77.00	1.70
5 个回合	76.00	1.60
6 个回合	75.00	1.50
7 个回合	74.00	1.40
8 个回合	73.00	1.30
9 个回合	72.00	1.20
10 个回合	71.00	1.10
11 个回合	70.00	1.00
12 个回合	69.00	0.90

4.跨境公司运营分析之 ROI

ROI(return on investment,投资回报率)是指通过投资而应返回的价值,即企业从一项投资活动中得到的经济回报,通俗点来说就是我们获得的收益和投入成本的比值。在电商场景中,我们认为 ROI 等于卖家的投入产出比。其实,影响 ROI 的最重要的因素就是净利润。一家公司的店铺销售额可能很高,动辄几十万上百万,但是在扣除跨境电商运营的各项成本之后,比如高昂的物流费用、商品采购费用、营销费用以及税费等,净利润可能会大大缩水。因此,跨境电商卖家们在运营过程中,在保证销量的同时,更要关注利润,同时灵活使用现金流。

能力拓展

1.不同回合的资讯提供不同的市场信息,你能从市场环境、市场环境、货币信息、税收政策和融资政策获取哪些有利于跨境运营的有效信息?

2.八回合市场信息中,南、北半球分别处于什么样的季节?运营重点有什么区别?十二回合呢?

项目三　跨境电商选品

学习目标

(一)知识目标

1.掌握跨境电商产品的特点和选品标准。

2.熟悉跨境电商不同平台的选品规则。

3.熟悉常用的平台数据分析工具,分析热销产品。

(二)技能目标

1.能利用选品原则在不同的跨境电商平台准确定位产品。

2.能利用平台数据分析跨境电商平台中的竞争者和行业选品。

3.能根据跨境电商平台数据,填写实训任务书,开拓新的市场机会。

(三)素质目标

培养诚实守信、善于沟通、严谨、高效的职业素养,提升自主学习意识和团队协作精神。

思维导图

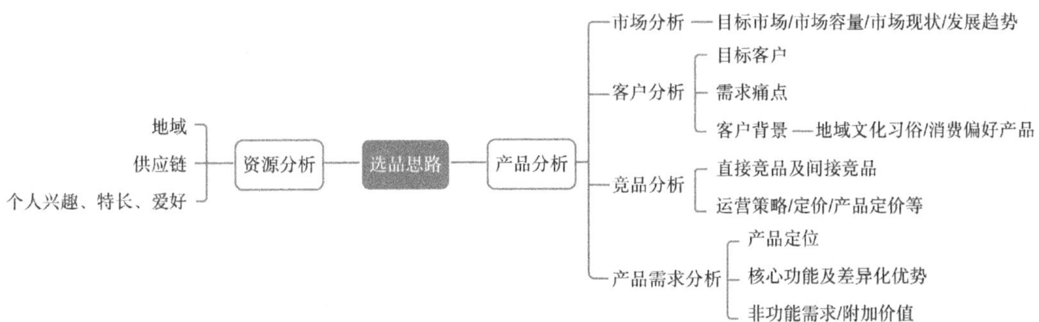

项目背景

黎小新进入跨境电商运营岗位一段时间了,他发现在速卖通平台和他们公司卖同类型产品很多,不同款式产品也很多。他的企业导师王大全给黎小新一个任务,要她在两周内总结出如何在速卖通上正确选品。黎小新通过查资料得知:跨境电商平台速卖通成立于 2010 年，是面向全球市场打造的在线零售交易平台，已经覆盖了全球 200 多个国家和地区的海外买家，海外买家流量超过 5000 万/日；交易额年增长速度持续超过 400%；全球网站排名 131 名，平台品类齐全，体系完善；海外买家用户多分布于欧洲、北美、南美等国家和地区，是全球排名前五位的英文在线购物网站。

任务一　站内选品

任务分析

本次任务以速卖通平台为例，主要是利用速卖通平台的一些数据分析工具来选择要经营的行业及具体类目下的产品，最终确定在速卖通店铺要运营的产品。

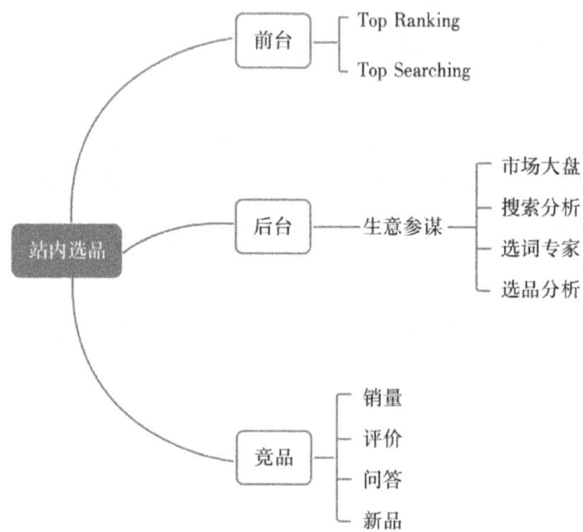

知识准备

一、跨境电商选品的概念

跨境电商选品是指从供应市场中选择适合平台及平台中目标市场需求的产品，在平台店铺进行销售。简单来说，选品就是指根据跨境平台现有运营类目，确定要经营的行业。从市场角色关系看，选品是指选品人员从供应市场选择适合目标市场需求的产品；从用户需求的角度看，选品要满足用户对某种效用的需求，比如带来生活方便、满足虚荣心或者消除痛苦等方面的效用；从产品的角度看，成功的选品能实现供应商、客户和选品人员三者共赢。总之，由于用户的需求和产品的供应处于不断的变化中，选品也是一个永无休止的过程。

选品要从产品和获得产品资源两个方面进行分析，即从市场需求、客户需求、产品雪球和同类竞品现状对产品进行准确的定位，同时考虑获得该产品是否适合跨境平台运营，以及产品供应链是否完整和充分等。

二、跨境电商选品的原则

（一）产品差异化，有特色

选择的产品，要具备一定规模的购买潜力。产品在后期有没有好的发展空间，产品需求是否大，这些都是跨境选品员需要考虑的。要根据不同跨境电商平台的目标市场的客户需求调研，挑选具有一定需求量和复购率高的产品，例如日本客户就偏向于小巧的运动健身设备；常见的剪刀都是右利者的设计，而左利者设计的剪刀在速卖通平台销售中却有很大的市场。

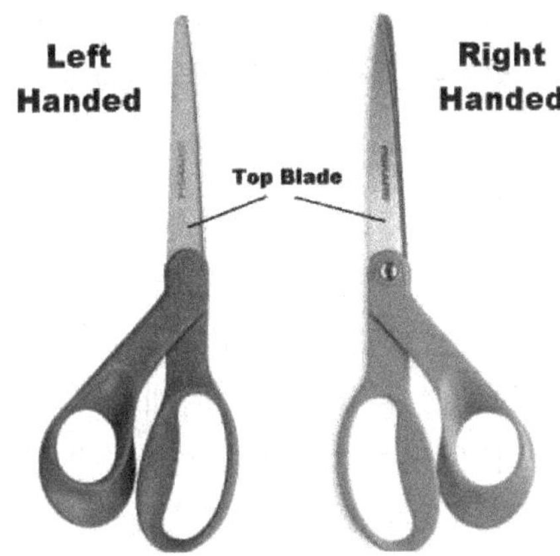

图 3-1　跨境平台在售产品截图

（二）产品质量好，有利润

跨境电商运营，出发点就是获利，选择销售的产品，即在扣除跨境运营成本后仍存在一定的利润空间。产品的利润一方面来自本身质量好、定价上具有一定的优势，另一方面也来自跨境运营中产品的准确定位。跨境运营的毛利是产品售价扣除产品采购价格、国际物流运费和跨境运营平台费用后的收入。

（三）产品体积小，好运输

跨境平台运营的产品包装中，若长、宽、高相加超过 1 米，或重量过重，都会产生过高的国际物流成本，从而导致产品定价过高缺乏竞争性。跨境运输的产品由于目的地国家处于不同地区、报关报检等因素，运输时间一般都比国内运输的时间长，少则三五天，也有几个月的，长时间运输增加了相应的风险，是在运输过程中会出现挤压和不同天气考验的情况，这时候就要考虑选择商品的大小和耐挤压程度。

（四）产品有品牌，少纠纷

跨境平台运营非常注重售后客户评价，因为好的评价能带来更多的流量。跨境平台中对产品的品牌要求是比较严格的，仿冒品不仅会导致客户差评、产品下架甚至封店。所以选品时要尽量选择有品牌，且售后服务操作比较简单的产品，这样的产品更容易获得客户的满意度。

图 3-2　速卖通产品销售图截图 2

三、跨境电商选品的禁忌

(一)平台禁售产品不能选择

每个跨境平台都会根据国家法律、法规以及跨境运营的性质等设置禁售规定，一旦发现禁售产品，平台会进行相应的处罚，甚至封店。例如，速卖通平台规定禁止发布任何含有或指向性描述禁限售信息。任何违反本规则的行为，阿里巴巴有权依据《阿里巴巴速卖通的禁限售规则》进行处罚。用户不得通过任何方式规避本规定、平台发布的其他禁售商品管理规定及公告规定的内容，否则可能将被加重处罚。

禁售产品包括：(1)毒品、易制毒化学品及毒品工具；(2)危险化学品；(3)枪支弹药；(4)管制器具；(5)军警用品；(6)药品；(7)医疗器械；(8)色情、暴力、低俗及催情用品；(9)非法用途产品；(10)非法服务类；(11)收藏；(12)人体器官、捕杀工具、活体动植物及一切形态的保护动植物；(13)危害国家安全及侮辱性信息；(14)烟草；(15)赌博；(16)制裁及其他管制商品；(17)违反目的国/本国产品质量技术法规/法令/标准的、劣质的、存在风险的商品；(18)部分国家法律规定禁限售商品及因商品属性不适合跨境销售而不应售卖的商品。

选品是一定要提前去了解跨境平台的禁售规定。

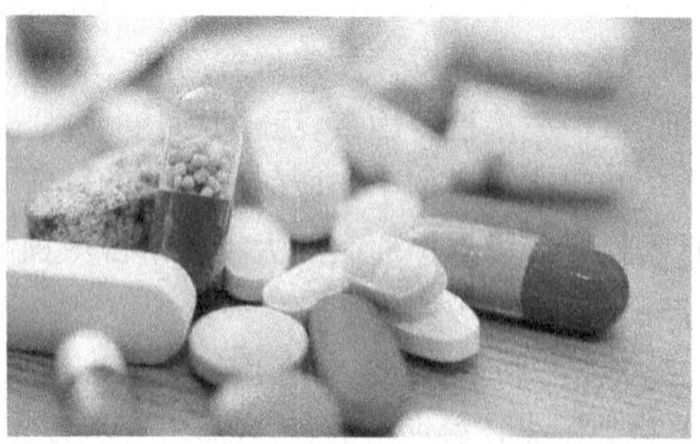

图 3-3　速卖通平台禁售产品图

(二)涉嫌侵权产品不能选择

跨境平台店铺侵权包括:售卖的产品商标侵权、专利侵权,以及店铺或者产品设计中存在的版权侵权。在速卖通中规定,全球速卖通平台严禁用户未经授权发布、销售涉嫌侵犯第三方知识产权的商品或发布涉嫌侵犯第三方知识产权的信息。若卖家发布涉嫌侵犯第三方知识产权的信息,或销售涉嫌侵犯第三方知识产权的商品,则有可能被知识产权所有人或者买家投诉,平台也会随机对店铺信息、商品(包含下架商品)信息、产品组名进行抽查,若涉嫌侵权,则信息、商品会被退回或删除,并根据侵权类型执行处罚。亚马逊平台中上架的产品一旦被亚马逊判定侵权,情况轻微的,移除产品;情节严重的,店铺直接封掉。一旦跨境店铺侵权封店,平台账户里的钱是拿不回来的,所有店铺数据也是无法恢复的。所以,在选品时一定要保证供货的正规性,千万不要销售一些假货、仿牌。最好先去商标局网站查询,如果商标是有效的,而商标主体不是卖家的供应商,供应商也无法向卖家提供授权书,此时建议不要出售该产品。此外,在设置店铺名称、刊登产品时,建议使用原创图片和文字描述。如图 3-4 所示的产品就属于对 adidas 的产品侵权。

图 3-4 商标侵权产品图(1)

正品　　　　商标侵权产品

图 3-5 亚马逊平台商标侵权产品图(2)

任务实施

速卖通平台将其运营的行业分为红海行业和蓝海行业。红海代表现今存在的所有产业,包括竞争白热化的血腥、残酷的市场,也是卖家们已知的市场空间。红海行业中每个产业的界限和竞争规则为人们所知。随着市场空间越来越拥挤,利润和增长的空间也就越来越有限。

而蓝海是相对红海存在的亟待开发的市场空间,代表着创造新需求,也代表高利润增长的机会,还代表当今尚不存在的产业,以及未知的市场空间。蓝海行业不是凭空创造出来的,大多数是通过在红海内部扩展已有产业边界而开拓出来的行业。

(一)速卖通前台:手机 App 端口

第一步:打开速卖通手机 App,找到页面上"Top Rankings"入口,就能发现目前在速卖通上热销产品类目和具体的商品,如图 3-6(1)所示。

第二步:在"Top Rankings"的页面选择儿童服装继续进入母婴用品类别,就能发现近期在速卖通中热卖的母婴商品,如图 3-6(2)所示。

第三步:假如想从事儿童外穿服装行业,那么在母婴类别中还可以进行进一步选择,如图 3-6(3)所示,页面出现就是本周内根据速卖通内部统计订单数进行排序的商品,从而能进行更为精准的选择。

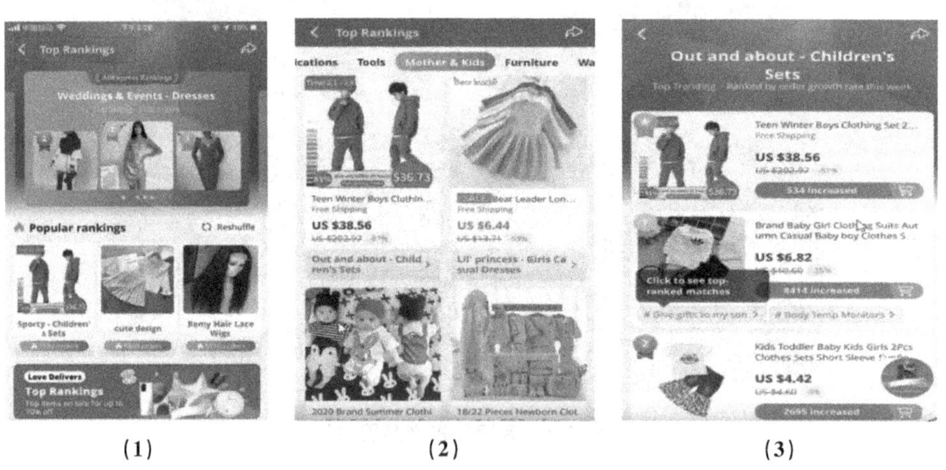

(1)　　(2)　　(3)

图 3-6　速卖通手机 App 前台操作页面

(二)速卖通前台:电脑 PC 端口

第一步:在电脑端速卖通主页找到"Top Selection"界面,在界面出现的商品是由速卖通平台内部根据产品的订单数、质量和客服好评率选出的比较好的店铺和商品。

第二步:卖家可以根据自己的选择找到自己想要经营的行业进行对比和选择。

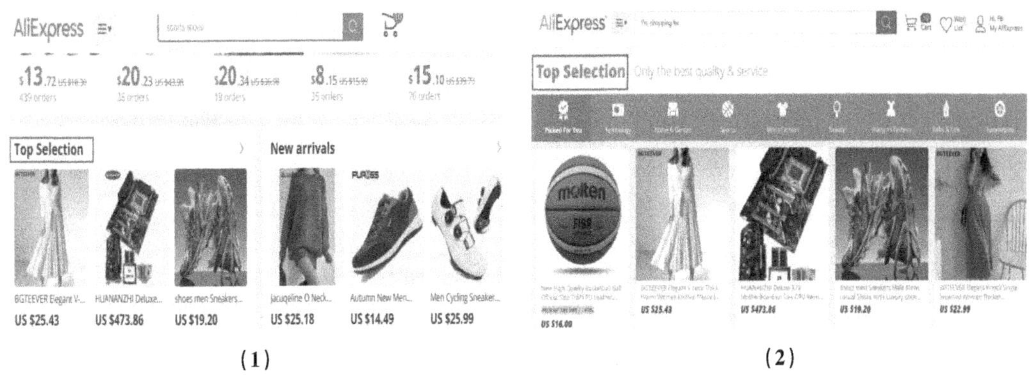

（1）　　　　　　　　　　　　（2）

图 3-7　速卖通 PC 端前台页面

（三）速卖通后台生意参谋：市场大盘分析

生意参谋是速卖通原来数据纵横的升级版，是面向全体商家提供一站式、个性化、可定制的商务决策体验的统一数据平台，上面集成了海量数据及店铺经营思路，不仅可以为商家提供更好的流量、商品、交易等店铺经营全链路的数据披露、分析、解读、预测等功能，还能更好地指导商家的数据化运营。

1.市场大盘分析

第一步：卖家登录卖家的速卖通后台，点击“生意参谋”下的“市场大盘”（见图 3-8）。本处以鞋类为例进行说明。

图 3-8　速卖通后台操作页面

第二步：假如想从事平底鞋行业运营，可以先将鞋子一级类目按照跟高在 1 厘米以上和 1 厘米以下区分为两类二级类目进行对比了解（图 3-9），在市场大盘下的行业趋势图中可以看到两类鞋的访客指数对比情况，再参考页面的商品浏览率、供需指数和客单价，即可进行是否从事平底鞋类目运营的精准分析。

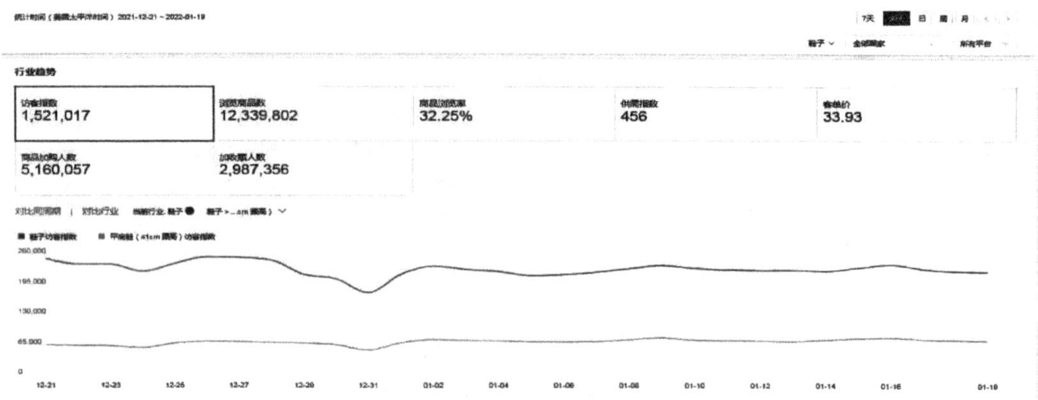

图 3-9　生意参谋图——市场大盘页面

此外，还可以参考页面中的行业构成和国家构成，在行业构成图中，还是利用速卖通数据分析系统，将平底鞋按照关键词分为五类三级类目，分别是“女士鞋”(Women's Shoes)、“男士鞋”(Men's Shoes)、“鞋子配件”(Shoe Accessories)、“其他鞋子”(Other Shoes)和“裸跟鞋和木屐”(Mules & Clogs)。参考五类产品的搜索指数、交易指数、在线商家占比、供需指数和父类目金额占比，可分析经营平底鞋的下级类目。

排名	行业	搜索指数	交易指数	在线商家占比	供需指数	父类目金额占比	客单价	操作
1	Women's Shoes 较前30日	666,778 -4.77%	11,559,004 -10.85%	79.85% -0.68%	400 -3.84%	66.41% -1.79%	39.62 +5.85%	趋势
2	Men's Shoes 较前30日	593,383 -4.22%	7,233,287 -9.10%	57.58% -1.61%	425 -2.22%	27.94% +1.86%	40.45 +1.35%	趋势
3	Shoe Accessories 较前30日	432,561 +1.71%	3,031,403 -3.29%	19.88% -0.30%	588 +3.84%	5.65% +14.37%	6.62 +8.43%	趋势
4	Other Shoes 较前30日	0 0.00%	0 0.00%	0.00% 0.00%	0 0.00%	0.00% 0.00%	0.00 0.00%	趋势
5	Mules & Clogs 较前30日	0 0.00%	0 0.00%	0.00% 0.00%	0 0.00%	0.00% 0.00%	0.00 0.00%	趋势

国家构成

排名	国家&地区	访客指数	浏览商品数	商品浏览率	供需指数	客单价	商品加购人数	加收藏人数	操作
1	俄罗斯 较前30日	736,779 -22.28%	5,469,757 -18.86%	25.96% +7.23%	150 -10.29%	20.69 -6.55%	1,110,886 -24.63%	764,767 -18.01%	趋势
2	西班牙 较前30日	376,497 -8.47%	2,791,724 -11.88%	38.54% +19.18%	98 -6.12%	22.53 -16.25%	356,435 -21.28%	195,820 -9.58%	趋势
3	美国 较前30日	354,847 +0.10%	3,495,667 -2.06%	37.17% +10.99%	86 +6.62%	61.91 -8.67%	549,949 -2.10%	343,893 +10.28%	趋势
4	法国 较前30日	321,378 -3.99%	2,396,897 -8.62%	33.20% +10.96%	87 -1.54%	33.56 -9.17%	345,220 -9.63%	179,053 +1.64%	趋势
5	巴西 较前30日	269,938 -6.46%	1,811,492 -7.90%	32.06% +11.59%	63 -9.27%	47.44 -13.16%	118,845 -11.01%	131,560 +1.39%	趋势
6	乌克兰 较前30日	269,975 -26.01%	1,743,792 -8.20%	28.80% +7.66%	44 -5.35%	16.86 +5.37%	123,819 -28.98%	133,070 -13.62%	趋势
7	以色列 较前30日	216,886 -5.85%	2,037,137 -11.18%	33.74% +8.00%	47 -1.76%	32.59 -2.54%	178,650 -13.58%	74,545 -9.00%	趋势

图 3-10　市场大盘页面——行业构成图

在国家构成图中，有卖家们选定时间范围内购买选定产品顾客的国家排序情况。卖家可以据此判断，如果选择从事平底鞋行业，将来面对的客户群体是哪些国家，再结合相应指数分析，得出相应的选品决策。

国家构成

排名	国家&地区	访客指数	浏览商品数	商品浏览率	供需指数	客单价	商品加购人数	加收藏人数	操作
1	俄罗斯 较前30日	736,779 -22.28%	5,469,757 -10.86%	25.96% +7.23%	150 -10.29%	20.69 -6.55%	1,110,888 -24.63%	784,767 -18.01%	趋势
2	西班牙 较前30日	376,497 -6.47%	2,791,724 -11.86%	36.54% +19.16%	96 -6.12%	22.53 -16.25%	356,435 -21.26%	195,820 -9.58%	趋势
3	美国 较前30日	354,847 +0.10%	3,495,667 -2.09%	37.17% +10.99%	86 +8.82%	61.91 -8.87%	549,949 -2.10%	343,893 +10.28%	趋势
4	法国 较前30日	321,378 -3.99%	2,395,897 -8.62%	33.20% +10.96%	87 -1.54%	33.58 -9.17%	345,220 -9.63%	179,053 +1.64%	趋势
5	巴西 较前30日	289,938 -6.46%	1,811,492 -7.90%	32.08% +11.59%	63 -9.27%	47.44 -13.16%	118,845 -11.01%	131,560 +1.39%	趋势
6	乌克兰 较前30日	269,975 -26.01%	1,743,792 -8.20%	28.80% +7.66%	44 -5.35%	16.86 +5.37%	123,819 -26.98%	133,070 -13.62%	趋势
7	以色列 较前30日	216,985 -5.85%	2,037,137 -11.18%	33.74% +8.00%	47 -1.76%	32.59 -2.54%	178,650 -13.58%	74,545 -9.00%	趋势
8	墨西哥 较前30日	215,204 -5.49%	1,873,465 -2.91%	35.85% +9.83%	44 +2.70%	40.52 +67.85%	112,046 -4.63%	127,285 +7.09%	趋势
9	波兰 较前30日	182,174 -0.14%	1,494,919 -1.30%	26.81% +7.30%	44 +10.05%	42.74 -14.49%	124,258 +2.48%	82,021 +10.59%	趋势
10	意大利 较前30日	180,516 -1.38%	1,389,661 -2.53%	31.60% +5.23%	42 +4.61%	36.38 -10.86%	96,558 +0.18%	57,953 +6.21%	趋势

图 3-11 市场大盘页面——国家构成图

知识拓展

访客指数：所选行业及所选时间范围内，访问店铺页面或者商品详情页的人数经过数据处理后得到的对应指数。访客指数不等于访客人数，指数越大访客数越多。

供需指数：所选行业及所选时间范围内，根据指定关键词搜索人数与有效商品数比值拟合出的指数。指数越高，表示市场需求大于供给比值越高。指数之间的差值不代表实际指标差值。

商品浏览率：所选行业及所选时间范围内，商品浏览量占上级行业浏览量的比重，浏览率越高说明市场需求越高。

客单价：所选行业及所选时间范围内，根据指定关键词下顾客平均购买商品的平均交易金额。本处是指近 30 天购买跟高 1 厘米以下鞋类产品顾客平均购买的价格是 33.93 美元。

父类目金额占比：这项指指指定类目占整个大类目的占比，本处是指跟高低于 1 里面的鞋子占整个鞋类目占比，占比重大说明细分市场交易支付的金额更多，需求越大，相对获得客户比较容易，但另一方面来看占比小的产品对于卖家们中小卖家来说更加容易突围，因为占比小，卖家数量少、产品数量也少。

搜索指数：所选行业及所选时间范围内，搜索该关键词的次数经过数据处理后得到的对应指数，搜索指数不等于搜索次数，指数越大搜索量越大。

(四)选词专家分析

第一步：卖家登录卖家的速卖通后台，点击“生意参谋”下的左侧功能栏中“市场”板块下的“选词专家”可以用作选定平底鞋类目下推广的方向。本书选择了近 30 日内速卖通平台上平底鞋的热搜词，在“选词专家页面”可以看到“热搜词”以及改词下产品是否有品牌、搜索人气、搜索指数、点击率、成交转化率和竞争指数。根据相关的数据进行准确的选择。在图 3-12 市场大盘页面－选品专家图中，关键词排序最高的是 Women's Sneakers shoes(女式运动鞋)，这个词的搜索人气、搜索指数是最高的、成交转化率 0.17%也是最高的，但是点击率为 19.04%和竞争指数是 3.42 不是最高的。说明选择女士运动鞋这款为关键词的产品市场需求是比较大的，很多人在搜索。接下来卖家要做产品标题就必须把这个关键词放在前面，让更多人能看到卖家的产品，但是点击率成本是比较高。

第二步：将“选词专家”界面中的热搜词下载，让卖家有一个更完善的表格进行清楚的分析，在表格里面有补充供应指数和热搜国家。

总之在选品专家栏目中，卖家要根据竞争指数去分析关键词性价比，搜索指数越高，关键词流量越大。同时一定注意不能侵犯别人的品牌原词。

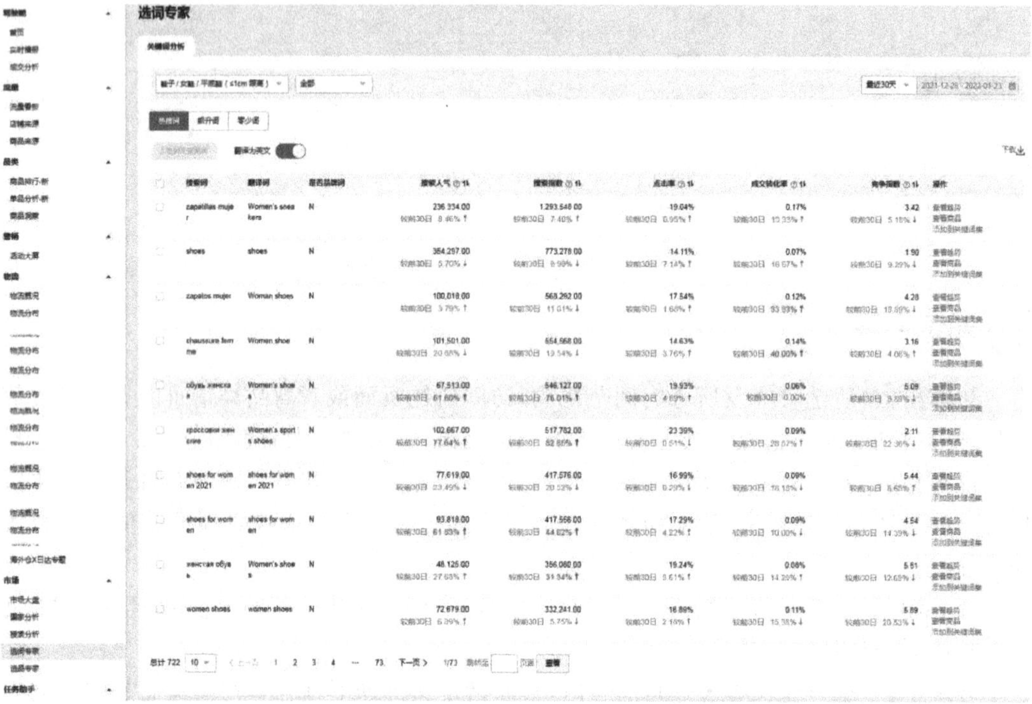

图 3-12　市场大盘页面——选品专家图

A	B	C	D	E	F	G	H	I	J	K	L	M
Keyword	targetKeyword	The number of exposed products has soared	Exposure of sellers soared	Top3 hot search country	Competitive index	supply-demand index	Click-through rate	Whether brand original words	Search popularity	Search Index	Payment conversion rate	Search index soaring
关键词	翻译词	曝光量	卖家曝光指数	TOP3热搜国家	竞争指数	供给指数	点击率	是否原创品牌	搜索人气	搜索指数	支付转化率	搜索指数趋势
zapatillas mujer	Women's sneakers	-0.2	0	ES,CL,MX	3.4204	1.83	0.1904	N	236334	1293548	0.0017	-0.28
shoes	shoes	-0.31	0	US,GB,ES	1.8967	1.44	0.1411	N	354297	773278	0.0007	-0.2
zapatos mujer	Woman shoes	-0.38	0	ES,MX,CL	4.2843	1.83	0.1754	N	100018	568292	0.0012	-0.39
chaussure femme	Women shoe	-0.49	0	FR,BE,DZ	3.1633	1.68	0.1463	N	101501	554568	0.0014	-0.46
обувь женская	Women's shoes	-0.03	0	RU,UA,BY	5.0906	1.9	0.1993	N	67513	546127	0.0006	0
кроссовки женские	Women's sports shoes	-0.09	0	RU,UA,BY	2.1113	1.58	0.2339	N	102667	517782	0.0009	0.12
shoes for women 2021	shoes for women 2021	-0.4	0	US,GB,CA	5.4419	1.4	0.1699	N	77619	417576	0.0009	-0.43
shoes for women	shoes for women	0.16	0	US,GB,AU	4.5389	1.46	0.1729	N	93818	417556	0.0009	0.75
женская обувь	Women's shoes	-0.41	0	RU,UA,BY	5.5129	1.71	0.1924	N	48125	356080	0.0008	-0.37

图 3-13　选品专家热搜词下载图

知识拓展

曝光量：所选行业及所选时间范围内，搜索该关键词能出现的产品数量经过数据处理后得到的对应指数，曝光量不等于实际曝光产品数量，曝光量越大被曝光的产品数量越多。

卖家曝光指数：所选行业及所选时间范围内，搜索该关键词出现卖家的数据处理后得到的对应指数，指数不等于实际曝光卖家数量，指数越大被曝光的卖家数量越多。

竞争指数：所选行业及所选时间范围内，搜索该关键词对应的竞争指数。指数越大竞争越激烈。

供给指数：所选行业及所选时间范围内，搜索该关键词对应的供给指数。指数越大供给越充足。

点击率：所选行业及所选时间范围内，搜索该关键词对应的商品被点击的次数处理后得到的对应指数，指数不等于产品点击实际数量，指数越大被产品被点击的次数越多。

搜索人气：所选行业及所选时间范围内，搜索该关键词的人数经过数据处理后得到的对应指数，搜索人气不等于搜索人数，人气越大搜人数越多。

支付转化率：所选行业及所选时间范围内，通过关键词后实际购买产品数量与搜索人数比率，即访客转化为支付买家的比例。

(五)速卖通后台生意参谋：选品专家分析

第一步：卖家登录卖家的速卖通后台，点击“生意参谋”下的左侧功能栏中“市场”板块下的“选品专家”。在选品专家中有热销和热搜两个界面，在热销产品词界面进行行业、国家和时间相应细分选择。此后界面会出现不同关键词圈，圈越大代表这个关键词的品类销量越大，反之亦然。颜色代表竞争程度，越红说明该类关键词品类市场竞争越大，灰色竞争居中，越蓝则代表该品类的竞争越小。在图中进行相关品类选择。例如图 3-14 中的 Sock(袜子)和婴儿外出服(baby set)两个品类可以看出袜子品类会更容易新店铺运营。

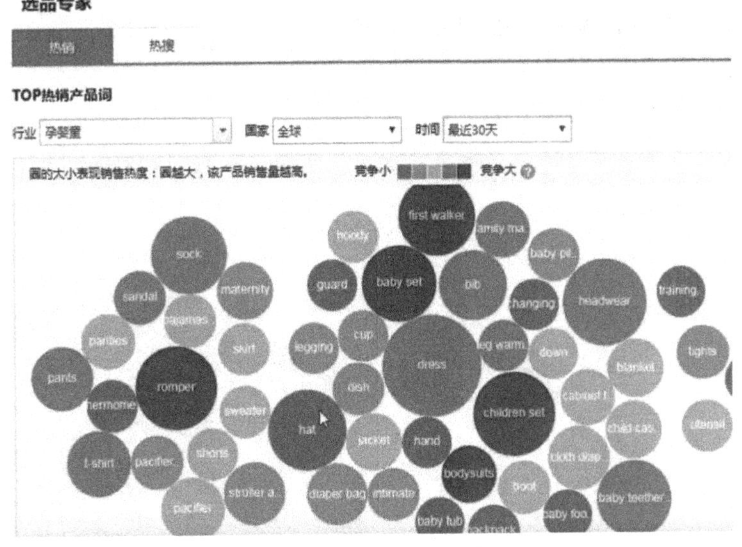

图 3-14　选词专家热销图

第二步：打开选品专家中的特搜图，可以看到不同关键词圈，同样圈的大小表现为销售热度，圈越大，该产品的销量量越高。

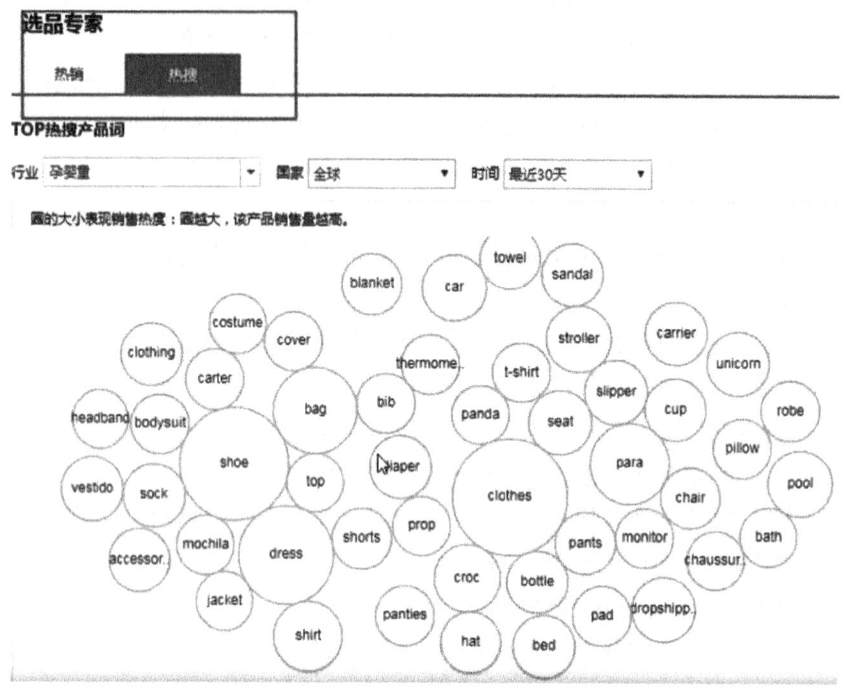

图 3-15 选词专家热搜图

(六)速卖通后台生意参谋：竞品分析

当卖家确定好了要运营的一二级类目，需要对运营平台中竞争对手运营的产品进行分析。具体操作步骤如下：

第一步：打开速卖通网站 https://www.aliexpress.com/。在主页的搜索框中搜索要开发的产品主词，以婴儿服饰"kids clothing"为例。

图 3-16 速卖通主页图

第二步:在搜索排序方框处选择“Orders”,即按照订单数量(销量)排序。在页面中寻找好评稳定在 95% 不低于 90%争取到 97%;DSR 服务分不低于 4.5 分的商品和相关的店铺进行浏览,排序高的商品风格以及相关店铺内其他商品风格、款式、定价以及购买者评价都能成为卖家日后运营的参考。例如图 3-18 产品,订单数为 6073,产品评价数为 1637 个。这些评价是售后评价,是真实的消费者对产品的点评。

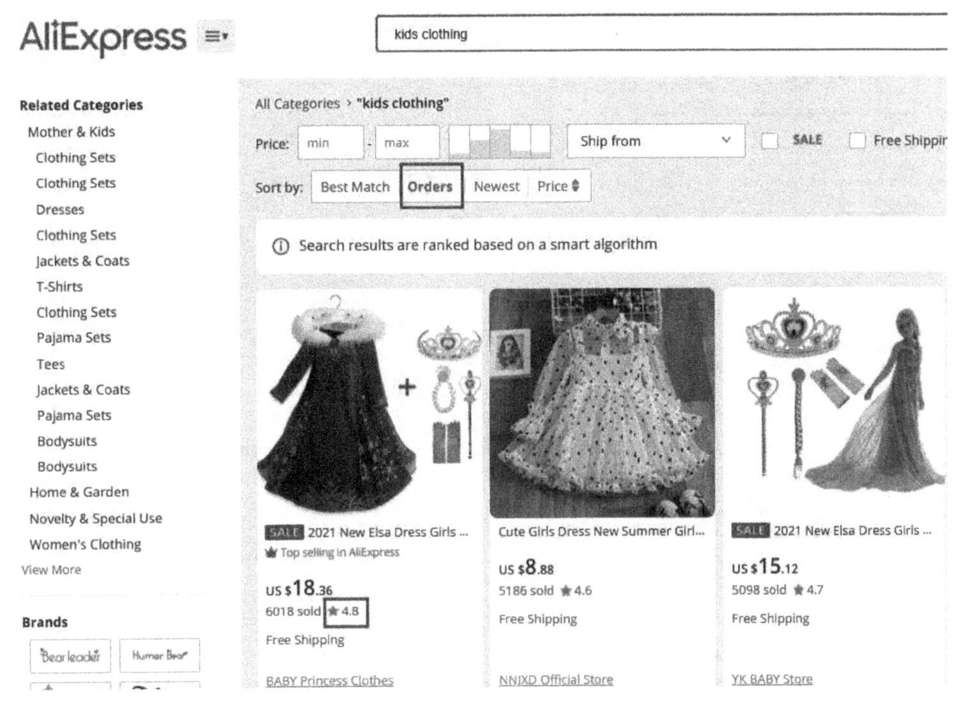

图 3-17　速卖通订单排序图

图 3-18　速卖通产品图

第三步：点击评价（Reviews）进行浏览。可以发现有好评也有差评，在评价中可以发现不同国家评价的内容，在好评中发现为什么获得这些国家消费者好评，在差评中发现为什么会有差评，在日后的运营中是否可以规避这些问题。例如图 3-19 评价中，对 3-18 产品好评是欧盟国家消费者指出产品与图文相符、发货迅速、但是产品偏小。而差评是来自巴基斯坦的消费者，也是产品尺码不准，在追评中指出“按照尺码买了 10 岁年龄的尺码，但是消费者女儿 5 岁以下，尺码太小并要求退款”。

图 3-19 速卖通产品售后评价图

第四步：浏览间接竞品的店铺。如销售童装可以浏览平台上儿童帽子、袜子或者鞋子的店铺。通过前三步，查询相关店铺中与童装搭配风格，商品的风格、款式、定价以及购买者评价都能为卖家日后运营提供参考。从图 3-20 速卖通间接竞品产品及售后评价图中可以看到，这款鞋子的页面展示了来自俄罗斯消费者给予的好评，并附上了自己孩子的照片。

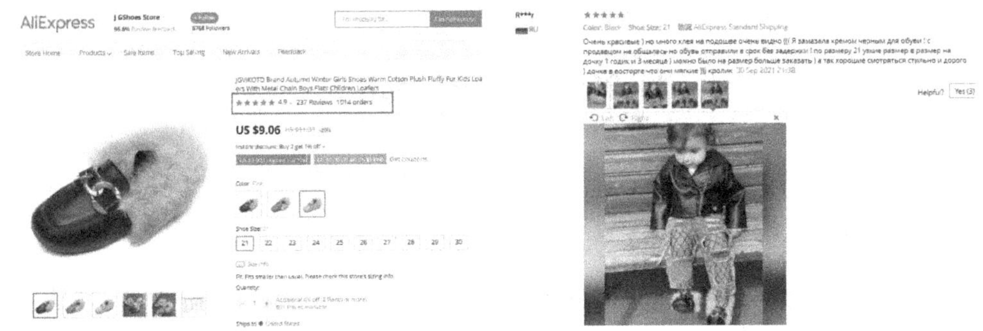

图 3-20 速卖通间接竞品产品及售后评价图

知识拓展

DSR 评分:卖家服务评级系统,是买家对卖家的单向评分。分数来自买家在订单交易结束后以匿名的方式对卖家在交易中提供的商品描述的准确性(item as described)、沟通质量及回应速度(communication)、物品运送时间合理性(shipping speed)三方面服务作出的评价。

直接竞品是指产品定位一致、目标用户一致、产品功能相似度极高的产品。在跨境平台运营中就是指经营相同类目不同品牌的产品店铺。例如运动服装的安踏和李宁。

间接竞品是指产品定位相似、目标用户不一致、产品功能和自身产品互补的产品。在跨境平台运营中就是指经营互补类目产品店铺。

任务评价

速卖通网站的品类是按照哪些类目排列的?

能力拓展

利用速卖通站内选品方法,任选 10 款产品,并去 1688 网站找寻相关产品的成本信息,完成如下图所示的产品选品表。

速卖通站内选品一览表

产品编号	品类	关键词	品名	起售量	国际参考价	速卖通店家网址	起订量	国内采购价/件(CNY)	国内运费/批	汇率	毛利	国内网址	发货时间	产品主图	有无品牌
1001	一级品类 Toy,Kids&babies 二级品类baby colthes	Baby romper	婴儿短袖爬服连体衣	1	US$5.19	https://www.aliexpress.com/item/4000570906316.html?spm=a2g0o.productlist.0.0.714ae800VaGPI0&algo_pvid=e87839a2-0889-45c6-9835-48e6a77f81df&algo_expid=e87839a2-0889-45c6-9835-48e6a77f81df-1&btsid=0b01114515942722794062969ead22&ws_ab_test=searchweb0_0,searchweb201602_,searchweb201603_	3	10.8	4	6.983	24.11	https://detail.1688.com/offer/550102292867.html?spm=a26352.b28411319.offerlist.1.69081e62XagF03	3天		无

备注:毛利=国际参考价*汇率-(国内采购价*起订量-运费)/起订量

任务二　站外选品

任务分析

本次任务主要是采用跨境电商常用的数据分析平台——谷歌趋势(Google Trends)、谷歌关键词广告(Google Adwords)、谷歌全球商机洞察(Google Global Market Finder)及SNS社交平台进行数据分析，以帮助卖家对经营的行业及具体类目下的产品进行选择。

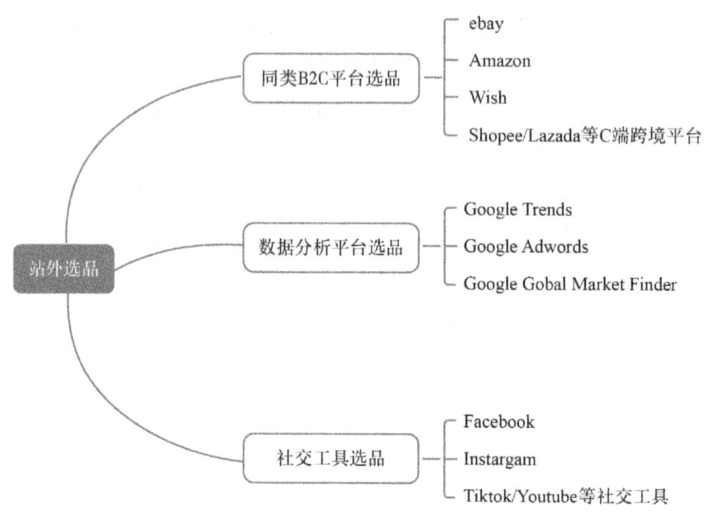

知识准备

谷歌趋势(Google Trends)是谷歌公司的公共网络设施，它基于谷歌搜索，显示了整个世界各地区的一个特定搜索项的搜索量。谷歌趋势的特色是允许卖家比较两个或者两个以上搜索词的相对热门程度，反映其周期变化趋势。

谷歌关键词广告(Google Adwords)是一种通过使用Google关键字广告或者Google遍布全球的内容联盟网络来推广网站的付费网络推广方式，其可以选择包括文字、图片及视频广告在内的多种广告形式，特色是当用户使用卖家的某个关键字在Google上进行搜索时，卖家的广告可能就会展示在搜索结果旁边。

谷歌全球商机洞察(Global Market Finder)是谷歌基于搜索信息、关键词广告和谷歌翻译推出的一款洞察全球商机的服务。在这项服务中，谷歌大量的搜索、关键词竞价广告再一次被深度挖掘，通过对这些信息的区域划分，来获取全球市场的竞争关系，而其中不同地域不同的用词问题，可以通过谷歌翻译做技术解决，是该项目的特色所在。

任务实施

(一)了解同类 B2C 平台

卖家在选品前要对常见的跨境 C 端平台和目的国本土电商平台进行了解。下面对欧美本土平台进行简单介绍。

1.Newegg(新蛋网)

美国新蛋网于 2001 年成立,最初销售消费类电子产品和 IT 产品,现在品种类高达 55000 种。截至目前,新蛋网拥有 2500 万多个客户群,其中 30%的客户是科技、游戏、DIY 爱好者,网站上 75%的订单来自重复购买,平均客单价为 193 美金。

2.Sears(西尔斯)

西尔斯创建于 1886 年,是美国一家百年企业,全球领先的互联网零售商。它提供自营、大卖家等多种营销模式。品类包括电子产品、家居用品、户外生活、工具、健身、玩具等。

3.Bestbuy(百思买)

美国百思买公司于 2011 年成立,每年有多达 10 亿的访问量。在百思买网站,只有被邀请的卖家才可以入驻平台,其产品才可以出现在百思买门店销售。公司主要经营消费类电子产品。

4.QVC

QVC(quality 质量、value 价值、convenience 便利)成立于 1986 年,是全球最大的电视与网络的百货零售商,曾数次获得美国商务/电子零售业界最佳成就与顾客服务奖。QVC 的百货零售业务覆盖美国、德国、英国及日本市场。QVC 通过电视与网络购物服务直达美国 8000 万户以上家庭,公司年销售额达 40 亿美元。

5.Overstock

Overstock 是一家在线销售品牌折扣商品及尾货的公司,于 1999 年上线。Overstock 主要销售的商品包括家庭用品、珠宝、电子产品、服装、图书和音像制品等。

6.Tesco(特易购)

英国最大的食品和日用杂货零售商,在中国开设的有乐购超市。2012 年,Tesco 成立电商网站,网站上每月约有 400 万访问量。目前公司正在把线下庞大的客户群转移到线上。产品包括家居和园艺、婴儿用品、运动休闲、服装和珠宝等。

7.La Redoute(乐都特)

成立于 2010 年的法国在线零售商,覆盖约 26 个国家。La Redoute 主要定位于年龄在 26 岁到 35 岁范围内的妇女。产品种类包括男装和女装、内衣、鞋子和饰品、家具、工艺等。

(二)数据分析平台选品

1.谷歌趋势

第一步:打开谷歌趋势网址:https://trends.google.com。在关键词选择中输入“kids clothing”(两岁以上儿童服装,下文简称童装)和 baby clothing(两岁以下儿童服装,下文简称婴儿服装),消费国为“全球”,时间选择“过去的 12 个月”。从图 3-21 中可以看到,在谷歌网页搜索中,无论是童装还是婴儿服装,在过去的 12 个月的搜索量是比较平稳的,没有太大的波动幅度。其中“童装”搜索量总体高于“婴儿服装”,这说明儿童服装的市场会更大一些。

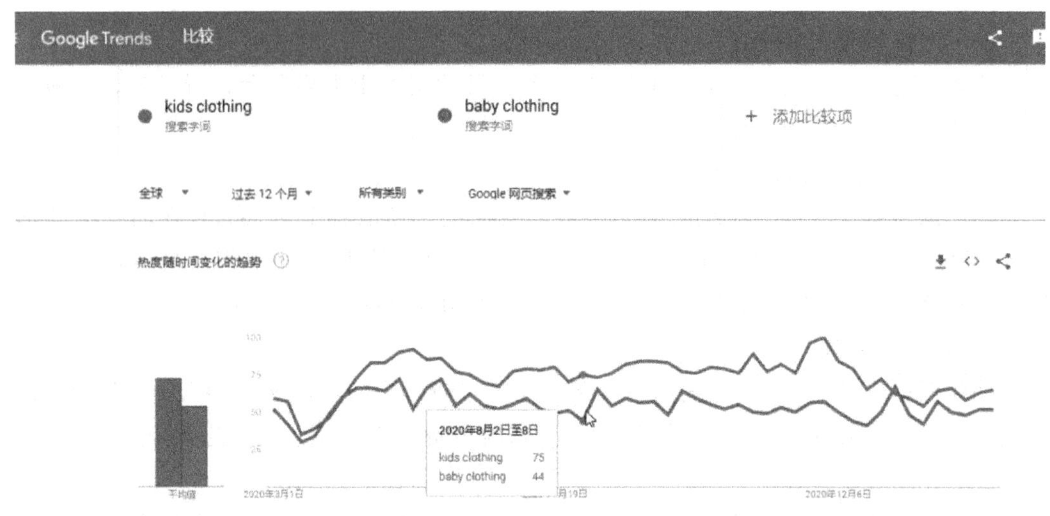

图 3-21 谷歌趋势主页图——网页搜索对比图

第二步：在“第一步”页面下拉即出现按照网页搜区域对比图。从图 3-22 中可以看出，巴基斯坦、爱尔兰等五国是对童装关注度最高的国家。卖家在日后的运营过程中可以重点关注这几个目标市场。

图 3-22 谷歌趋势主页图——网页搜索区域对比图

第三步：在第二步页面下拉出现了按照查询关键词的排序图。从图 3-23 中可以看到在童装中，“jessica simpson kids clothing”（杰西卡·辛普森儿童服装）、“cheap nike clothing for kids”（便宜的耐克儿童服装）等搜索词使用最频繁。在婴儿服装中，“baby clothing subscription box”（婴儿服装礼盒装）、“million dollar baby”（《百万美元宝贝》是电影名称）等搜索词使用最频繁。卖家可以关注相关的产品是哪些类型产品，日后运营就可以从中选择相类似产品进行运营。

第四步：将页面中的“谷歌网页搜索”切换成“谷歌购物”再次进行对比。可以发现，在

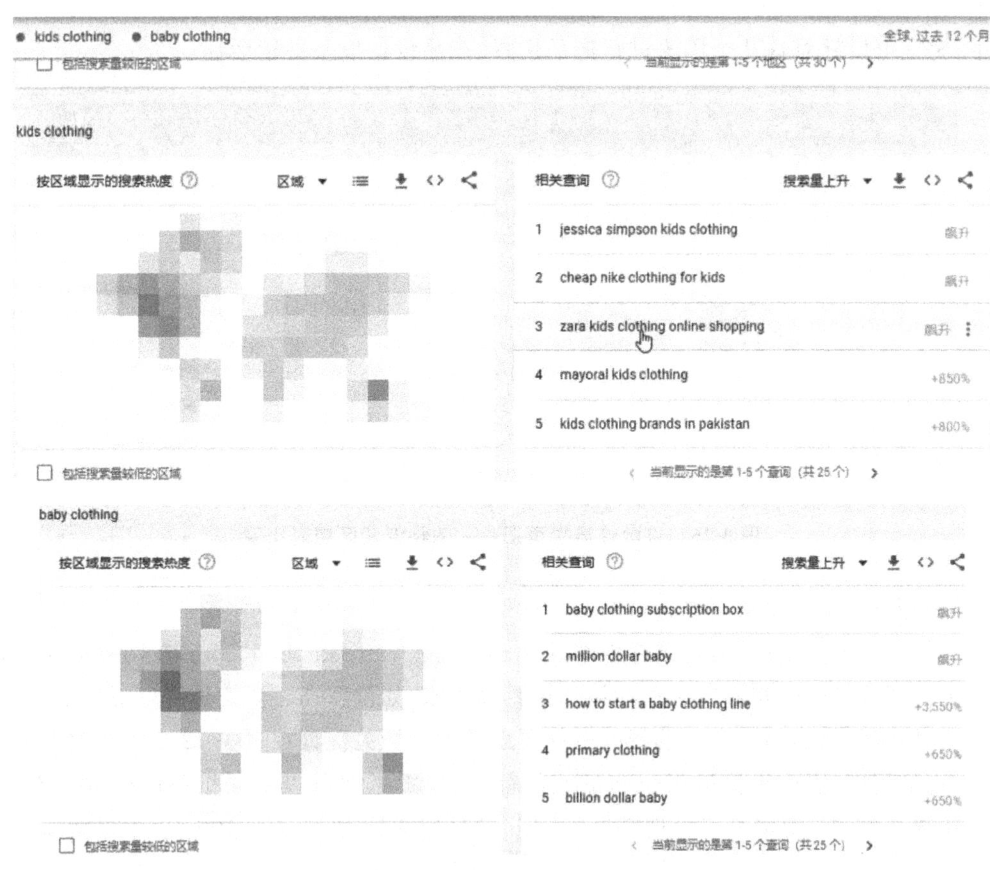

图 3-23 谷歌趋势主页图——网页搜索查询词对比图

过去的 12 个月中，在“谷歌购物”频道中，“儿童服装”的搜索量依然高于“婴儿服装”。

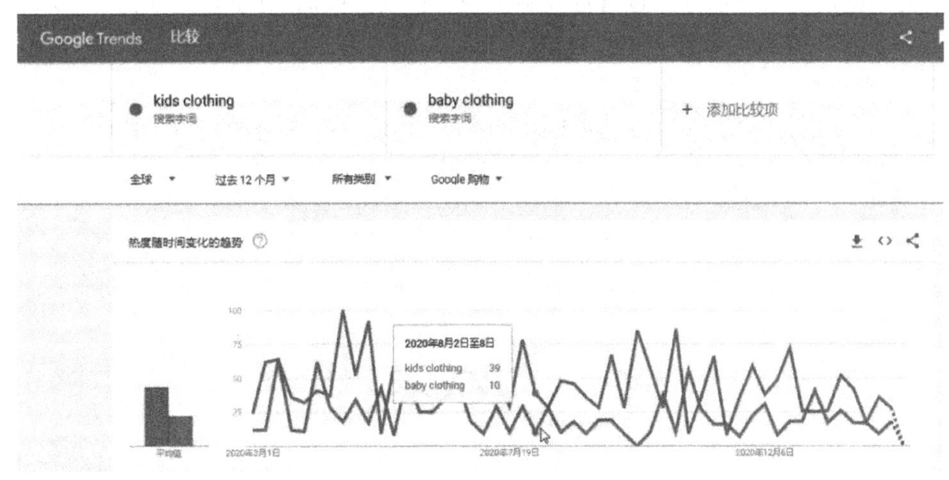

图 3-24 谷歌趋势主页图——购物搜索查询词对比图

第五步：将“第四步”中的页面下拉进入“按区域比较得分数据”进行国家分析。可以发现，在过去的 12 个月中，中国、希腊、爱尔兰、瑞典和菲律宾是对儿童服装关注度最高的五个国家。据此卖家可以考虑选择的产品是否适合希腊、爱尔兰等国。在日后的运营过程中,卖家可以针对这几个国家进行产品选择、产品设计以及促销活动。

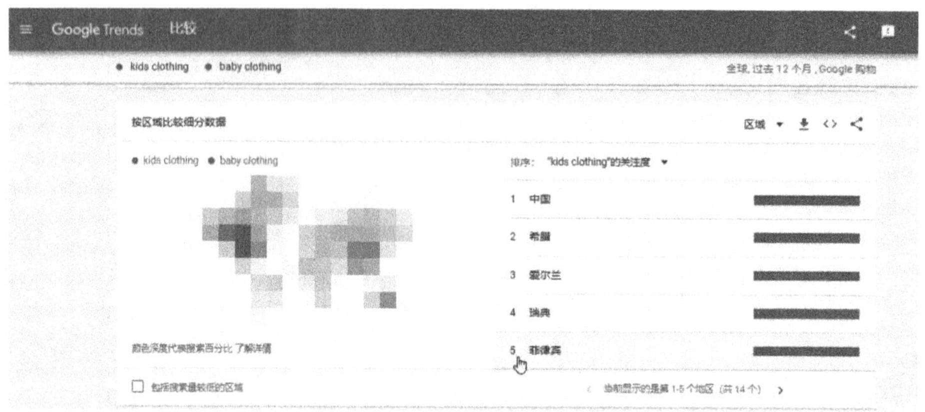

图 3-25 谷歌趋势主页图——购物搜索区域对比图

2.谷歌关键词广告

步骤如下:打开谷歌关键词广告网址:https://adwords.google.com,在网页的搜索框输入关键词"kids clothing";位置栏目选择目标国家,如俄罗斯。语言选择好对应的语言,如英语;搜索网络选择谷歌。选择好后就可以看到目标关键词在过去 12 个月中每月的搜索量、竞争程度、页面出价最高位和最低位等类目,卖家即可以根据相关信息进行选品。例如在图 3-26 中,卖家可以发现"kid clothing"月搜索量为 10 万~100 万,如果卖家希望自己的店铺出现在 Google 搜索第一页,那么被点击一次的费用最低是 0.75 美元。相关的关键词中,"baby boy clothes"(男童服装)和"girls clothes"(女童服装)月搜索量也是 10 万~100 万,出现在 Google 搜索第一页被点击一次的费用最低分别是 0.44 美元和 0.56美元。据此卖家可以考虑运营过程中是否选择该关键词、竞争热度如何,以及日后运营过程中的推广营销成本是否可以接受。

关键字(按相关性排)	平均每月搜索量	竞争程度	广告展示次数份额	页首出价(低位区间)	页首出价(高位区间)	帐号状态
您提供的关键字						
kids clothing	10万 - 100万	高	–	US$0.75	US$2.31	
关键字提示						
baby boy clothes	10万 - 100万	高	–	US$0.44	US$1.25	
girls clothes	10万 - 100万	高	–	US$0.56	US$2.17	
baby dress	1万 - 10万	高	–	US$0.44	US$1.09	

图 3-26 谷歌关键词广告主页图

3.谷歌全球商机洞察

第一步:输入全球商机洞察网址:http://translate.google.com/globalmarketfinder/g/index.html 进入主页;选择国家、语言并输入产品关键词“kid clothing”,在右侧 Filter 中选择自己的目标市场;点击“Find opportunity”就可以得到结果。

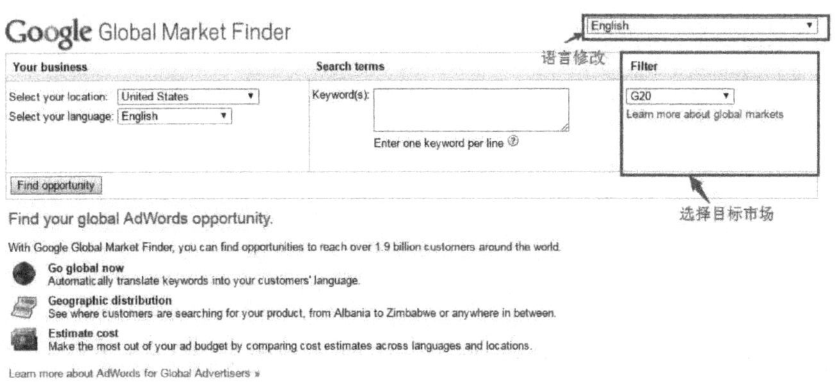

图 3-27　谷歌全球商机洞察主页图

第二步:分析关键指标。(1)Monthly searches acrosscategories:平均每月谷歌搜索与你所选产品类别相关的术语,这是需求和总体机会大小的最强指标之一。(2)AdWords recommended bid:推荐的竞价,该指标是使用其他广告商在同一地点为相关的关键词支付的每点击费用计算的,可以很好地反映一个市场的竞争力。(3)Ease of doing business index(rank):衡量在市场上做生意的容易程度,该指标从 1 至 190 不等,数值越高,意味着监管环境越有利于本地企业的启动和运营。(4)Household net disposable income:扣除所得税后(普通家庭的平均收入),这一指标提供了一种对消费能力的洞察角度,从中能看出消费者愿意为某种产品和服务支付的价格。

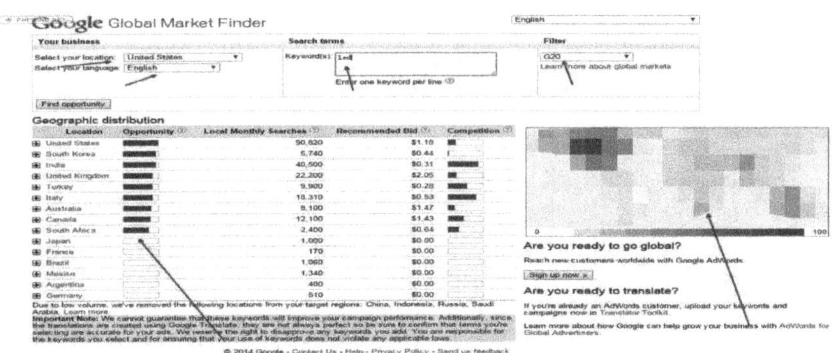

图 3-28　谷歌全球商机洞察关键词分析页面

(三)SNS 社交网站参考

1.借助 Facacbook 选品

第一步:打开 Facebook 网站,在搜索框中输入“kid clothing”,此时页面会出现按照点赞数排名的一些店铺和个人主页。

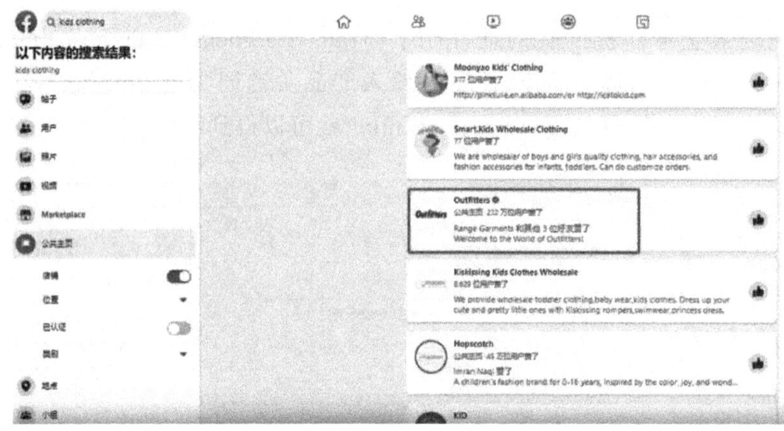

图 3-29　Facebook 主页图(一)

第二步：选择点赞数高的店铺进行浏览，店铺内商品风格、款式和定价等可以为卖家日后运营提供参考。

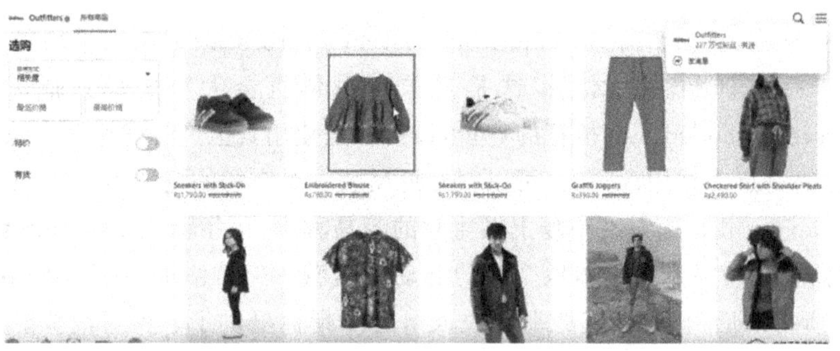

图 3-30　Facebook 店铺图

第三步：选择点赞数高的帖子进行浏览，帖子中商品风格、款式、帖子整体互动设计以及消费者留言等可以为卖家日后运营提供参考。

图 3-31　Facebook 主页图(二)

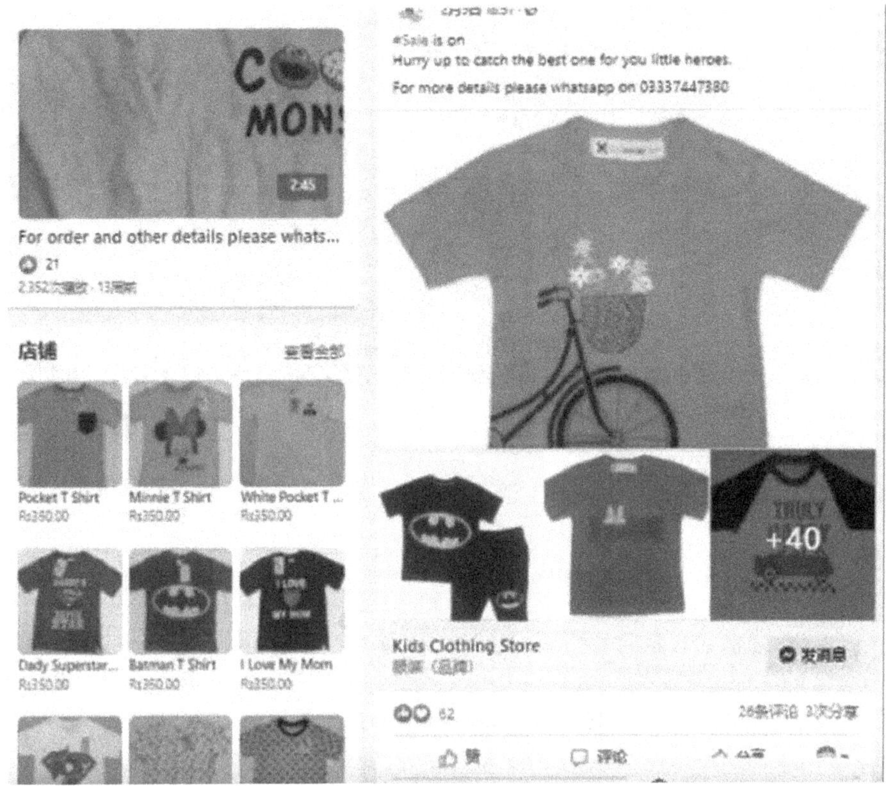

图 3-32　Facebook 帖子商品图

第四步:选择点赞数高、发布日期新的视频进行浏览,视频中商品风格、款式、帖子整体互动设计以及消费者留言等可以为卖家日后运营提供参考。如图 3-34 所示的 Facebook 视频商品图中,消费者留言有收到产品的好评,还有咨询是否有适合女孩的长袖服装,这也就是买家的需求痛点,卖家可以据此考虑:日后运营能否做到同款,能否满足男女童不同的需求等。

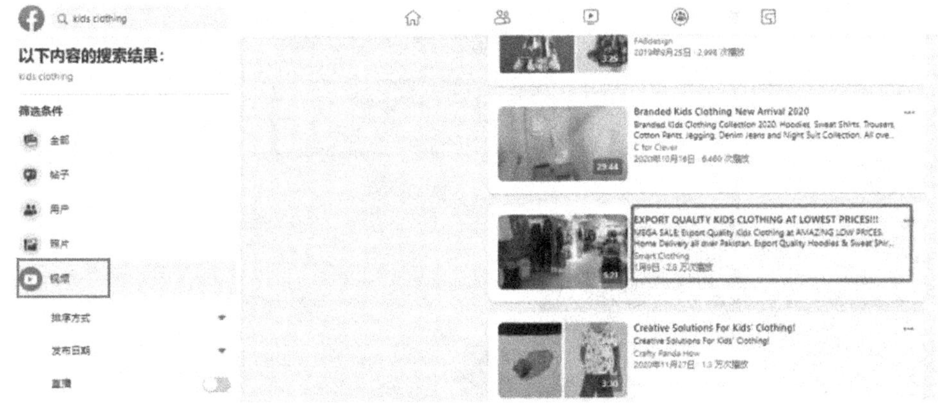

图 3-33　Facebook 主页图(三)

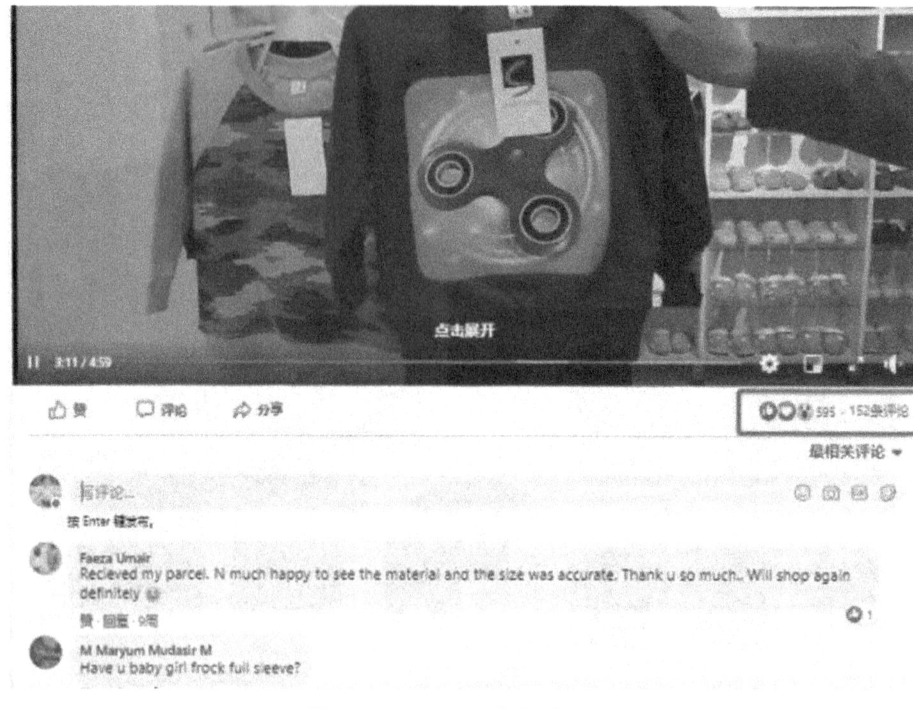

图 3-34　Facebook 视频商品图

2.借助 Instagram 选品

第一步:打开 Instagram 的 App,在搜索框内输入“kids clothing”,就可以看到页面上有关童装的帖子、店铺和话题,可以看到,其中有关童装的话题标签就有 216.6 万篇帖子。

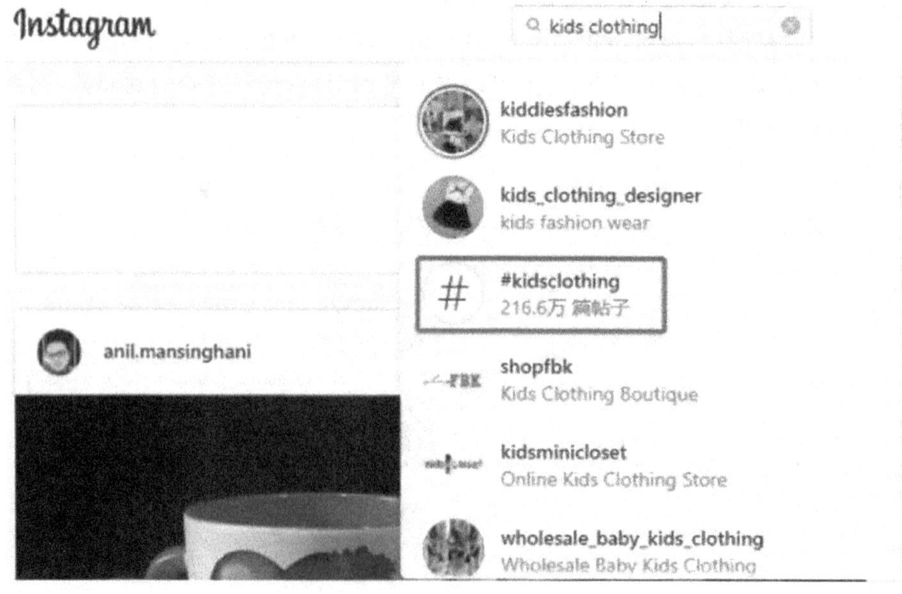

图 3-35　Instagram 主页图

第二步:寻找帖子中的有效信息。点击话题可以查询哪些帖子人气、点赞数和评论数比较高,那么这些帖子中商品风格、款式、帖子整体互动设计以及消费者留言就能成为卖家日后运营的参考。例如在图 3-37 商品中,消费者有关年龄的咨询比较多,在日后的运营过程中卖家就可以考虑是否有同款产品,能否满足不同年龄层的需求。

图 3-36 Instagram 话题图

图 3-37 Instagram 商品图(一)

3.借助其他的视频为主的社交平台选品

步骤如下：打开相关的手机 App（如 Tiktok 等），在搜索框输入关键词“kids clothing”，寻找与关键词相关的视频、话题和标签，那么这些相关类目下的商品风格、款式、帖子整体互动设计以及消费者留言就能为卖家日后运营提供参考。

图 3-38 Instagram 商品图(二)

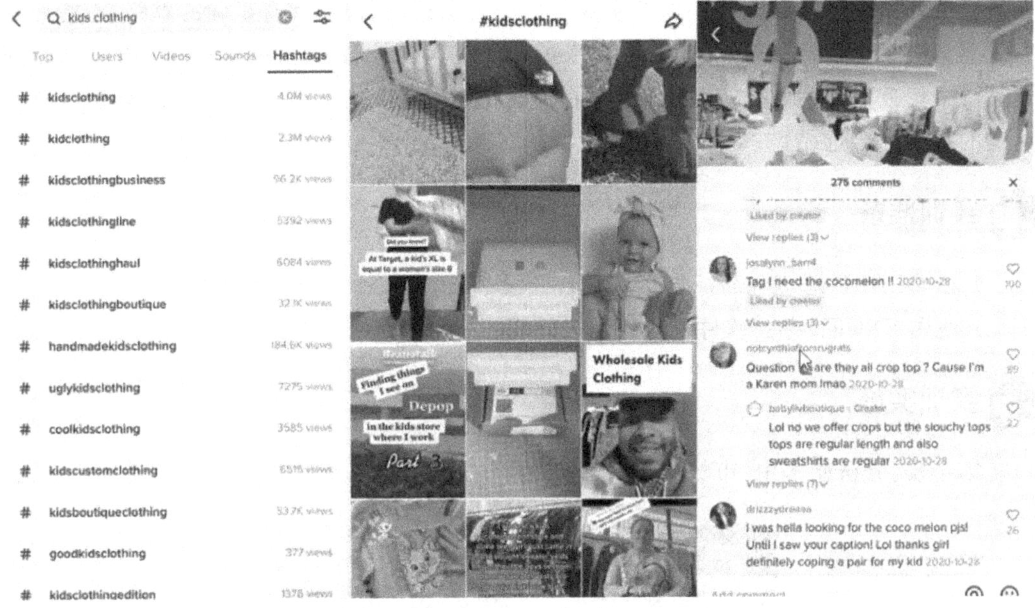

图 3-39 Instagram 商品营销组图

能力拓展

1.根据“任务一站内选品”中的 10 款产品，在亚马逊网站找寻相关产品的信息，完成如下图所示的亚马逊产品选品表。

价格方案	售价$	售价¥	采购价	头程（¥15/kg）	配送费（$11.2）	佣金（15%）	毛利润	毛利润率
对标售价	$107.99	¥734.33	¥170.00	¥45.00	¥76.30	¥110.15	¥332.89	45%
最低售价	$80.00	¥544.00	¥170.00	¥45.00	¥76.30	¥81.60	¥171.10	31%
预估售价	$99.00	¥673.20	¥170.00	¥45.00	¥76.30	¥100.98	¥280.92	42%
理想售价	$114.99	¥781.93	¥170.00	¥45.00	¥76.30	¥117.29	¥373.35	48%

2.假如你是一个童装店的老板，结合所学的两个任务，回答以下问题：

(1)什么类型的童装适合美国市场？

(2)什么价位的童装适合美国市场？

3.亚马逊网站的品类是按照哪些类目排列的？

任务三 沙盘选品

实训分析

各个国家和地区都有自己的文化、传统，以及消费和购买习惯。黎小新完成目标市场调研后就开始进行选品。黎小新的企业师傅王大全指出，选品要有正确的思路，不能凭借主观感觉决策，而是要遵循一定的原则来进行。王大全让黎小新完成了站内选品和站外选品两个任务学习后，给她布置了相应的沙盘任务。本次任务是完成沙盘中 A、B、C 三个店铺的第一回合选品。

实训准备

1.在 OCALE 跨境电商综合实训平台开设 A、B、C 三个店铺。

2.使用 EXCEL 办公软件进行选品表编辑。

实训实施

第一步：分析剧本中"市场调研"模块下的"环境数据"子模块中的"市场"项目。

图 3-40 跨境电商综合实训软件页面操作图

服装配饰一直都是人们日常生活需求的重要组成部分，也是商家角逐市场获取利润的重要行业之一。无论是实体店铺还是网上店铺，服装与配饰行业都占据了市场的半壁江山。

在众多服装产品中，男士外套、女士连衣裙是消费者们特别关注的产品。男士外套款式多样，能够满足不同男性消费者的衣着需求；连衣裙则深受女性消费者的喜爱，是日常穿搭的必备服装之一，无论任何季节、任何场合都可以搭配相应的连衣裙。

配饰行业现在也是人们关注的重要行业，合适的配饰可以增添个人气质。某知名数据调研机构做出的一份消费者调查报告显示，围巾、腰带、太阳镜等配饰产品深受消费者的喜爱。

兼具装饰和保暖功能的围巾一直都是人们生活的必备品之一。除去炎热的夏季，人们都愿意为自己准备几条时尚又保暖的纯棉围巾，如果碰到了比往年更加寒冷的冬天或者俄罗斯地区，羊毛围巾或者加长加厚的纯棉围巾可以满足消费者的保暖需求。而丝巾一直是大牌奢侈品的宠儿,奢侈品巨头 Hermès 一直引领着丝巾界的潮流,吸粉无数。

据调查,光面的牛皮皮带一直是欧美职业男性日常穿搭的必需品,而南美地区如巴西的男士则更偏爱于皮质的或者帆布编制的休闲皮带。而在新兴的 Coconut 平台上,低价的 PU 皮带则是主流。

目前北半球的国家刚刚走出寒冷的冬季,保暖需求虽然正在日益递减,但仍然占据大量市场。而在温度适宜的南半球,人们纷纷计划出行游玩,太阳镜便成为必不可少的配饰。

分析结果:在资料中可以发现服装配饰是目前所有跨境平台店铺运营的热门产品。男士外套、连衣裙、围巾、皮带和太阳镜在资料中重点提到,也是我们接下来选品的重点。在市场资料中还可以发现北半球冬季转暖,保暖产品为主,而南半球天气属于夏季,太阳镜是热门产品。

第二步:分析剧本中市场调研模块下的电商平台研究平台消费者特点。

(1)Avocado 平台简介(以下简称 A 平台)

Avocado 总部位于美国,是全球最大的网络电子商务公司之一,初期业务起源于网上零售,不久后商品开始向多元化发展,市场也迅速扩展,分别在美国、加拿大、墨西哥、英国、德国、俄罗斯、巴西等 13 个国家开设了网上在线零售网站,且各市场地区业务发展迅速。平台以提高客户体验为核心,推出了自创物流服务系统及网络服务系统等,其中网络服务系统在 2017 年实现营收增长 48%,至 189 亿美元,占 Avocado 总营收的十分之一左右。目前该平台股价已经达到 900 美元,市值增长了 5000 倍,在网络零售商行业内的地位遥遥领先。

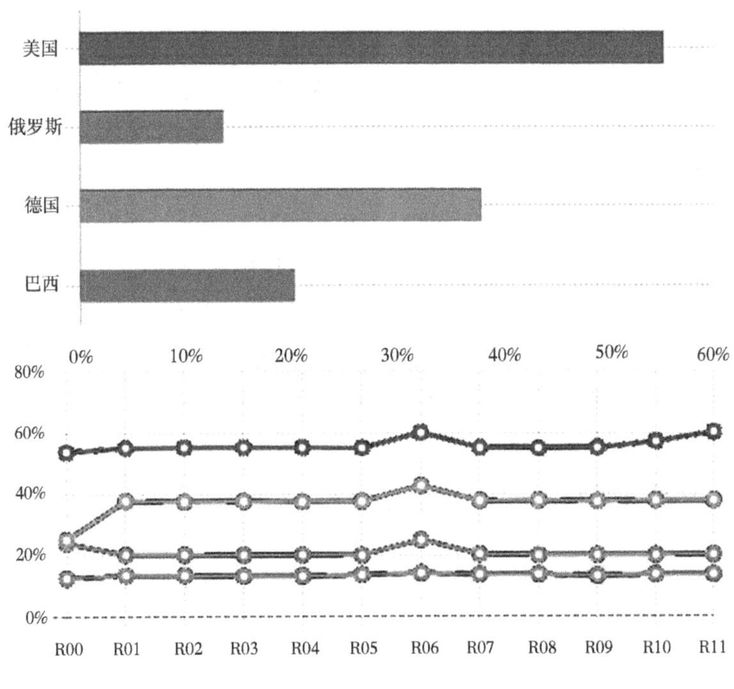

图 3-41 Avocado 平台市场渗透率

类目	热搜关键词
服装配饰	
围巾	lengthened&thickening wool scarf
	women wool scarf
	regular wool scarf
	men wool scarf
	lengthened&thickening cotton scarf
皮带	cowskin belt
	smooth cowskin belt
	rivet cowskin belt
	smooth crocodile belt
	hollow out cowskin belt
太阳镜	pilot polarized sunglasses
	round polarized sunglasses
	cat eye polarized sunglasses
	women pilot sunglasses
	pilot mirrored sunglasses
男士外套	casual men's outerwear
	mandarin collar casual men's outerwear
	turn-down collar casual men's outerwear
	v-neck collar casual men's outerwear
	business men's outerwear
连衣裙	solid woolen dress
	long sleeve woolen dress
	print woolen dress
	sleeveless woolen dress
	short sleeve woolen dress

图 3-42　Avocado 平台热搜词排行榜

分析结果：跨境电商运营实训平台中 A 平台总部位于美国，美国也是最大的市场。所以选品是以美国消费者为主。美国属于北半球，在第一回合中属于冬季。在前章节调研中就已经知道美国消费者喜欢品质高的产品，对价格的敏感度低。在实训软件中以选取品级 1 和品级 2 的产品为主。

(2)Berry 平台简介(以下简称 B 平台)

Berry 平台成立于 2010 年，是面向全球市场打造的在线零售交易平台，目前已经覆盖了全球 200 多个国家和地区的海外买家，海外买家流量超过 5000 万/日；交易额年增长速度持续超过 400%，全球网站排名 131 名。平台品类齐全，体系完善。海外买家用户多分布于欧、美、南美等国家地区。是全球排名前五的英文在线购物网站。

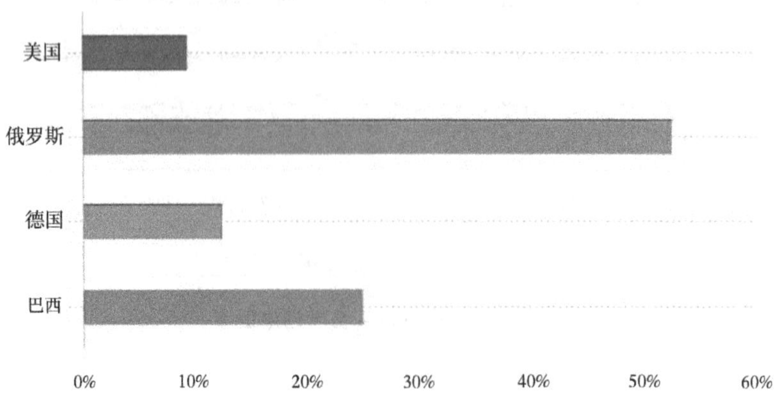

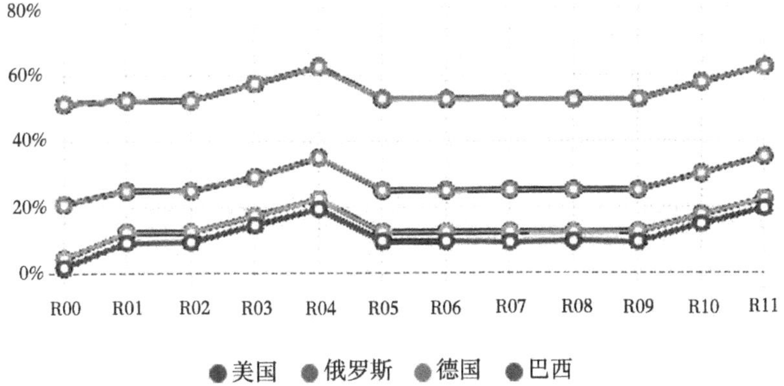

图 3-43 Berry 平台热搜词排行榜

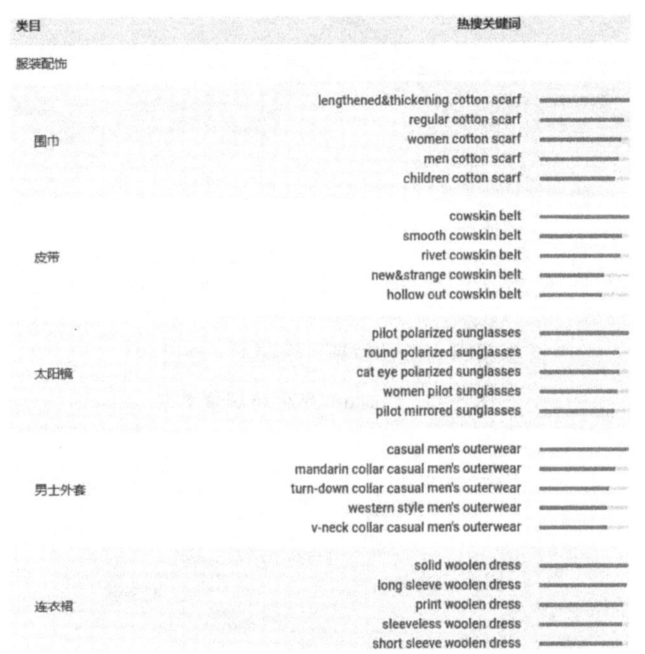

图 3-44 Berry 平台市场渗透率

分析结果:由 B 平台简介可知,海外买家用户多分布于欧、美、南美等国家地区,但是从渗透率趋势图可知俄罗斯是 B 平台最大的消费团体,占据了 50%的市场。所以选品仍是以俄罗斯消费者为主。俄罗斯属于北半球,在第一回合中处于冬季。在前章节调研中我们知道俄罗斯消费者偏好品质比较好的产品,对价格的敏感度适中,所以在实训软件中我们以选取品级 2 和品级 3 的产品为主。

(3)Coconut 平台简介(以下简称 C 平台)

Coconut 平台 2014 年在应用商店下载量排名中迅速崛起,拥有超过 10 万的消费者,成为最大的移动端购物平台。Coconut 根据强大的数据分析,根据用户喜好,通过精确的算法推荐技术,将商品信息推送给感兴趣用户,且操作简单,迎合了海外消费者的购物需求。

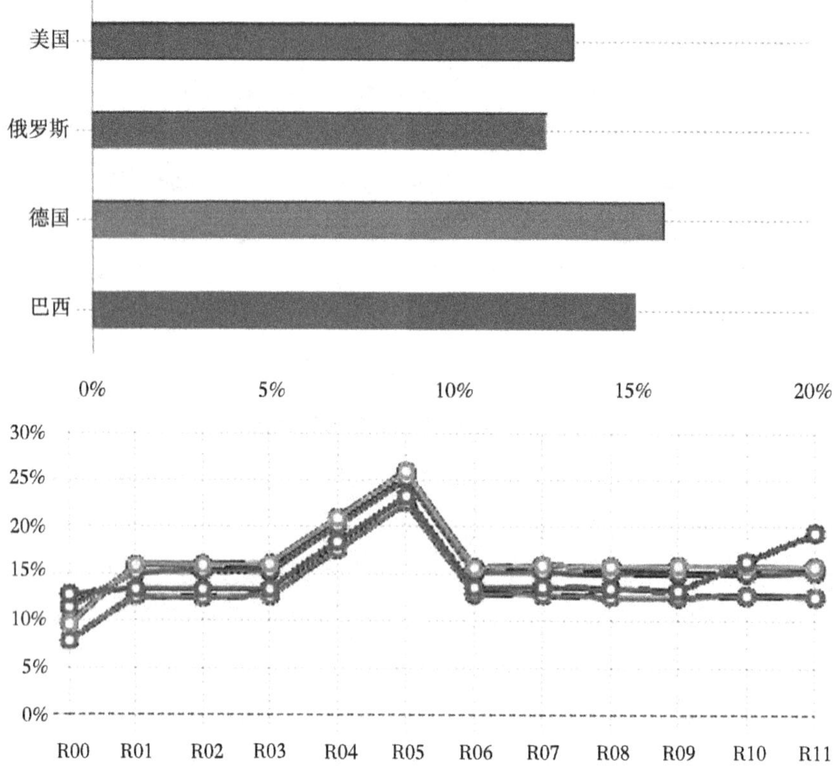

图 3-45 Coconut 平台市场渗透率

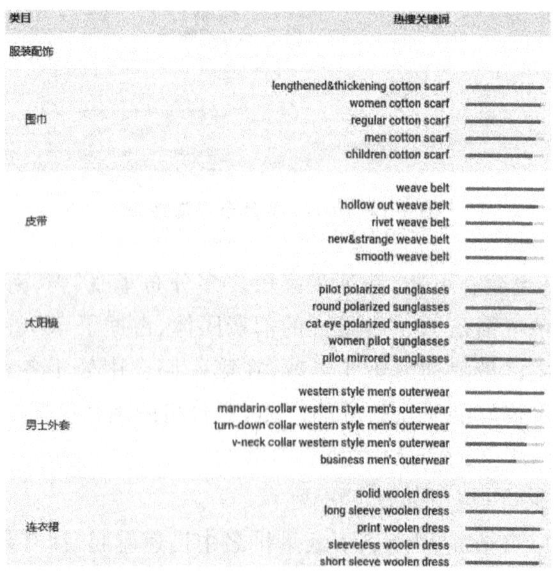

类目	热搜关键词
服装配饰	
围巾	lengthened&thickening cotton scarf
	women cotton scarf
	regular cotton scarf
	men cotton scarf
	children cotton scarf
皮带	weave belt
	hollow out weave belt
	rivet weave belt
	new&strange weave belt
	smooth weave belt
太阳镜	pilot polarized sunglasses
	round polarized sunglasses
	cat eye polarized sunglasses
	women pilot sunglasses
	pilot mirrored sunglasses
男士外套	western style men's outerwear
	mandarin collar western style men's outerwear
	turn-down collar western style men's outerwear
	v-neck collar western style men's outerwear
	business men's outerwear
连衣裙	solid woolen dress
	long sleeve woolen dress
	print woolen dress
	sleeveless woolen dress
	short sleeve woolen dress

图 3-46 Coconut 平台热搜词排行榜

分析结果:由平台简介可知,Coconut 是最大的移动端购物平台。从渗透率趋势图可知,巴西市场是其他两个平台没有展现的消费团体,占据了 15%的市场。在同时开了 A、B 店铺后,巴西市场将在 Coconut 平台重点关注。所以选品是以巴西消费者为主。巴西位于南半球,在第一回合中处于夏季。从前章节调研中可知,巴西消费者对价格的敏感度较高,更喜欢物美价廉的商品,所以在实训软件中我们以选取品级 3 和品级 4 的产品为主。

第三步:根据分析结果去“批发宝”平台采购商品。

在跨境电商综合实训软件中的“采购管理”模块汇总选择“批发宝”子模块,进入“批发宝”页面。

图 3-47　跨境电商综合实训软件“批发宝”页面

根据前文分析,采购男士外套、连衣裙、围巾、皮带和太阳镜五个类目产品。第一个类目为男士外套。我们可以在“批发宝”页面上点击“男士外套”类目(图 3-48)。可以看到,A、B 平台上男士外套的热搜词排列前五的都是“casual men's outerwear”(休闲男士外套)、“mandarin collar casual men's outerwear”(立领休闲男式外套)、“urn-down collar casual men's outerwear”(翻领休闲男式外套)、“V-neck collar casual men's outerwear”(V 领休闲男式外套)、“business men's outerwear”(商务休闲男式外套),然后根据热搜词从类目表中进行选择。

PifaBao 采购批发 就上批发宝　求购　请输入商品名称

全部类目

领型:　立领　翻领　V 字领

风格:　休闲　职业　欧美风

图 3-48　跨境电商综合实训软件“批发宝”页面男士外套操作图(一)

在此我们以立领休闲男式外套类目为例，在选择了相应的类型后，即出现图 3-52 所示界面。从页面的价格我们可以初步判断产品的品级，一般来说价格高的品级也比较高。最后我们根据环境数据、平台特点进行选品。

A 平台：美国，冬季保暖，品级高，因此我们选择图 3-49 所示产品。该皮衣比较保暖，品级为 1 级，适合美国市场。

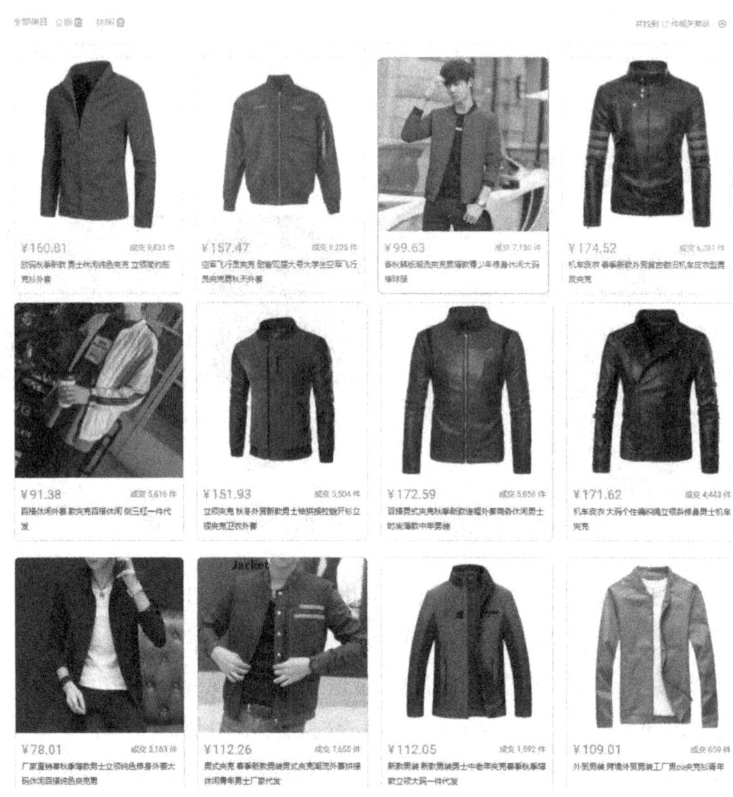

图 3-49 跨境电商综合实训软件“批发宝”页面男士外套操作图(二)

图 3-50 跨境电商综合实训软件“批发宝”页面男士外套操作图(三)

B 平台：俄罗斯，处于冬季，有保暖需求，结合品级，我们选择图 3-51 所示的产品，该夹克衫比较保暖，品级为 2 级，适合俄罗斯市场，同时图 3-50 产品和图 3-51 产品可以同时在 A 平台和 B 平台销售。

图 3-51　跨境电商综合实训软件“批发宝”页面男士外套操作图(四)

C 平台：巴西此时正处于夏季，男士外套需求小，但是考虑到 C 平台也有其他国家的消费者，所以也可以采购男士外套。C 平台的热搜词排名：“western style men's outerwear(西式男式外套)”、“mandarin collar western style men's outerwear”(立领西式男式外套)、“urn-down collar western style men's outerwear”(翻领西式男式外套)、“V-neck collar western style men's outerwear”(V 领西式男式外套)、“business men's outer-wear”(商务男式外套)，根据这些热搜词从类目表图 3-48 中进行选择，

在此我们以立领西式男式外套为例，在进行相应的类型选择后，即出现图 3-52 所示界面。从页面的价格我们可以初步判断产品的品级，一般来说价格高的品级也比较高。最后我们根据环境数据和平台特点进行选品。

全部类目　立领　欧美风　　共找到 12 件相关商品

¥137.97　成交 9,330 件
品牌男装_羊绒立领批发宽松大码品牌男装毛呢子外套风衣

¥191.3　成交 9,127 件
中长款pu皮衣男秋装新款机车男士商务薄款潮

¥150.78　成交 8,142 件
新款毛呢大衣_秋冬男式毛呢大衣外套 中长款修身毛呢男士

¥97.86　成交 7,890 件
秋冬男式毛呢大衣男中长款风衣男外套男士呢料

图 3-52　跨境电商综合实训软件“批发宝”页面男士外套操作图(五)

C 平台:巴西,处于夏季,需求品级低,故我们选择图 3-53 所示产品。该产品属于欧美风,符合热搜词属性,且品级为 4 级,价格也比较便宜。

图 3-53　跨境电商综合实训软件批发宝页面男士外套操作图(六)

第二个类目为连衣裙。我们可以在“批发宝”页面上点击“连衣裙”类目,即出现图 3-54 所示界面。参考平台热搜词排列表,我们可以看到在 A、B、C 平台上连衣裙的热搜词排列前五的都是“solid woolen dress”(纯色羊毛连衣裙)、“long sleeve woolen dress”(长袖羊毛连衣裙)、“print woolen dress”(印花羊毛连衣裙)、“sleeveless woolen dress”(无袖羊毛连衣裙)、“short sleeve woolen dress”(短袖羊毛连衣裙),然后根据热搜词从类目表中进行选择。

在此我们以纯色羊毛连衣裙类目为例，在进行相应的类型选择后，即出现图 3-54 所示界面，然后我们再根据平台特点进行选品。

图 3-54　跨境电商综合实训软件“批发宝”页面连衣裙操作图(一)

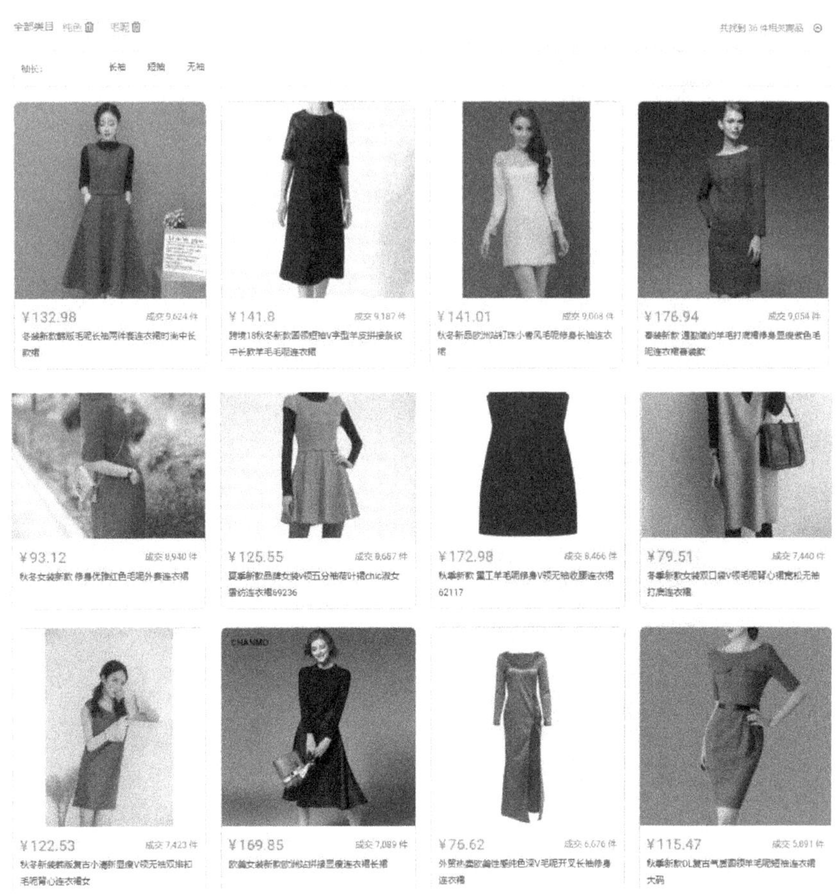

图 3-55　跨境电商综合实训软件批发宝页面连衣裙操作图(二)

我们最终在 A、B、C 平台上选择了图 3-56 所示的产品。其中 A、B 平台的国家处于冬季向春季的转换时节，服饰以长袖为主；而 C 平台巴西则处于为夏季，以短袖为主。接下来，我们要根据不同品级分别在不同平台上架。

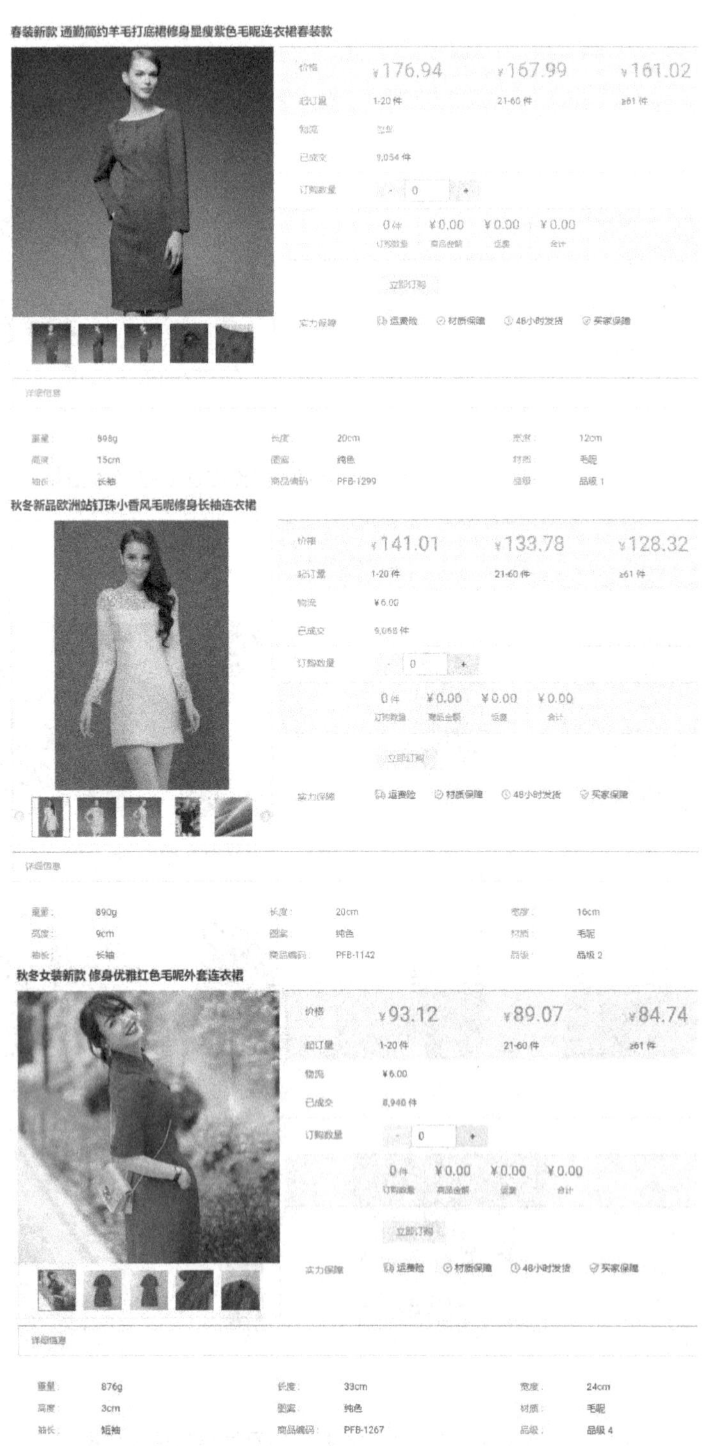

图 3-56 跨境电商综合实训软件批发宝页面连衣裙操作图(三)

第三个类目为围巾。我们可以在“批发宝”页面上点击“围巾”类目，即出现如图 3-57 所示产品。

图 3-57　跨境电商综合实训软件“批发宝”页面围巾操作图(一)

根据平台热搜词选择类目，A 平台前五的热搜词是“lengthened&thickening wool scarf”(加长加厚羊毛围巾)、“women wool scarf”(女式羊毛围巾)、“regular wool scarf”(日常羊毛围巾)、“men wool scarf”(男式羊毛围巾)、“lengthened&thickening cotton scarf”(加长加厚棉围巾)。B、C 平台排名前五的热搜词是“lengthened&thickening cotton scarf”(加长加厚棉围巾)、“regular cotton scarf”(日常棉围巾)、“women cotton scarf”(女士棉围巾)、“men cotton scarf”(男士棉围巾)、“children cotton scarf”(儿童棉围巾)。我们根据以上热搜词从类目表中进行选择。

在此，我们以加长加厚羊毛围巾类目为例，在进行相应的类型选择后，即出现如图 3-58 所示界面。我们根据页面的价格、环境数据，以及平台特点进行最后选品。

A 平台：美国，处于冬季，需求是保暖、品级高的产品，所以我们选择了图 3-59 所示产品。该产品是女士羊毛围巾，特征加长、加厚都符合热搜词属性，且品级为 1 级，适合美国市场。

图 3-58　跨境电商综合实训软件“批发宝”页面围巾操作图(二)

图 3-59 跨境电商综合实训软件“批发宝”页面围巾操作图(三)

从热搜词可以看出,棉质围巾才是热搜范围,所以产品类目属性需要调整为“棉质”“加长加厚”两个特性,如图 3-60 所示。再根据 B 平台和 C 平台的特点以及季节特色,我们在 B 平台选择图 3-61 所示产品;C 平台由于处于夏季,所以选择如图 3-62 所示产品。

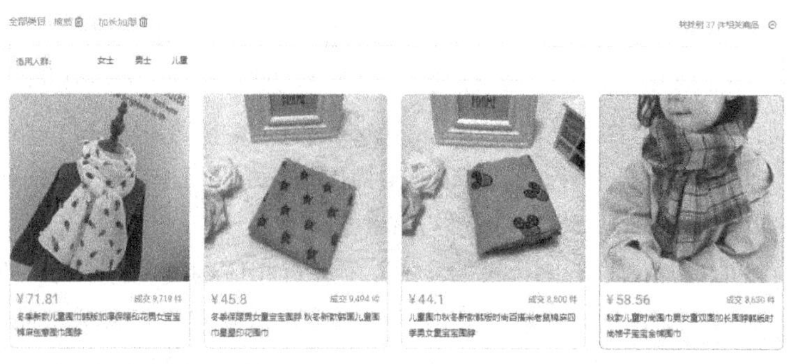

图 3-60 跨境电商综合实训软件“批发宝”页面围巾操作图(四)

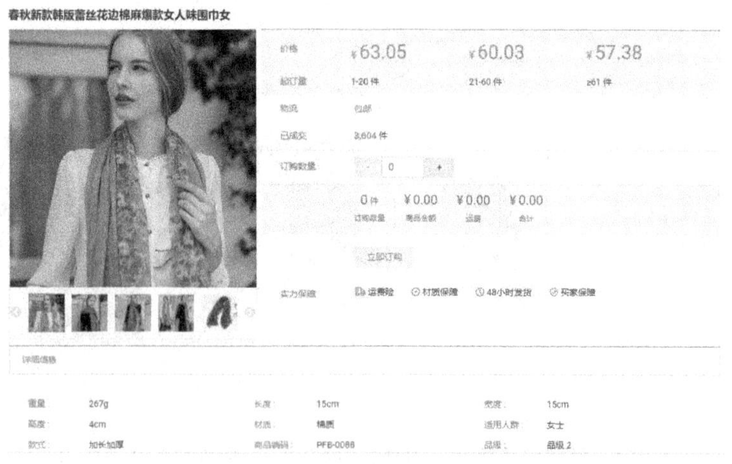

图 3-61 跨境电商综合实训软件“批发宝”页面围巾操作图(五)

图 3-62　跨境电商综合实训软件“批发宝”页面围巾操作图(六)

第四个类目为皮带。我们在“批发宝”页面上点击“皮带”类目，即出现图 3-63 所示界面。然后根据平台热搜词选择类目，其中 A 平台排名前五的热搜词是“cowskin belt”(牛皮带)、“smooth cowskin belt”(光面牛皮带)、“rivet cowskin belt”(铆钉牛皮带)、“smooth crocodile belt”(光面鳄鱼皮带)、“hollow out cowskin”(镂空牛皮带)。B平台排名前五的热搜词为“cowskin belt”、“smooth cowskin belt”、“rivet cowskin belt”、“new&strange cowskin belt”(新奇牛皮带)、“hollow out cowskin belt”。C平台排名前五的热搜词为“weave belt”(编制皮带)、“hollow out weave belt”、“rivet weave belt”、“new&strange weave belt”、“smooth weave belt”。三个平台热搜词都有所不同。我们根据不同平台的热搜词从类目表中进行选择。

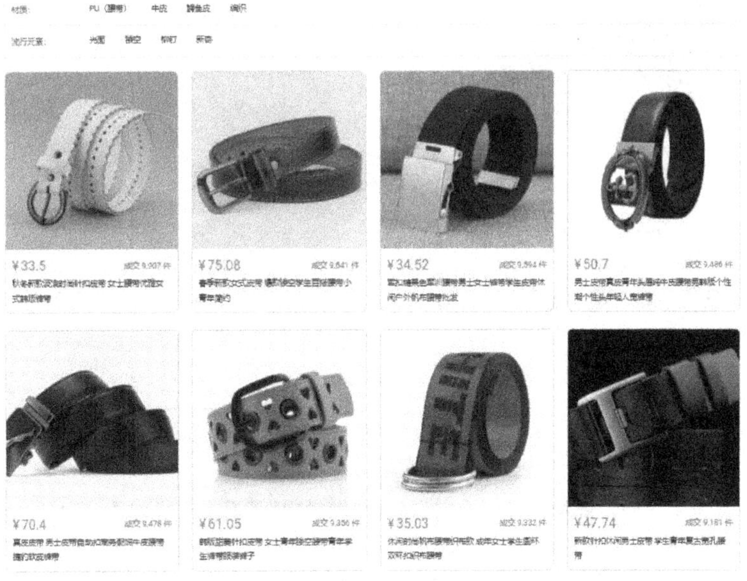

图 3-63　跨境电商综合实训软件“批发宝”页面皮带操作图(一)

在此我们为A、B平台都选了光面牛皮带(图3-64,牛皮,光面,品类1);为C平台选择了镂空编制皮带(图3-65,编织,镂空皮带,品类4)。这两款产品符合不同平台的两个热搜属性。

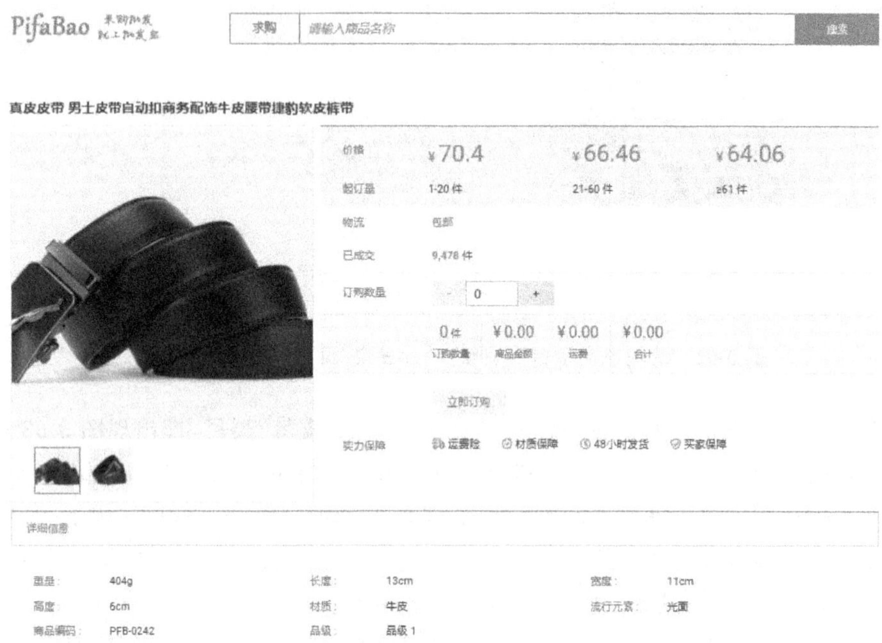

图3-64 跨境电商综合实训软件"批发宝"页面皮带操作图(二)

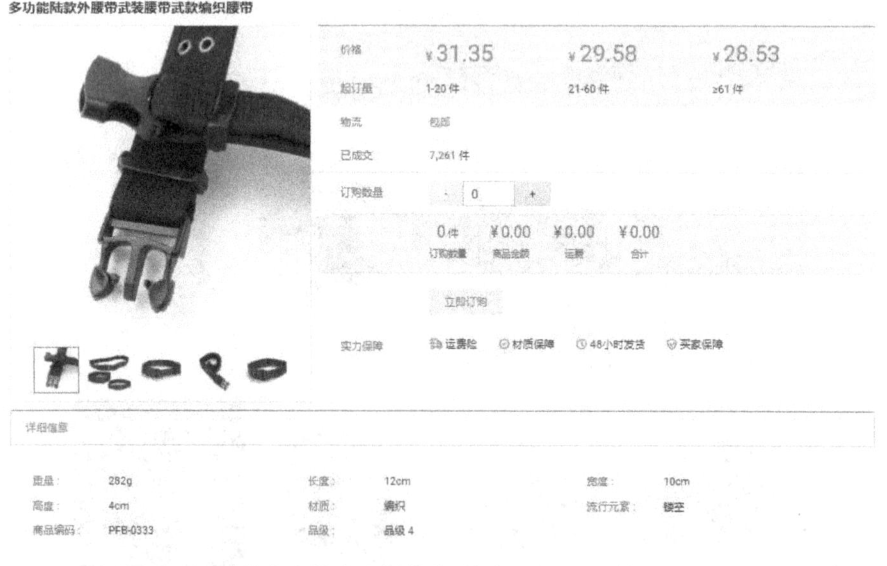

图3-65 跨境电商综合实训软件"批发宝"页面皮带操作图(三)

第五个类目为太阳镜。我们在"批发宝"页面上点击"太阳镜"类目,出现图3-66所示界面。

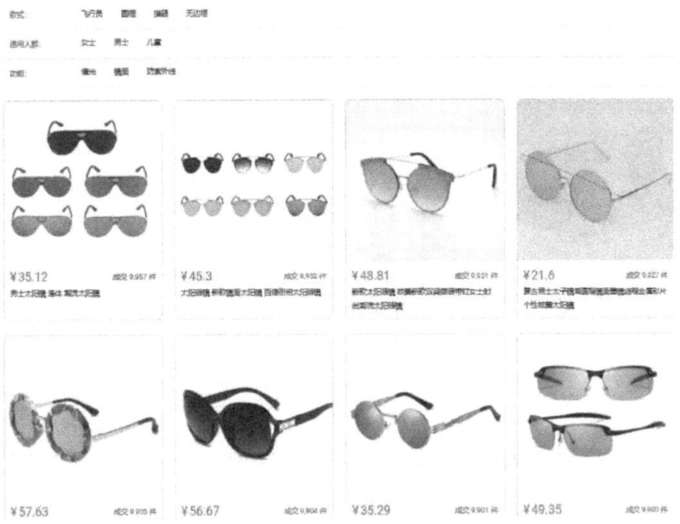

图 3-66　跨境电商综合实训软件“批发宝”页面太阳镜操作图(一)

再根据平台热搜词选择类目,其中 A、B、C 平台排名前五的热搜词均是“pilot polarized sunglasses”(飞行员偏光太阳镜)、“round polarized sunglasses”(圆框偏光太阳镜)、“cat eye polarized sunglasses”(猫眼偏光太阳镜)、“women pilot sunglasses”(女士偏光太阳镜)。接下来我们根据不同平台的热搜词从类目表中进行选择。此时沙盘中的 A、B 平台的主要消费国美国、俄罗斯都在北半球,且此时处于冬季;而 C 平台主要消费国巴西在南半球,且处于夏季,所以 C 平台可以多上一些太阳镜。

在此,我们锁定飞行员偏光太阳镜(图 3-67)。为 A、B 平台选择如图 3-68 所示产品,飞行员,偏光,女士,圆框,符合热搜词的词性,品级 3),且在 A、B 平台都可以销售;为 C 平台选择如图 3-69 所示产品(飞行员,偏光,女士,圆框,符合热搜词的词性,品级 4)。

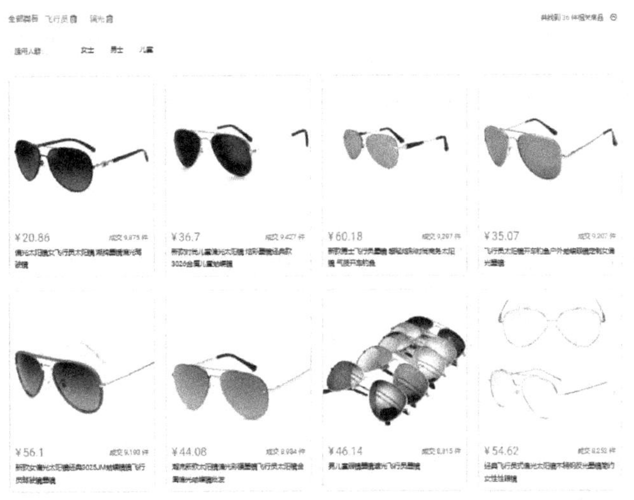

图 3-67　跨境电商综合实训软件“批发宝”页面太阳镜操作图(二)

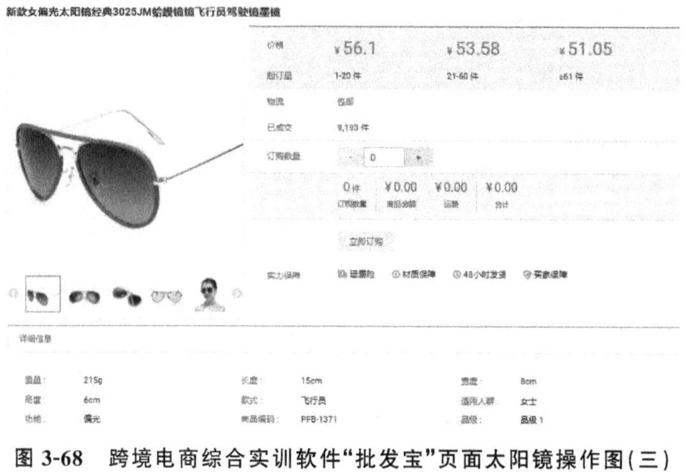

图 3-68　跨境电商综合实训软件“批发宝”页面太阳镜操作图(三)

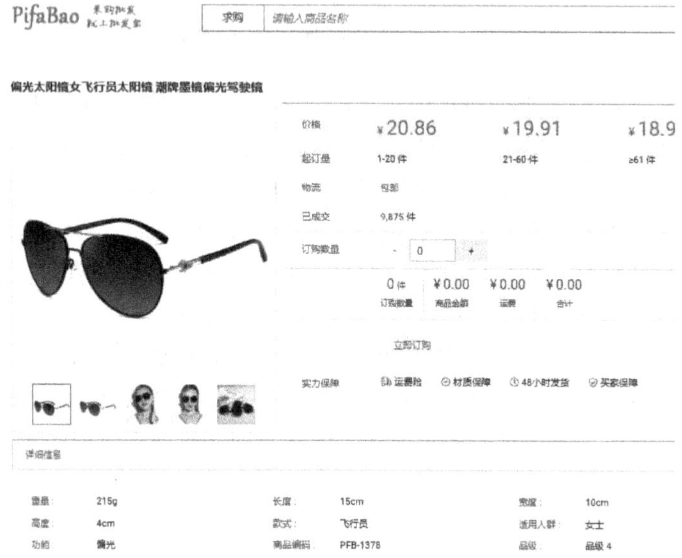

图 3-69　跨境电商综合实训软件“批发宝”页面太阳镜操作图(四)

能力拓展

1.根据所学知识,你能否将跨境沙盘剧本中五个品类排名前五位的热搜词的英文翻译成中文?

2.完成跨境电商沙盘实训平台第一回合的选品并进行相应的采购,完成如下采购数据表。

	采购													1回合		
	商品编码	品级	采购价RMB	物流类型	物流费用	佣金率	利润率	汇率	预计报价USD	实价USD	折扣%	原价USD	采购/当前库存量	A	B	C
男士外套	PFB-0119	1	31	E邮宝	40	8%	30%	6.7	17.09	17.00	15%	20	61			
	PFB-0140	4	48	E邮宝	33	8%	30%	6.7	19.50	21.00	25%	28	61			
	PFB-0141	2	93	E邮宝	35	8%	30%	6.7	30.81	32.00	20%	40	61			
	PFB-0122	3	20	E邮宝	50	8%	30%	6.7	16.85	17.20	22%	22	61			
连衣裙																
围巾																
皮带																
太阳镜																

项目四　跨境电商物流

学习目标

(一)知识目标

1.掌握邮政物流、专线物流和国际快递的优缺点。

2.了解海外仓的定义和优缺点。

3.掌握物流相关概念。

(二)技能目标

1.能根据产品特点设置运费模板。

2.能计算物流费用和国内仓储费用。

3.能计算海外仓储费用。

(三)素质目标

培养品德端正、勤于探索、善于沟通的职业素养,提升学生的应变能力和创新能力。

思维导图

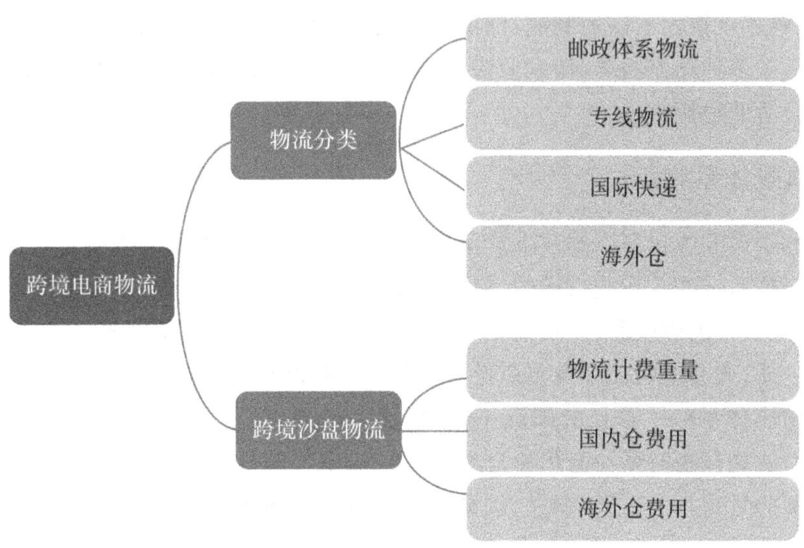

项目背景

通过选品，黎小新目标锁定了女装产品。在销售前，需要对产品进行定价，虽然通过跨境选品项目我们已经了解了女装的采购价，但还不清楚产品对应的物流运费。所以，为了进行准确定价，企业导师王大全让黎小新先了解跨境物流的分类，针对选定的连衣裙和毛衣进行特征对比，再制定合适的物流方式。

项目分解

跨境电商物流方式包括邮政物流、专线物流、国际快递和海外仓，黎小新通过物流分类和跨境物流运费构成，计算不同商品运费并设置相关物流运费模板。

任务一　物流分类

任务分析

本次任务以跨境物流为对象，首先了解物流与跨境物流的定义，然后掌握跨境物流的不同类型及各自优缺点，最后以速卖通平台为例，根据女装产品特点设置物流运费模板。

知识储备

跨境电商物流是指在电子商务环境下，依靠互联网、大数据、信息化与计算机等先进技术，物品从跨境电商企业流向跨境消费者的跨越不同国家或地区的物流活动。对电商卖家来说，要想获得比较高的利润，降低物流成本是非常关键的决定因素。市场为跨境电商卖家提供了多种物流服务，卖家应该根据所售商品的特点以及物流服务的价格和时效性来选择合适的物流模式。

一、邮政体系物流

跨境电子商务的包裹以邮政发货渠道为主。据统计，中国出口跨境电商中有70%以上的包裹都是通过邮政系统投递的，包括中国邮政、中国香港邮政、新加坡邮政等。中国于1914年加入万国邮政联盟，目前全球共有192个国家或地区为该联盟成员，邮政网络基本覆盖全球，比其他物流渠道更广泛，运费也相对便宜。

邮政物流体系除了常见的邮政小包、邮政大包，还有E邮宝、E速宝等产品，在选择邮政物流发货送包裹时要注意出货口岸、时效、稳定性等。邮政物流通关能力较强，适合发价值中下的货物，尤其是体积大、重量小的货物，但物流时效较其他快递要慢一些。

二、专线物流

跨境专线物流一般是指通过航空包舱方式运输到国外，再通过合作公司进行目的国的派送方式，是比较受欢迎的一种物流方式。专线物流的优势在于能集中大批量到某一特定国家或特定地区的货物，通过规模效应的运输和配送来降低物流成本，价格比邮政要高一些，但比国际快递低，时效也是介于邮政物流和商业快递之间。

市场上最普遍的专线物流线路有美国专线、俄罗斯专线、澳洲专线、欧美专线等，随着跨境电商的快速发展，不少物流公司也推出了中东专线、南美专线、南非专线等。

三、国际快递

国际快递物流主要指四大商业快递巨头，包括 DHL、UPS、Fedex、TNT 等，其中 UPS 和 Fedex 总部位于美国，DHL 总部位于德国，TNT 总部位于荷兰。国际快递对信息的提供、收集与管理有很高的要求，这些快递商通过自建的全球网络，利用强大的国际快递管理系统和遍布世界各地的本地化服务，可以寄递文件和包裹，物流时效较快，一般一周内均能送达全球各个国家和地区，为跨境网购产品的的海外用户提供了极好的物流体验。

然而，优质、高效的服务往往伴随着昂贵的价格。一般只有在客户对时效性要求很高的情况下，卖家才会使用国际商业快递来派送商品。

四、海外仓

海外仓是指建立在海外的仓储设施。在跨境贸易电子商务中，海外仓是指国内企业将商品通过大宗运输的形式运往目标市场国家，在当地建立仓库、储存商品，再根据当地的销售订单，第一时间作出响应，及时从当地仓库直接进行分拣、包装和配送，其主要特点是响应速度快、消费者满意度高、大宗货物运费成本低廉。商务部数据显示，截至 2022 年 4 月，我国海外仓布局持续优化，数量超过 2000 个，面积超过 1600 万平方米。海外仓服务流程如图 4-1 所示。

图 4-1 海外仓服务流程

海外仓服务流程如下：

(1)卖家下单：首先，卖家在海外仓服务官网上下单，与海外仓服务商进行对接。

(2)首公里揽收：对接完成后，海外仓服务商会到卖家处进行揽货，并将货物运输至海外仓集货仓。

(3)国内仓操作：在海外仓集货仓中，海外仓服务商工作人员会对货物进行一系列复查工作(重量复秤、体积复量、产品复查、产品分拣、产品贴标、货物打托)。

(4)出口清关:完成复查工作后,工作人员会将货物装箱,进行出口报关,此时需要卖家提供公司材料、产品相关证书等报关资料。

(5)进口清关:顺利报关运输至目的港后,还需要进行进口清关,海外仓服务商会预先支付一部分税金并代理清关。货物符合目的国清关规定后,则会被放行离港,并由海外仓服务商运输至海外仓仓库。

(6)海外仓操作:货物抵达海外仓仓库后,海外仓工作人员会进行拆箱,并完成分拣上架工作(拆箱服务、仓储服务、贴标服务、Wish 预约)。

(7)尾程物流:一旦买家下单,则相关产品将由海外仓工作人员分拣给运输人员,并由当地的运输体系派送至买家手中。当然,尾程物流需要商家自行选择,建议商户按照当地的物流成本、配送距离和有效库存综合考虑,选择优质的配送服务。

任务实施

本次任务以速卖通平台为例,根据女装产品和目标市场特点,设置物流运费模板,具体步骤如下:

第一步:在“产品管理”—“运费模板”页面中选择“新增运费模板”。

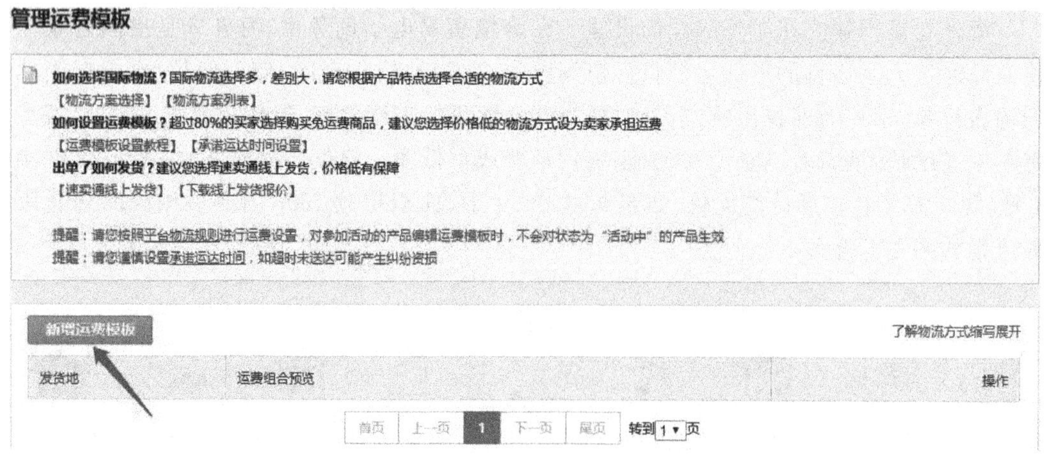

图 4-2 新增运费模板

第二步:为运费模板设置名称,选择启用的物流方式并设置与之对应的运费。

第三步:运费模板设置完成后点击“保存”,完成的模板可以在相应页面查看与编辑。

第四步:在商品编辑页面中,为产品设置使用我们自定义创建的物流模板并保存,至此,完成物流服务模板的设置。

输入运费模板名称: TEST SHIPPING

请根据您的产品所在地选择发货地区：查看教程

发货地区: China　收起设置　删除

经济类物流　简易类物流　标准类物流　快速类物流　其他物流　物流分类升级啦！查看详情

经济类物流运费优惠，但不提供目的国包裹妥投信息，仅适合货值低、重量轻的商品使用。

提醒：部分国家及高金额订单不允许使用经济类物流发货 查看物流规则

选择物流	运费设置	运达时间设置
Cainiao Expedited Economy 菜鸟专线经济	标准运费 减免 0 % 即全折 卖家承担运费 自定义运费	承诺运达时间 天 自定义运达时间
SF Economic Air Mail 顺丰国际经济小包	标准运费 减免 0 % 即全折 卖家承担运费 自定义运费	承诺运达时间 天 自定义运达时间
SunYou Economic Air Mail 顺友航空经济小包	标准运费 减免 0 % 即全折 卖家承担运费 自定义运费	承诺运达时间 天 自定义运达时间

图 4-3　设置运费模板名称

图 4-4　查看已保存的运费模板

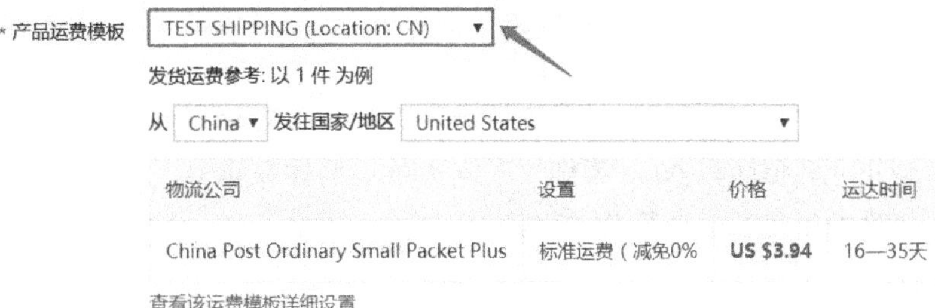

图 4-5　选择对应运费模板

能力拓展

1.浏览速卖通平台销售的服装产品，选择调研 5 个产品跨境物流方式和费用，并填入下表。

Ship to(country)	Shipping method(via)	Shipping cost	Estimated delivery

2.根据最畅销的俄罗斯市场，设置连衣裙物流运费模板。

任务二　跨境沙盘物流

任务分析

本次任务以跨境沙盘物流为对象，了解物流与跨境物流的定义，掌握国内仓储费用和海外仓储费用的构成，并能根据实际情况计算相关费用。

知识储备

一、物流相关概念

实际重量：指包裹的重量，其重量计算出的数值的小数部分取下一级别的重量数。

体积重量：指根据货件密度，即单位体积货件的实际重量来确定的重量。

计费重量：指用于计算费率的重量，是包裹的实际重量或实际重量与体积重量中的较大值。

将包裹称重，测得数值的小数部分取下一级别的重量数。例如：测得的数值为 4，即为 4kg，数值为 4.5，即为 4.5kg；如果测得的数值为 4.25，则取 4.5kg；数值为 4.75，则取 5.0kg。

度量数值为非整厘米数时，将取数值的小数部分至最接近的下一个整厘米数。将包裹的总体积尺寸数值除以 6000 得到以千克为单位的体积重量。计算出的数值的小数部分取下一级别的重量数。计算公式为：

体积重量(千克)=[长(cm)×宽(cm)×高(cm)]/6000。

二、国内仓储费用

仓储费依据库存商品在仓库中所占用的体积(体积数值向上取整到最接近的整数立

方米数)进行计算。仓储费每 1 个回合收取 1 次。

标准尺寸物品是指完全包装后的重量不超过 12.00 千克,并且最长边不超过 45.00 厘米、次长边不超过 34.00 厘米、最短边不超过 26.00 厘米的物品。超过上述尺寸的物品就属于超大尺寸物品。具体费用如表 4-1 所示。

表 4-1　中国国内仓储费率

尺寸	费率
标准尺寸	¥96.85/立方米
超大尺寸	¥77.48/立方米

三、海外仓费用

海外仓库费用主要包括:(1)将卖家的商品储存在运营中心;(2)分拣、包装和配送订单;(3)为所售商品提供退换货服务。

海外仓对标准尺寸和超大尺寸的定义同国内仓库一样,但每个国家针对标准尺寸和超大尺寸收取的费用不相同,具体如表 4-2 所示,其中德国仓收取的费用最高,巴西仓收取的费用最低。

表 4-2　各海外仓的仓储费率

尺寸	标准尺寸	超大尺寸
美国仓	$22.40/立方米	$17.92/立方米
俄罗斯仓	$22.00/立方米	$17.60/立方米
德国仓	$23.00/立方米	$18.40/立方米
巴西仓	$20.00/立方米	$16.00/立方米

根据包装后商品的不同尺寸和不同装量,将商品分为小号标准尺寸、大号标准尺寸、小号大件、中号大件、大号大件和特殊大件,具体尺寸如表 4-3 所示。

表 4-3　包装后商品的最大重量和尺寸

商品尺寸分段	重量	最长边	次长边	最短边	长度+周长
小号标准尺寸	0.5 千克	38 厘米	30 厘米	2 厘米	不适用
大号标准尺寸	12 千克	45 厘米	34 厘米	26 厘米	不适用
小号大件	32 千克	152 厘米	76 厘米	不适用	330 厘米
中号大件	68 千克	274 厘米	不适用	不适用	330 厘米
大号大件	68 千克	274 厘米	不适用	不适用	419 厘米
特殊大件	超过 68 千克	超过 274 厘米	不适用	不适用	超过 419 厘米

海外仓配送服务费率包含商品分拣、打包、配送处理以及退换货等费用,配送时效均为 1 回合。各个国家海外仓配送服务费率根据包裹类型不同费用各异,具体如表 4-4 所示。

表 4-4　各海外仓配送服务费率

	标准尺寸				超大尺寸(大件)			
	小号标准(不超 0.5kg)	大号标准(不超 1kg)	大号标准(1—2kg)	大号标准(2—12kg)	小号大件	中号大件	大号大件	特殊大件
美国仓	$2.74	$3.99	$5.25	$5.25+(超出首重2kg部分)×$0.74/kg	$13.11+(超出首重2kg部分)×$0.74/kg	$17.48+(超出首重2kg部分)×$0.74/kg	$68.46+(超出首重40kg部分)×$1.52/kg	$119.78+(超出首重40kg的部分)×$1.75/kg
俄国仓	$2.76	$4.03	$5.65	$5.65+(超出首重2kg部分)×$0.75/kg	$13.25+(超出首重2kg部分)×$0.75/kg	$17.66+(超出首重2kg部分)×$0.75/kg	$69.18+(超出首重40kg部分)×$1.54/kg	$121.04+(超出首重40kg部分)×$1.77/kg
德国仓	$2.75	$4.12	$5.25	$5.25+(超出首重2kg的部分)×$0.76/kg	$13.52+(超出首重2kg部分)×$0.76/kg	$18.03+(超出首重2kg部分)×$0.76/kg	$70.62+(超出首重40kg部分)×$1.57/kg	$123.56+(超出首重40kg部分)×$1.80/kg
巴西仓	$2.71	$3.95	$5.35	$5.35+(超出首重2kg的部分)×$0.73/kg	$12.97+(超出首重2kg部分)×$0.73/kg	$17.30+(超出首重2kg部分)×$0.73/kg	$67.74+(超出首重40kg部分)×$1.50/kg	$118.52+(超出首重40kg部分)×$1.73/kg

任务实施

一、计费重量计算

一位美国客人购买如图 4-6 所示毛衣 1 件，包装后商品重 578g，尺寸为 33cm×21cm×4cm，请问该件商品的计费重量是多少？

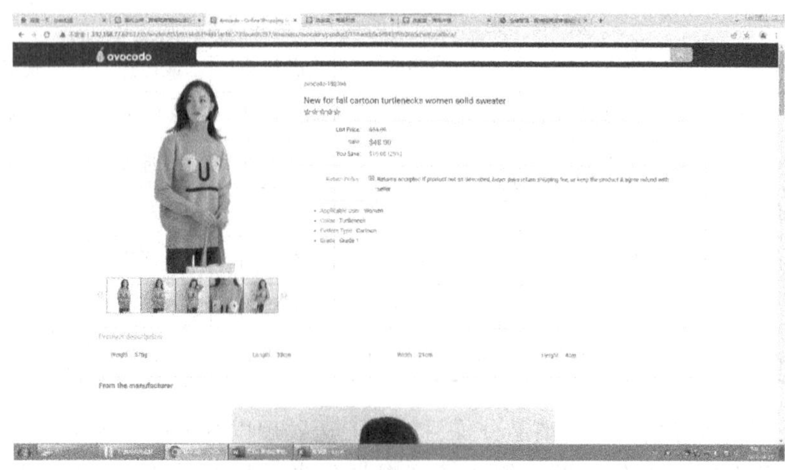

图 4-6　毛衣的商品信息

解答：

实际重量＝578g＝0.578kg，取下一级别的重量数，即实际重量为1kg

体积重量＝33cm×21cm×4cm/6000＝0.462kg

由于实际重量大于体积重量，所以取实际重量，即计费重量为1kg。

二、国内仓费用计算

如上款毛衣，包装后每件商品重578g，单件尺寸为33cm×21cm×4cm，若卖家一次采购1000件商品存放国内仓库，请你计算：(1)该款毛衣一个回合需要收取的国内仓储费用；(2)如果存放3个回合都没有销售出去，那么仓储费需要多少？

解答：

(1)由题目可知该商品属于标准尺寸商品，国内仓费率为96.85人民币每立方米，1000件商品总体积为1000×33cm×21cm×4cm/1000000＝2.772m^3，取整即3m^3，所以仓储费用为3×96.85＝290.55(元)。

(2)如果3个回合都没有销售出去，则需要仓储费＝290.55×3＝871.65(元)。

三、海外仓费用计算

如上题中毛衣，包装后每件商品重578g，单件尺寸为33cm×21cm×4cm，若1000件毛衣运送到美国海外仓，请你计算：(1)该批货物的仓储费用；(2)当地客户购买一件毛衣，从美国海外仓直接发货，请你计算该件毛衣的配送服务费。当回合现汇买入价为1美元＝6.7274元，现汇卖出价为1美元＝6.7409(元)。

解答：

(1)由题目可知，该商品属于标准尺寸商品，美国仓费率为22.4美元1m^3，1000件商品总体积为1000×33cm×21cm×4cm/1000000＝2.772m^3，取整即3m^3，所以仓储费用为3×22.4＝67.2(美元)，折合人民币67.2×6.7409＝452.99(元)。

(2)从商品重量和体积分析，包裹属于不超过1kg的标准尺寸，所以每件商品的配送服务费为3.99美元，折合人民币3.99×6.7409＝26.90(元)。

需要注意的是把国内仓库的货发往海外仓的当回合，需要收取国内仓库一半的费用，也就是1000件毛衣总体积为1000×33cm×21cm×4cm/1000000＝2.772m^3，收取一半即2.772/2＝1.386m^3，取2m^3，所以收取仓储费用为人民币2×96.85＝193.7(元)。

能力拓展

如果你销售的是男士外套，单件包装后重量1250g，单件尺寸为48cm×30cm×20cm，请你计算：(1)该件商品的计费重量；(2)一次采购1000件商品存放国内仓库需要收取的国内仓储费用；(3)该批男士外套运往巴西仓的仓储费和巴西仓的配送服务费。

项目五　跨境电商平台发布

学习目标

(一)知识目标

1.掌握速卖通开店材料准备。

2.熟悉速卖通平台产品发布规则与流程。

3.掌握产品管理与分组。

(二)技能目标

1.能根据相关材料开通店铺。

2.能在正确类目下发布相关产品。

3.能对产品进行分组管理。

(三)素质目标

培养品德端正、勤于探索、善于沟通的职业素养,提升产品图文信息处理能力和跨境运营分析能力。

思维导图

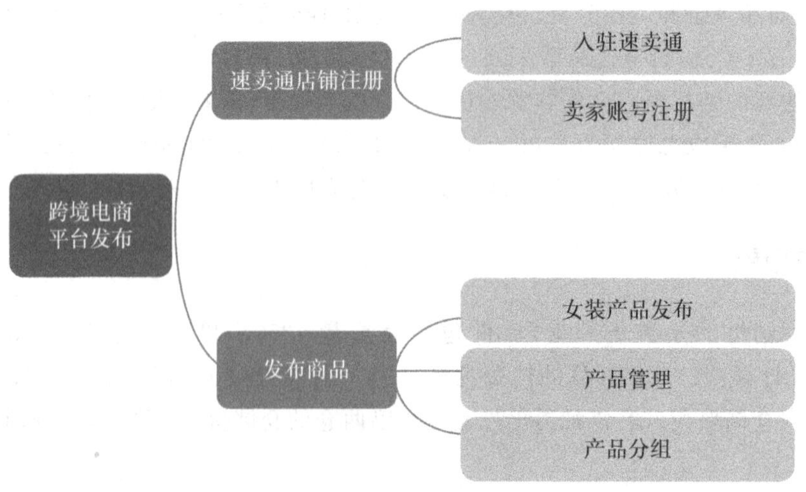

项目背景

学习完跨境选品和物流后，黎小新对跨境电商有了相对完整的认知，并了解了当前市场条件下不同跨境平台合适的选品和物流费用。为了更好掌握跨境电商操作，企业导师王大全让黎小新针对全球速卖通平台进行开店准备，将选好的女装产品进行图文信息转化，发布到速卖通平台，吸引买家进店浏览与购买。同时进行产品分组，方便卖家管理产品。

项目分解

要在跨境电商平台上发布商品，首先要了解平台禁限售规则，按照平台要求开通和认证店铺，绑定相关类目并缴纳费用；其次了解商品发布规则，规避产品信息发布常见错误；最后将实物产品进行图文信息处理，准确发布到速卖通平台，并对产品进行分组管理。

任务一　速卖通店铺注册

任务分析

本次任务以全球速卖通为对象，首先了解速卖通平台禁限售规则，分析速卖通入驻要求和开店费用，再注册速卖通账号，选定对应类目，缴纳保证金，选择相应的店铺类型，完成速卖通店铺开通。

知识储备

全球速卖通(英文名：AliExpress)成立于2010年，是中国最大的跨境零售电商平台，目前已经开通了18个语种的站点，覆盖全球200多个国家和地区。该平台使用国际物流渠道运输发货，是全球第三大英文在线购物网站。

全球速卖通平台覆盖3C、服装、家居、饰品等30个一级行业类目，其中优势行业主要有：服装服饰、手机通信、鞋包、美容健康、珠宝手表、消费电子、电脑网络、家居、汽车摩托车配件、灯具等。适宜在全球速卖通销售的商品主要有服装服饰、美容健康、珠宝手表、灯具、消费电子、电脑网络、手机通信、家居、汽车摩托车配件、首饰、工艺品、体育与户外用品等。

速卖通禁售的商品有：毒品及相关用品，医药相关商品，枪支、军火及爆炸物，管制武器，警察用品，间谍产品，医疗器械，美容仪器及保健用品，酒类及烟草产品等18类，具体见速卖通规则中禁限售违禁信息列表。很多国内允许销售的商品，在速卖通平台上都会被禁止，如减肥药、香水、医疗器械等。卖家若发布禁限售商品，一般违规将扣0.5分～6分/次(1天内累计不超过12分)，严重违规将扣48分/次(关闭账户)。

任务实施

一、入驻速卖通

(一)速卖通入驻要求

入驻全球速卖通的卖家可以是个体工商户,也可以是企业身份,同时需要符合三个要求:(1)卖家必须拥有一个企业支付宝账号,通过企业支付宝账号在速卖通完成企业认证;(2)品牌,卖家须拥有或代理一个品牌经营,根据品牌资质,可选择经营品牌官方店、专卖店或专营店,具体如表 5-1 所示;(3)缴纳保证金,每个速卖通账号只准选取一个经营范围经营,在该经营范围下经营一个或多个经营大类,并缴纳相应类目的保证金,详见速卖通规则中各类目保证金一览表。

表 5-1　全球速卖通店铺类型及开店要求

店铺类型	官方店	专卖店	专营店
店铺类型介绍	商家以自有品牌或由权利人独占性授权(仅商标为 R 标且非中文商标)入驻速卖通开设的店铺。	商家以自有品牌(商标为 R 或 TM 状态且非中文商标),或者持他人品牌授权文件在速卖通开设的店铺。	经营 1 个及以上他人或自有品牌(商标为 R 或 TM 状态)商品的店铺。
开店企业资质	需要完成企业认证,卖家需提供如下资料: 1.企业营业执照副本复印件; 2.企业税务登记证复印件(国税、地税均可); 3.组织机构代码证复印件; 4.银行开户许可证复印件; 5.法定代表人身份证正反面复印件;	同官方店	同官方店
单店铺可申请品牌数量	仅 1 个	仅 1 个	可多个
平台允许的店铺数	同一品牌(商标)仅 1 个	同一品牌(商标)可多个	同一品牌(商标)可多个

续表

店铺类型	官方店	专卖店	专营店
需提供的材料	1.商标权人直接开设官方店,需提供国家商标总局颁发的商标注册证(仅R标); 2.由权利人授权开设官方店,需提供国家商标总局颁发的商标注册证(仅R标)与商标权人出具的独占授权书(如果商标权人为境内自然人,则需同时提供其亲笔签名的身份证复印件。如果商标权人为境外自然人,则提供其亲笔签名的护照/驾驶证复印件也可以); 3.经营多个自有牌商品且品牌归属同一个实际控制人,需提供多个品牌国家商标总局颁发的商标注册证(仅R标); 4.卖场型官方店,需提供国家商标总局颁发的35类商标注册证(仅R标)与商标权人出具的独占授权书(仅限速卖通邀请)	1.商标权人直接开设的品牌店,需提供由国家商标总局颁发的商标注册证(R标)或商标注册申请受理通知书(TM标); 2.持他人品牌开设的品牌店,需提供商标权人出具的品牌授权书(若商标权人为自然人,则需同时提供其亲笔签名的身份证复印件;如果商标权人为境外自然人,提供其亲笔签名的护照/驾驶证复印件也可以)	需提供由国家商标总局颁发的商标注册证(R标)或商标注册申请受理通知书复印件(TM标)或以商标持有人为源头的完整授权或合法进货凭证(各类目对授权的级数要求,具体见品牌招商准入资料提交为准)
店铺名称	品牌名+official store(默认店铺名称)或品牌名+自定义内容+official store	品牌名+自定义内容+store	自定义内容+store
二级域名	品牌名(默认二级域名)或品牌名+自定义内容	品牌名+自定义内容	自定义内容

(二)速卖通开店费用

1.保证金

从2019年11月27日起,速卖通取消原有的年费激励返还机制,新入驻的卖家无须再缴纳年费,而是需要按入驻类目缴纳一定的保证金,金额在1万~5万元不等。女装属于服装服饰大类,通过查询速卖通平台规则中各类目保证金一览表可知,该类目保证金为1万元人民币。缴纳保证金后,服装服饰大类可发布的子类目产品如表5-2所示。

表5-2　服装服饰大类可发布子类目产品

经营大类	可发布子类目	可共享发布子类目
服装服饰	服饰配饰(男/女/儿童配件,婴儿配饰发到婴儿服装)	珠宝饰品及配件、手表
	男装	箱包部分类目
	女装	孕婴童 > 儿童服装(2岁以上)> 亲子装
	新奇特及特殊用途服装	男女鞋类目
	男女内衣/家居服/袜子	泳装类目
		服装面辅料 & 纺织品

2.佣金

卖家享受发布信息技术服务，需按照其订单销售额的百分比缴纳佣金。速卖通各类目交易佣金标准不同，通常在5%～8%不等。服装服饰类目的佣金率为8%。速卖通平台仅针对最终成交的订单金额收取佣金，如订单取消、卖家退款，佣金将按相应比例退还。

3.其他

除保证金和佣金外，卖家在进行提现时，银行会收取15美元/笔的手续费，手续费在提现时扣除。此外，卖家开通速卖通前需要注册商标或者商标授权，这些都需要费用支出。

二、卖家账号注册

卖家账号注册需要准备的资料有：邮箱＋手机＋营业执照＋企业支付宝企业法人支付宝；如果需要添加品牌的话，还需要准备商标证或者商标受理书。具体操作以“思睿智训”速卖通平台为例，包括注册账号、类目准入和缴费、店铺类型。

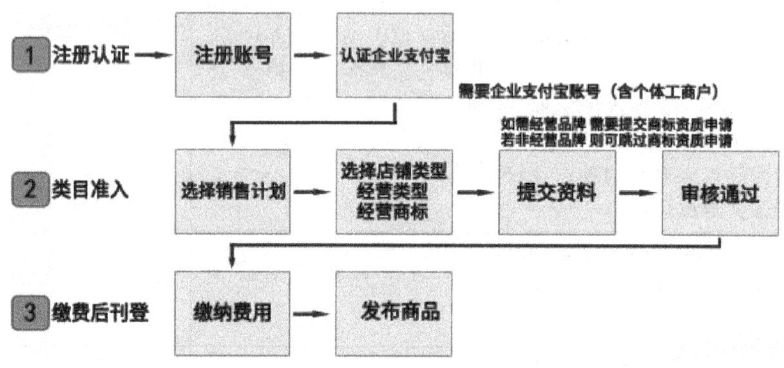

图 5-1 速卖通卖家账号注册流程

(一)注册账号

第一步：进入SRExpress(仿真速卖通)综合实训平台，在仿真速卖通首页点击上方菜单栏中的“Seller Center”，选择“中国卖家入驻”。

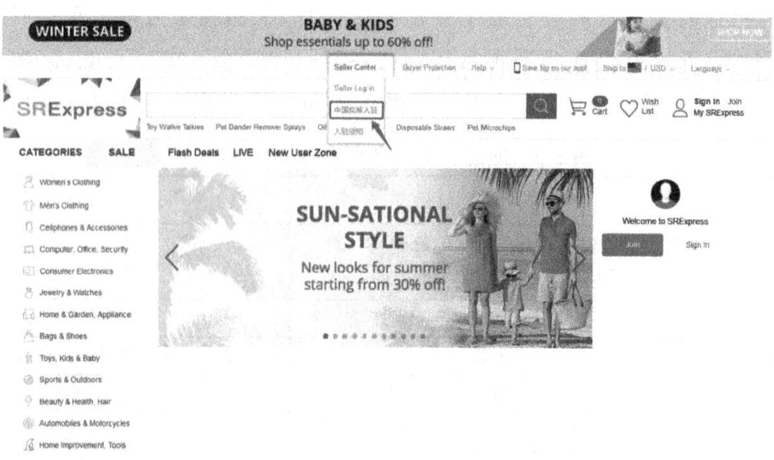

图 5-2 中国卖家入驻

第二步：页面跳转进入“中国卖家入驻”界面后，填写电子邮箱并完成人机验证，设置用户名，同意“Alibaba.com 会员协议”，点击“下一步”继续填写账号信息（图 5-3）。

图 5-3 用户名设置

第三步：页面跳转，进入“设置登录密码并完善信息”界面，填写后点击下方的“确认”选项（图 5-4）。

图 5-4 账户信息填写

第四步:信息全部填写完毕并提交后,系统会显示“注册成功”(图 5-5)。在速卖通发布产品进行销售之前,必须完成实名认证。点击进入“企业认证”,系统会验证账号密码。

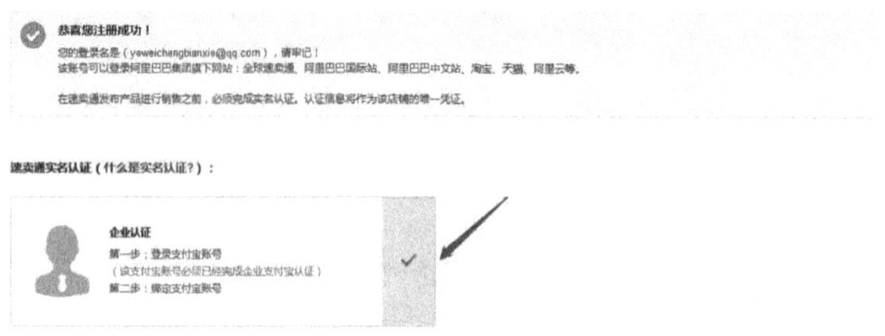

图 5-5 企业认证页面

第五步:点击进入“企业认证”界面后系统会要求用户验证账号密码,此时使用之前注册的卖家账户信息登录即可(图 5-6)。

图 5-6 卖家账号登录页面

第六步:登录卖家账号会直接跳转至卖家后台,如图 5-7 所示。至此我们已经完成了速卖通账号的注册,接下来将前往完成店铺类目招商准入步骤,以开通店铺。

图 5-7 卖家后台页面

(二)类目准入与缴费

第一步：登录“SRExpress(仿真速卖通)综合实训平台”卖家后台，新卖家会提示需要开通店铺，点击页面“我要开店”选项。

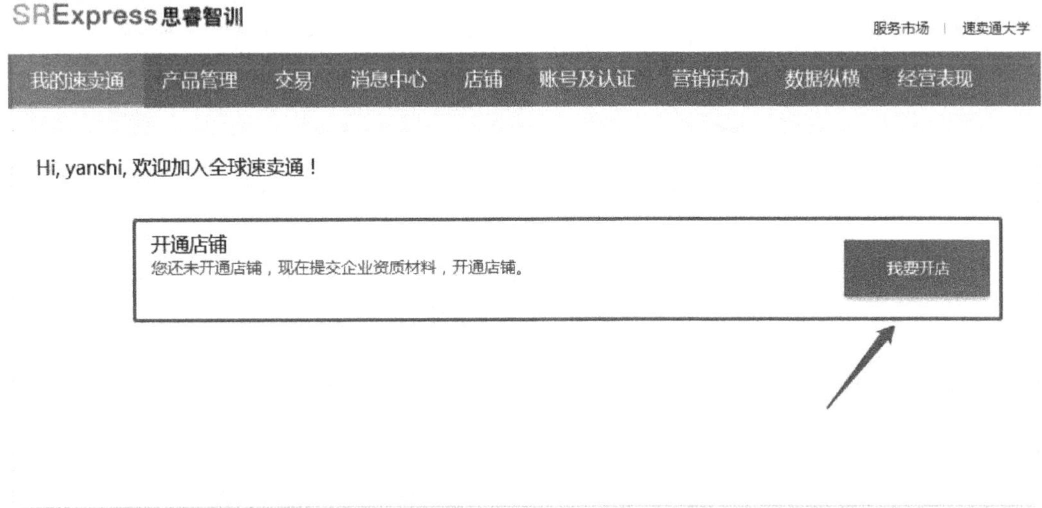

图 5-8 “我要开店”页面

第二步：按照速卖通平台规则，店铺名称应以“Store”结尾。官方店、专卖店、专营店的店铺在表述上有所区别，官方店可设置为“品牌名＋Official Store”，而专卖店与专营店则分别为“品牌名＋自定义内容＋Store”与“自定义内容＋Store”。速卖通店铺名称一旦设置好就不允许重复修改了，务必谨慎设置。在文本框填入店铺名称后，点击“设置店铺名称”保存。

图 5-9 店铺名称设置

第三步：设置店铺名称后页面自动跳转至类目申请，单击“类目申请”。

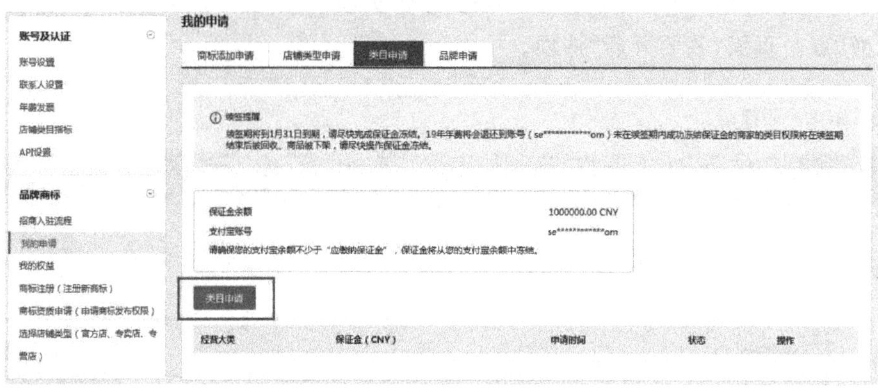

图 5-10　类目申请页面

第四步：根据选定的女装产品，申请“女装”类目，并缴纳 1 万元保证金。

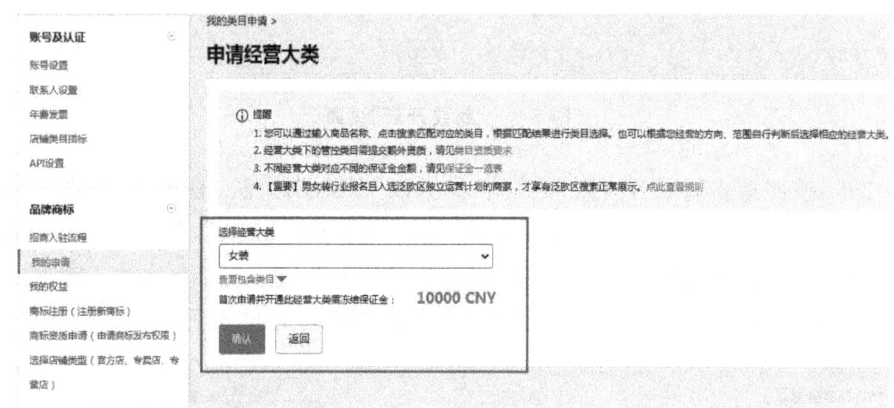

图 5-11　申请经营大类

第五步：冻结 1 万元保证金。

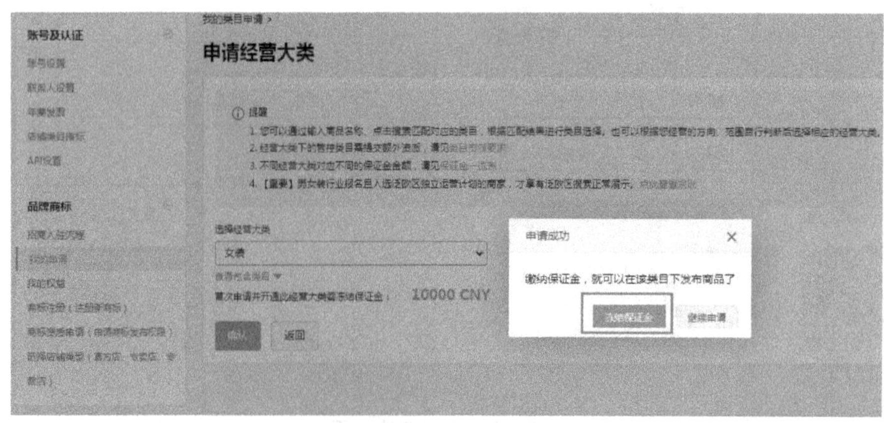

图 5-12　冻结保证金

第六步：成功冻结保证金后，会显示相应类目。

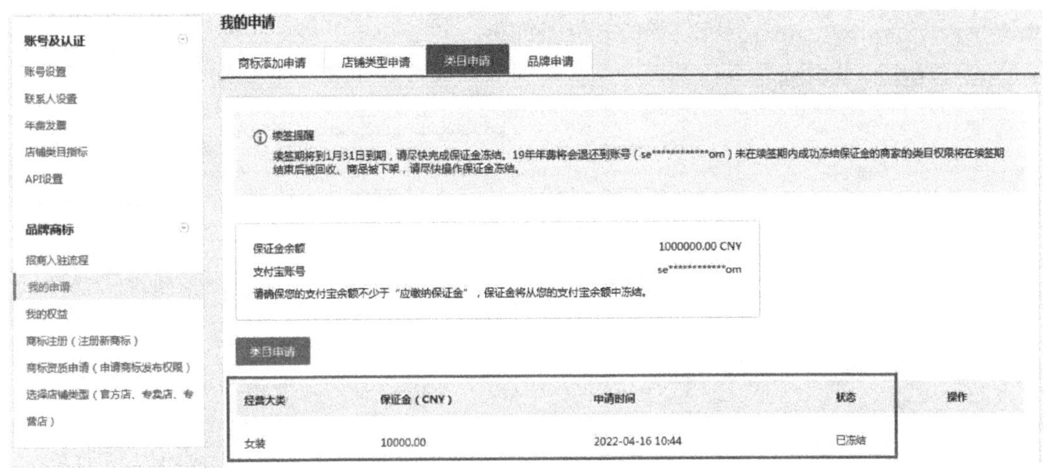

图 5-13　成功绑定并缴纳保证金

(三)店铺类型选择

第一步：不同店铺类型拥有不同的权益，也需要不同的资质，下面将以申请专营店为例进行演示。在“店铺”—“店铺管理”—“店铺资产管理”页面内，选择“立即申请”(图 5-14)。

图 5-14　店铺类型申请

第二步：在三种店铺类型中选择“专营店”，新用户的品牌售卖授权数为 0，需要添加授权品牌，点击“申请品牌准入”选项(图 5-15)。

您当前店铺类型是：未申请

您可以了解该店铺类型所享有的权益，并选择希望修改的店铺类型

○ 官方店 ○ 专卖店 ● 专营店

申请条件	申请资质	1. 品牌售卖授权数≥1	您当前品牌售卖授权数为0，您需要申请品牌准入
		2. 店铺已完成企业认证	您的店铺已完成企业认证
	变更频次	每30天仅可变更一次	您的店铺在30天未变更过(本实训平台设置时间为1分钟)
店铺权益	二级域名	可申请	
	店铺名称	您当前的店铺名称为TEST20202 Store，您后续可以重新修改店铺名称	
	品牌官方直达	只有官方店有机会享有该项权益。查看什么是品牌官方直达	

☐ 我已了解此次修改对店铺权益的影响，并确认希望修改的店铺类型为：专营店

确认申请

图 5-15 申请品牌准入

第三步：进入商标资质申请页面(图 5-16)后，点击“我要申请”，进入品牌资质申请页面。

图 5-16 商标资质申请

第四步：进入申请页面后需要提交各项资料。首先选择店铺主营类目，如图 5-17 所示，然后点击“下一步”。

第五步：在指定位置填写品牌信息，完成后点击“查看品牌”，因之前还未添加过，此处系统提示“您搜索的商标目前不在商标资质申请列表中，您可以进行商标添加”(图 5-18)，点击进入添加商标。

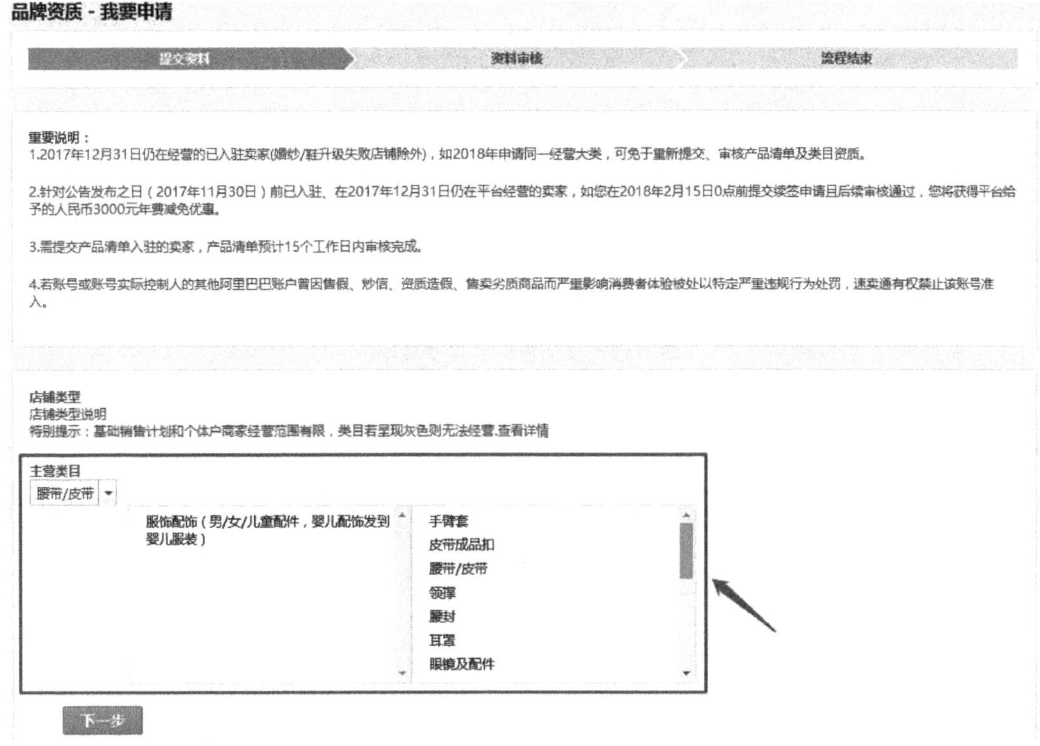

图 5-17　选择店铺主营类目

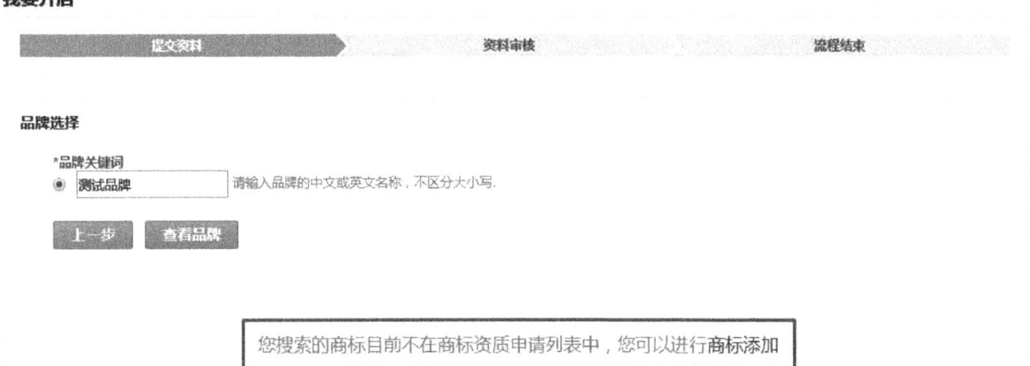

图 5-18　品牌查看与添加

第六步：按要求提交商标授权证书，完成后点击“提交审核”(图 5-19)。

第七步：至此全部资质信息已经提交，将交由工作人员审核(图 5-20)(在 SRExpress 实训平台中，这个过程将交由系统自动完成，过程 1 分钟左右，请等待系统完成品牌准入)。

第八步：通过后，在修改店铺类型页面中将提示已有完成品牌售卖授权，至此已符合平台规则中对开设“专营店”的全部资质，勾选下方“我已了解此次修改对店铺权益的影

图 5-19　添加商标并提交审核

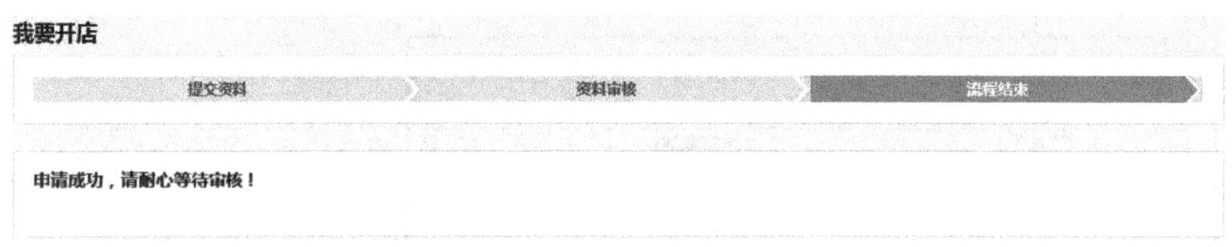

图 5-20　等待审核页面

响，并确认希望修改的店铺类型为：专营店”一项，点击“确认申请”（图 5-21）。

您当前店铺类型是：未申请

您可以了解该店铺类型所享有的权益，并选择希望修改的店铺类型

◎官方店 ◎专卖店 ◉专营店

申请条件	申请资质	1. 品牌售卖授权数≥1　您当前品牌售卖授权数为1，您需要申请品牌准入 2. 店铺已完成企业认证　您的店铺已完成企业认证
	变更频次	每30天仅可变更一次　您的店铺在30天未变更过(本实训平台设置时间为1分钟)
店铺权益	二级域名	可申请
	店铺名称	您当前的店铺名称为TEST20202 Store，您后续可以重新修改店铺名称
	品牌官方直达	只有官方店有机会享有该项权益。查看什么是品牌官方直达

☑ 我已了解此次修改对店铺权益的影响，并确认希望修改的店铺类型为：专营店

图 5-21　选择店铺并确认申请

第九步：页面跳转至“账号及认证”—“品牌商标”—“我的申请”页面，将显示店铺类型修改申请提交与审核情况。至少一个商标资质申请通过后，卖家便可通过该流程获得该商标的官方店、专卖店或专营店（图 5-22）。预计 5 个工作日审核完成（在 SRExpress 实训平台中，这个过程将交由系统自动完成，过程 1 分钟左右，请等待系统完成品牌准入）。

图 5-22　成功申请专营店

第十步：待审核通过后，可在“店铺”—“店铺管理”—“店铺资产管理”页面内查看当前店铺所属类型(图 5-23)。

速卖通的目标是让更多优质商品和优质中小企业入驻，后期的店铺大部分都会是商标资质申请过的店铺，所以修改店铺名称只有在卖家更改店铺类型时才有机会。

店铺资产管理

店铺类型

您当前店铺类型是：专营店　查看店铺类型有哪些

立即申请

不同店铺类型拥有不同的权益，点击了解更多

图 5-23　查看店铺类型

能力拓展

请你在全球速卖通平台注册账号，完成开店流程。

任务二　商品发布

任务分析

开店后，应首先了解速卖通平台发布商品规则，规避产品信息发布常见错误，再将女装产品进行图文信息处理，准确发布到速卖通平台，并对产品进行分组管理。

知识储备

一、速卖通平台发布商品规则

(一)商品发布数量实施细则

为保障买家高效购买,让平台有限的资源最大程度地满足卖家的经营需求,速卖通平台对卖家发布商品的数量进行了限制。卖家根据系统流程完成类目招商准入后,方可发布商品,平台对不同类目、等级的卖家设置了不同的可发布商品数量,发布数量限制在3000个以内,具体如下:

1.无类目、行业的特殊规定,商家的商品发布数量限制在3000个以内,如店铺经营表现通过评估,则商家可提升商品发布数量。

2.接发与发套行业对产品发布的上限要求:金银牌店铺发品数量上限为300个,普通店铺上限为200个。

3.男装≫上衣,T恤≫T恤类目对产品发布上限要求为:发品数量上限为1000个。

如果商品发布数量超过限制数量,则速卖通将下架超限商品。下架商品按货品上架时间来确定,最后上架的超数商品将最先下架。

(二)店铺销售计划对应商品数量

卖家在速卖通发布的商品应当严格遵守平台规则,详见《速卖通行业标准》。

卖家若选择"标准销售计划"的店铺,则店铺内在线商品数量上限为3000个;若选择"基础销售计划"的店铺,则店铺内在线商品数量上限为300个;特殊类目(special category)下每个类目在线商品数量上限为5个。平台保留为行业发展、消费者利益而不时调整可发布商品数的权力。

(三)发布非约定商品

发布非约定商品(俗称挂A卖B),是指卖家通过速卖通平台发布或出售未经速卖通许可的品牌的商品。在速卖通平台发布的任何品牌产品信息,都需要点击这里进行品牌资质申请,审核后方可发布。

1.发布非约定商品包括但不限于以下具体情形:

(1)卖家未完成A品牌的商标资质申请,但却规避发布和售卖A品牌。

(2)卖家仅申请了A品牌,实际发布或售卖A和B或C品牌(如果申请了A品牌,请发布和售卖A品牌商品)。

(3)卖家仅申请了A品牌,实际却发布或售卖B品牌。

2.违规处理

针对违规商品,速卖通平台将退回不可上架。

针对违规卖家账号,首次5天内警告,其后执行6分/商品的扣分,并纳入商品信息质量违规积分体系内,积分累计至12分及12分倍数的账号冻结7天。对情节特别严重的(如店铺非约定商品量或绝对值大,影响面广,存在故意违规重复违规等),则依据"严重扰乱市场秩序"规则处理,直至关闭账号。

(四)其他不当发布行为

1.虚假发布商品,即发布商品却用于交易其他商品或用于其他目的,以形式上符合或类似平台要求的方式掩盖真实的违规或非法交易。

2.躲避平台规则,指刻意规避速卖通商品 SKU 设置规则发布商品或隐藏、遮挡、模糊处理商品相关信息的发布。

3.在商品、店铺标题、描述中带有攻击性、亵渎性、虚假等违法或有违道德的文字图片,或信息内容与所发布的商品不相关或带有诱导性或其他不恰当语言,如:

(1)违反行业发布规范。

(2)信息类型设置错误:如求购与销售信息混淆。

(3)非商业信息:如单纯的工厂、车间展示、求职、征婚、投诉、求医等。

(4)不当使用第三方软件发布商品。

(5)其他通过虚假、恶意规避的方式不当发布的行为。

4.其他违反行业发布规则的行为。

针对上述其他不当发布行为,平台有权依据违规情节的严重程度,进行以下任一或全部处罚:

(1)单个或相关所有商品发布退回或删除。

(2)违规信息过多、屡次发布违规信息或发布的违规信息性质恶劣(包括但不限于引起大量投诉,损害买家利益的),处以 6～12 分/次扣分,和/或直接暂停或关闭账号,和/或冻结店铺提现的处罚。

(3)对于违反特定行业商品发布规范的违规订单,速卖通有权关闭订单;如卖家违规发布,但买家已付款,平台有权判罚卖家全额退款给买家(无论物流状态)。

(4)其他行业发布规则规定的处罚。

二、产品信息处理规避风险

(一)类目错放

1.定义

类目错放是指商品实际类别与发布商品所选择的类目不一致,如“布料”放到“婚纱”类目;赠品/补运费/补差价/VIP/dropshipping 等特殊交易未放置到其他特殊类。这类错误可能导致网站前台商品展示在错误的类目下,平台将进行规范和处理,卖家要检查错放产品的这类信息,进行修改,新发产品也需填写正确类目信息。

2.处罚

平台将对类目错放的商品采取调整搜索排名、删除商品、下架商品的措施;如违反搜索作弊规则的商品累积到一定量,平台将对店铺内全部商品或部分商品(包括违规商品和非违规商品)采取调整搜索排名的措施;情节严重的,平台将对店铺内所有商品进行屏蔽;情节特别严重的,平台将冻结或关闭账户。

3.类目错放举例

(1)将表壳错放在表带类目下。

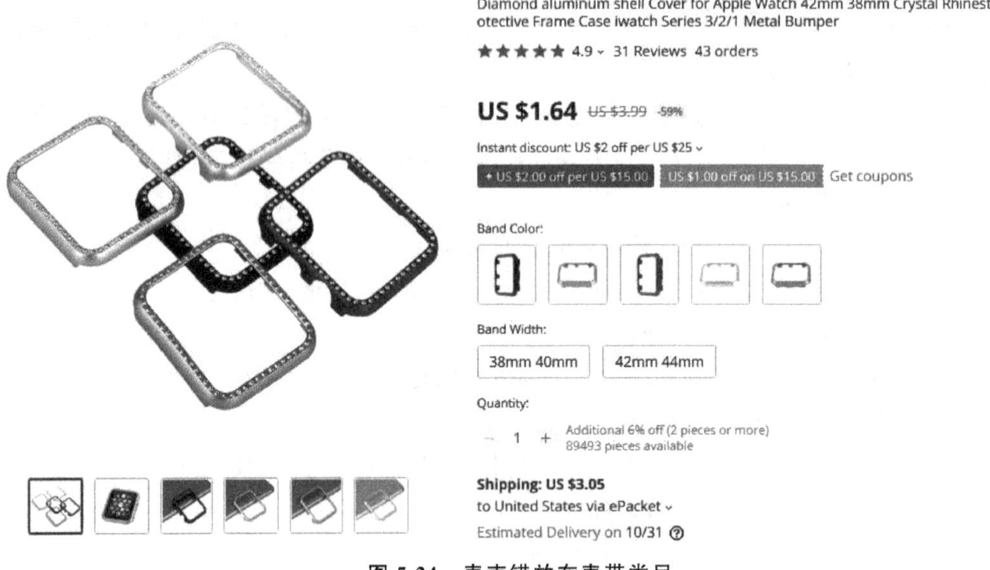

图 5-24　表壳错放在表带类目

(2)将补运费/差价链接放到 Tools 工具及其他类目,而非特殊类目下。

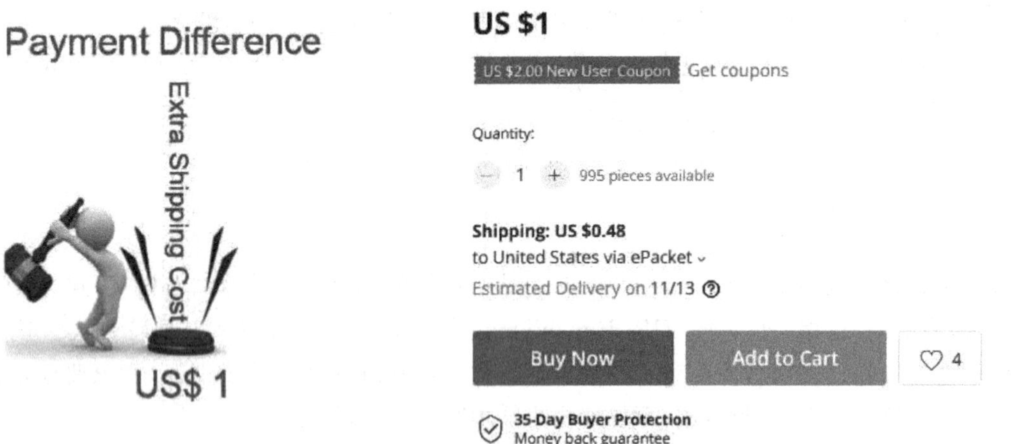

图 5-25　补运费/差价错放在 Tools 工具及其他类目

(二)属性错选

产品属性是买家选择商品的重要依据,特别是有“!”标识的关键属性。卖家要详细、准确地填写系统推荐的属性或自定义属性,提高曝光机会。自定义属性的填写可以补充系统属性以外的信息,让买家对产品了解得更加全面。

为了确保产品质量,卖家务必正确选择品牌或型号名称;如果没有要选择的内容,请在选择“other”后,在文本框内填写正确信息(文本信息为必填);填写的信息速卖通平台将会进行内容校验检查，如果校验成功，在校验推送的结果中再选择卖家需要的内容。

1.定义

属性错选是指发布的商品虽然类目选择正确，但选择的属性与商品的实际属性不一致的情况。这类错误可能导致网站前台商品展示在错误的属性下，此时平台将进行规范和处理，卖家检查错放产品的这项信息，进行修改，重新发布正确的属性信息。

2.处罚

平台将对属性错选的商品采取调整搜索排名、删除商品、下架商品等措施；如违反搜索作弊规则的商品累积到一定量，平台将对店铺内全部商品或部分商品（包括违规商品和非违规商品）采取调整搜索排名的措施；情节严重的，平台将对店铺内所有商品进行屏蔽；情节特别严重的，平台将冻结或关闭账户。

3.属性错选举例

如图 5-26 所示商品的领型为圆领，但用户在发布时错选了"V 领"属性。

图 5-26　"V 领"属性错选

(三)标题描述违规

速卖通平台产品的标题建议为"品牌名＋属性（材质/特点/颜色/风格等）＋商品型号/类型"，如：A&B 100% Cotton Men's Underwear。切勿堆砌关键词，如某产品标题为"cell phone，mobile phone，mobile telephone，oem cell phone"，出现这种标题将会被搜索排名降序。

1.定义

标题描述违规是指标题关键词滥用，如标题无明确产品名称、标题关键词堆砌、标题产品名与实际不符、标题与类目不符、标题品牌词与实际不符、标题件数与实际可购买件数不一致等。

2.处罚

平台将对标题描述违规的商品采取调整搜索排名、删除商品、下架商品等措施；如违反搜索作弊规则的商品累积到一定量，平台将对店铺内全部商品或部分商品（包括违规商品和非违规商品）采取调整搜索排名的措施；情节严重的，平台将对店铺内所有商品进行屏蔽；情节特别严重的，平台将冻结或关闭账户。

3.标题违规举例

（1）标题滥用。标题中出现与实际销售产品不符的关键词，即关键词滥用。如图5-27所示，该商品实际为发夹（hairpins），但是标题中却出现了发带（headband）。

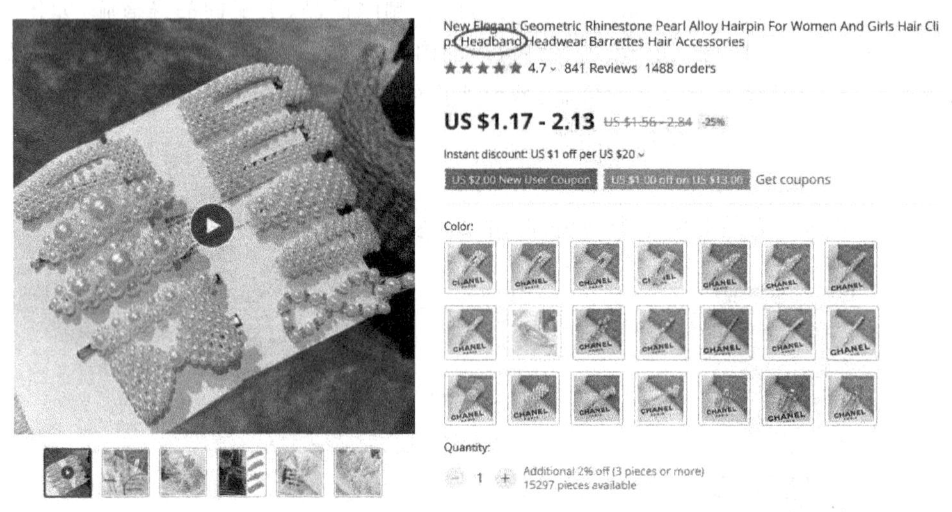

图 5-27 标题滥用

（2）标题堆砌。商品标题描述中重复多次出现关键词。如图5-28所示产品标题中反复使用"shoes"这一关键词。

图 5-28 标题堆砌

(四)重复铺货

1.定义

重复铺货是指卖家发布的产品信息与在同个店铺内或在同个卖家/平台基于多重特征认定的同个主体开立的其他店铺内已发布的产品信息完全相同或主要产品信息(如图片、标题、价格、属性等)雷同。卖家发布商品时应避免直接引用已有商品的主图或者直接拷贝已有商品的标题和属性;卖家发布商品时除了在主图上体现差异外,请同时在标题、属性、详细描述等方面填写商品的关键信息。

2.处罚

平台将对重复铺货的商品采取调整搜索排名、删除商品、下架商品等措施;如违反搜索作弊规则的商品累积到一定量,平台将对店铺内全部商品或部分商品(包括违规商品和非违规商品)采取调整搜索排名的措施;情节严重的,平台将对店铺内所有商品进行屏蔽;情节特别严重的,平台将冻结或关闭账户。

3.重复铺货举例

(1)主图一致重复铺货。如图5-29所示,同个店铺同件商品,商品主图完全相同,且标题、属性、价格等信息高度雷同,此种情况平台将视为重复铺货。

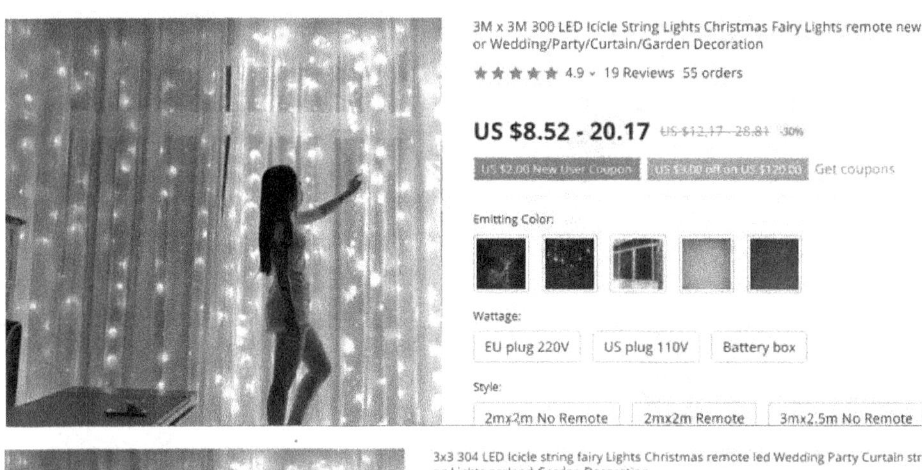

图 5-29　主图一致重复铺货

(2)不同角度/背景/颜色等重复铺货。如图 5-30 所示,同个店铺同件商品,只是主图拍摄角度或背景不同,但标题、属性、价格等信息高度雷同,此种情况平台将视为重复铺货。

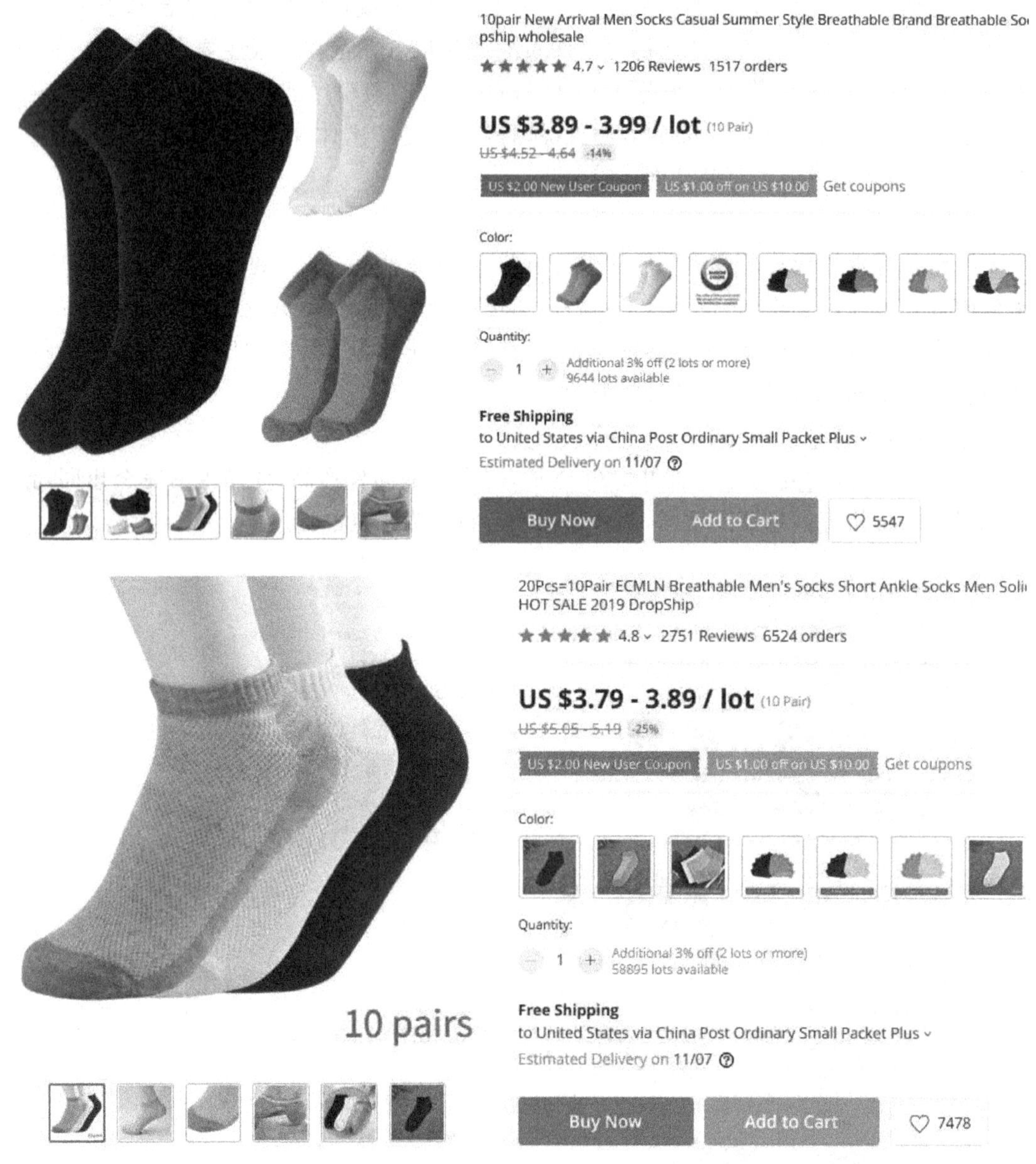

图 5-30 不同角度/背景/颜色等重复铺货

(3)同个卖家/平台基于多重特征认定的同个主体开设的多家店铺售卖重复商品。例如:商品主图为不同颜色的主图,但标题、属性、价格等信息高度雷同,此时平台视为重复铺货。

(五)SKU 作弊

1.定义

SKU 作弊是指卖家滥用 SKU 的设置功能(如以非常规方式设置规格、数量、单位、邮费等信息,或通过 SKU 的设置变更关键商品要素)发布偏离正常价格的高价或低价的 SKU,或不支持出售(包括不支持按常规方式出售)或到达的 SKU。

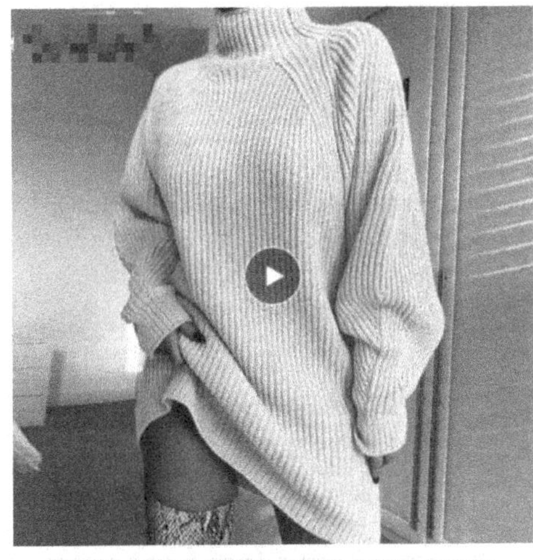

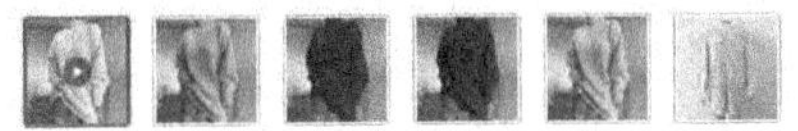

图 5-31　多家店铺售卖重复商品

2.处罚

平台将对 SKU 作弊的商品采取调整搜索排名、删除商品、下架商品等措施；如违反搜索作弊规则的商品累积到一定量，平台将对店铺内全部商品或部分商品(包括违规商品和非违规商品)采取调整搜索排名的措施；情节严重的，平台将对店铺内所有商品进行屏蔽；情节特别严重的，平台将冻结或关闭账户。如果 SKU 作弊亦构成《全球速卖通平台规则(卖家规则)》第八十六条第(六)款规定的其他不当发布行为，平台亦有权根据第八十六条第(六)款对卖家进行处罚。

3.SKU 作弊举例

(1)零库存 SKU。举例：SKU 设置为 0 库存，用户无法购买。

(2)无实物 SKU 设置最低价引流。举例：设置无实物 SKU，如无实物图片、无实际尺

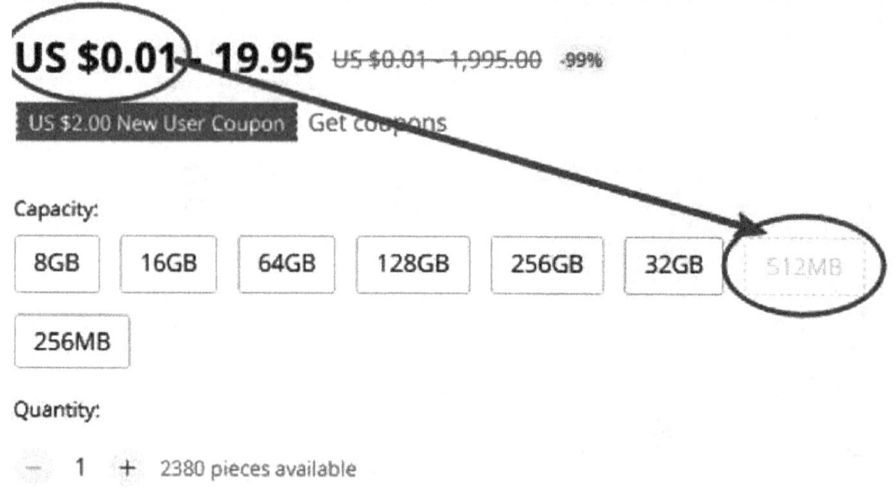

图 5-32　零库存 SKU 作弊

寸、SKU 描述为“运费”，或“None”“Other”等不明确词。

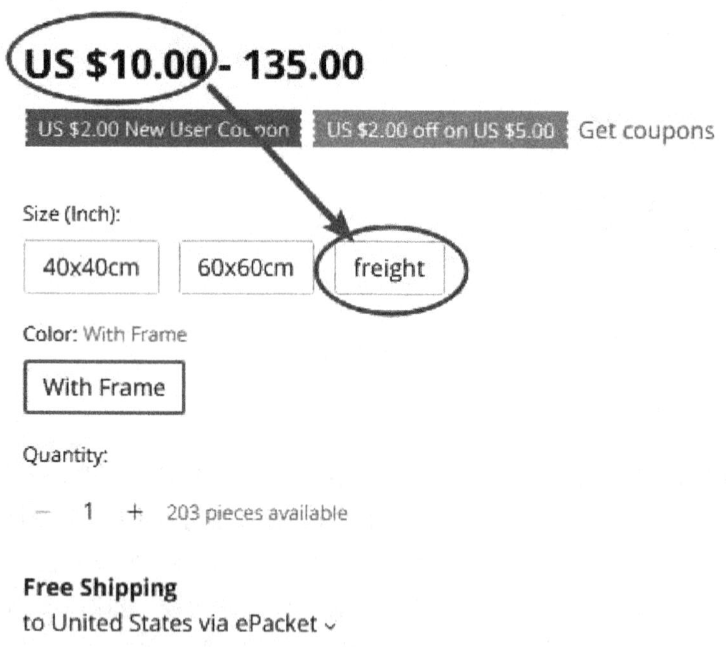

图 5-33　无实物 SKU

(3)不同功能/材质/不同款 SKU 放在一起且利用低价款引流。举例：将分属不同功能/材质/不同款式且价格相差较大的商品(如电动和非电动、PU 皮和真皮、高配版和低配版)放在同一个商品的 SKU 里。

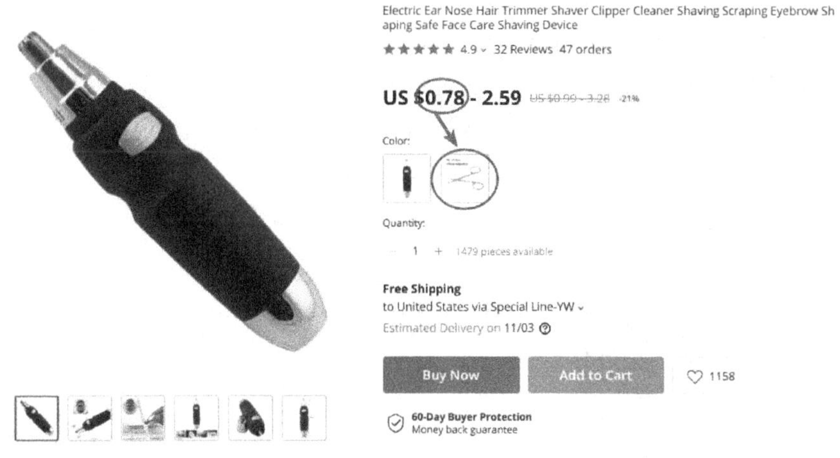

图 5-34　不同功能/材质/不同款 SKU

(六)价格作弊

1.产品超低价

(1)定义:指卖家以较大偏离正常销售价格的低价发布商品。

(2)处罚:平台将对产品超低价的商品采取调整搜索排名、删除商品、下架商品等措施;如违反搜索作弊规则的商品累积到一定量,平台将对店铺内全部商品或部分商品(包括违规商品和非违规商品)采取调整搜索排名的措施;情节严重的,平台将对店铺内所有商品进行屏蔽;情节特别严重的,平台将冻结或关闭账户。如果卖家存在大量产品超低价的违规行为,平台亦有权根据《全球速卖通"严重恶意超低价"规则》对卖家进行处罚。

(3)产品超低价举例:正常 30 美金以上的商品,以较大偏离正常销售价格 3.96 美金的低价发布销售(图 5-35)。

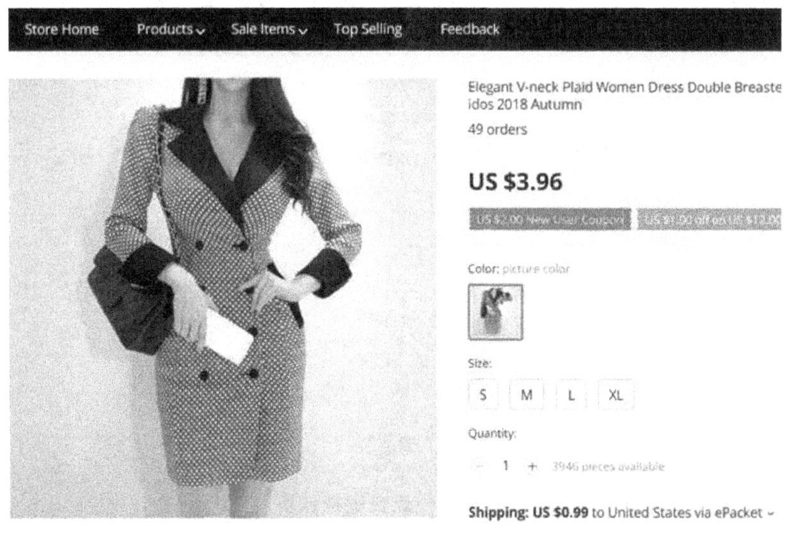

图 5-35　产品超低价作弊

2.产品超高价

(1)定义:指卖家以较大偏离正常销售的价格的高价发布商品。

(2)处罚:平台将对产品超高价的商品采取调整搜索排名、删除商品、下架商品等措施;如违反搜索作弊规则的商品累积到一定量,平台将对店铺内全部商品或部分商品(包括违规商品和非违规商品)采取调整搜索排名的措施;情节严重的,平台将对店铺内所有商品进行屏蔽;情节特别严重的,平台将冻结或关闭账户。

(3)产品超高价举例:袜子售价不正常,极大偏离正常销售价格(图 5-36)。

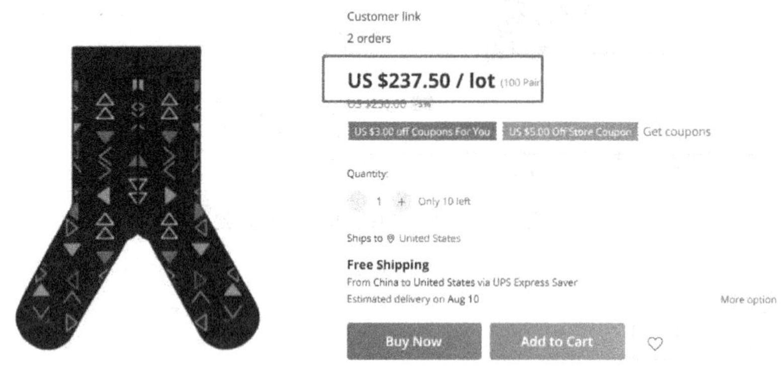

图 5-36　产品超高价作弊

3.运费倒挂

(1)定义:指商品本身设置较低的价格,但运费设置偏离正常运费的高价。

(2)处罚:平台将对运费倒挂的商品采取调整搜索排名、删除商品、下架商品等措施;如违反搜索作弊规则的商品累积到一定量,平台将对店铺内全部商品或部分商品(包括违规商品和非违规商品)采取调整搜索排名的措施;情节严重的,平台将对店铺内所有商品进行屏蔽;情节特别严重的,平台将冻结或关闭账户。

(3)运费倒挂举例:商品售价较低,但运费超高,容易引起买家投诉(图 5-37)。

图 5-37　运费倒挂作弊

任务实施

一、女装产品发布

第一步：在之前的操作中，我们已经完成了卖家账号注册、实名认证、类目招商准入等步骤并激活了店铺，接下来可上传产品。点击进入卖家中心工作台上方导航栏里的“产品管理”—“发布产品”选项。

图 5-38　发布产品

第二步：进入发布产品页面后，首先需要选择发布产品所属的类目，如果对所属目录不明确，也可以使用“查找类目”功能去查询该产品所属的分类。选择好需要上传的产品所属的类目后，点击下方的“发布产品”。

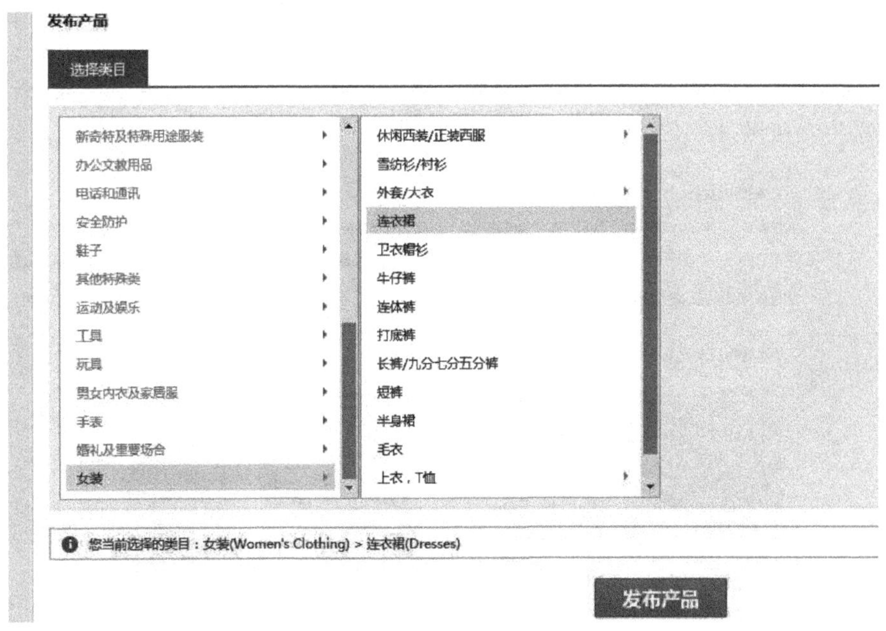

图 5-39　选择类目

第三步：按系统要求完善产品的各项基础信息并设置商品标题，如有必要，可通过“添加自定义属性”列出更多的商品信息。填写的产品属性必须与所发布的产品对应，在填写时一定要注意信息完整、正确，产品属性填写率尽量达到100%。完整且正确的产品属性有利于提高产品曝光率。

产品属性 当前产品的属性填写率为 100% 该产品所在类目下优质商品的属性填写率为 78% 完整且正确的产品属性有助于提升产品曝光率！
系统属性中没有合适的属性或者属性值？点此提交

* 品牌：LILYSILK(LILYSILK)
若您的产品无品牌，品牌属性可勾选“none（无品牌）”，若类目下无“none（无品牌）”选项，则表示该类目仅可发布有品牌产品。
找不到品牌？申请品牌

* 材质：Silk(真丝) Cotton(棉) Polyester(涤纶) Nylon(尼龙) Genuine Leather(真皮) Linen(亚麻) Wool(羊毛) Cashmere(羊绒) Faux Fur(假皮草) Lycra(莱卡) Acetate(醋酸纤维) Acrylic(腈纶) Modal(莫代尔) Rayon(人造丝) Spandex(氨纶) Bamboo Fiber(竹纤维) Synthetic Leather(人造皮革) Fur(皮草) Viscose(纤维胶) Microfiber(超细纤维) Rabbit Hair(兔毛) Mesh(网纱) PU(PU) Lace(蕾丝) knitting Cotton(针织棉) Jacquard(提花) Voile(巴厘纱) Lanon(聚酯纤维) Cotton and Linen(棉麻) Chiffon(雪纺) Assorted(混合材质) Velvet(天鹅绒) Denim(牛仔) Ramie(苎麻) Polyamide(聚酰胺)

! 风格：Casual(休闲)
! 裙型：Fit and Flare(上身紧下身宽
! 图案类型：Print(印花)
! 袖长(cm)：Full(长袖)
! 装饰：None(无装饰)
! 裙长：Ankle-Length(及踝裙)
! 袖型：Petal Sleeve(花瓣袖)
! 腰线：Empire(高腰线)
! 领型：V-Neck(V领)
! 季节：Spring(春)
来源地：China (Mainland)(China (M
货号：DR0452

图 5-40　填写产品属性

第四步：根据产品属性与特征，撰写产品标题。如图 5-41 所示，产品标题为“2022 Spring Elegant Floral Print Long Sleeve Dresses Women Casual ankle length Dress Female New Fashion V-Neck Dress”。

* 产品标题 2022 Spring Elegant Floral Print Long Sleeve Dresses Women Casual ankle length Dress Fema　您还可以输入 12 个字符

图 5-41　撰写产品标题

第四步：上传产品图片。图片可从电脑本地上传或从线上图片银行中选取，产品图片要求如图 5-42 所示。

图 5-42　产品图片

第五步:选择商品的最小计量单位与销售方式(图 5-43)。

图 5-43　最小计量单位与销售方式

第六步:如某产品有多种颜色可选,应为其设置变量(颜色)属性供买家选择,可自定义属性名称与添加图片示例(图 5-44)。

图 5-44　设置变量

第七步:设置零售价格、发货期、库存数量等。为方便未来开设促销活动,在定价时就应考虑到店铺活动、促销折扣等情况导致的价格变动。系统支持“按 Ship to 区域调价”,即以商品零售价为基准价,根据买家收货国家的不同在基准价基础上进行调整。

批量设置零售价：USD [ ] 确定 批量设置库存：[ ] 确定

颜色	零售价	实际收入	库存	商品编码
黑色	USD 12 /件	USD 12	10000	
咖啡色	USD 12 /件	USD 12	10000	

总库存 20000 / 件

按Ship to区域调价 商品零售价作为基准价，开放部分"Ship to"区域，可以在基准价基础上进行调整。

调价方式：调整比例

Ship to 区域 Russian Federation United States Canada Spain France United Kingdom Netherlands Israel Brazil Chile Australia Ukraine Belarus Japan Thailand Singapore South Korea Indonesia Malaysia Philippines Vietnam Italy Germany Saudi Arabia United Arab Emirates Poland Turkey

Ship to 区域	调价比例(整数) 调价范围-30%到+100%	商品零售价	调整后价格

库存扣减方式 下单减库存 付款减库存

* 发货期 3 天

图 5-45 价格、发货期与库存数量

第八步：编写商品描述。描述时尽量用文字，且一定要简短，以保持页面整洁有序，如图 5-46 所示。展示的图片控制在 6 张左右，不要超过 15 张，图片过多会导致页面在手机端打开速度过慢，或需要多次下拉翻页查看商品详情，影响买家使用体验。

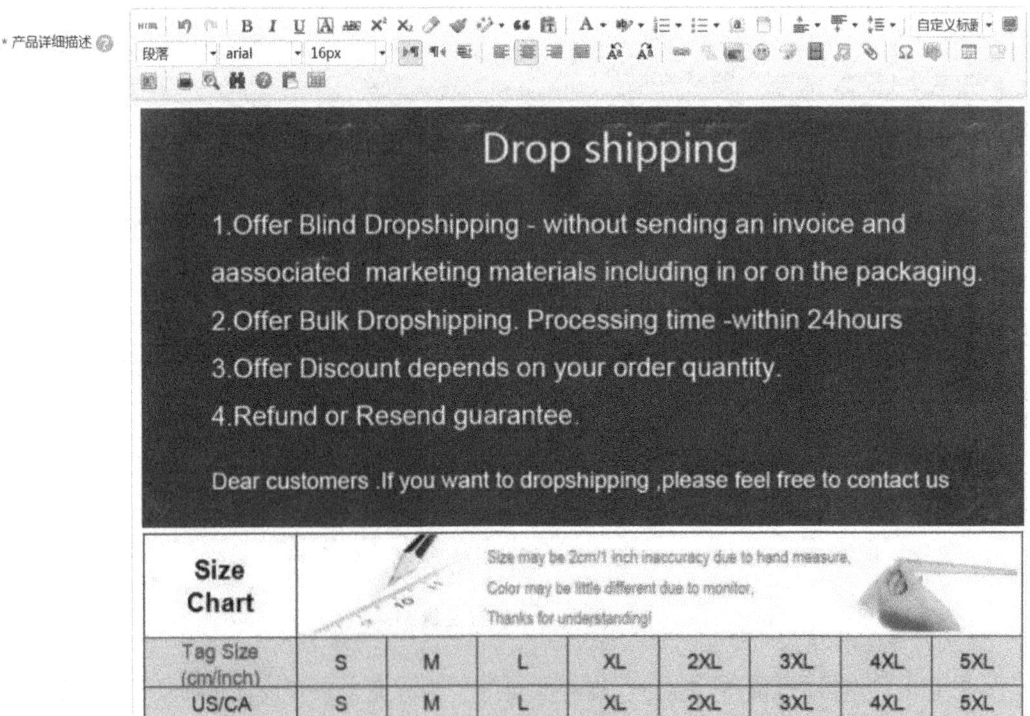

图 5-46 产品详细描述

第十步：补充产品包装信息，包括尺量、重量等(图 5-47)。

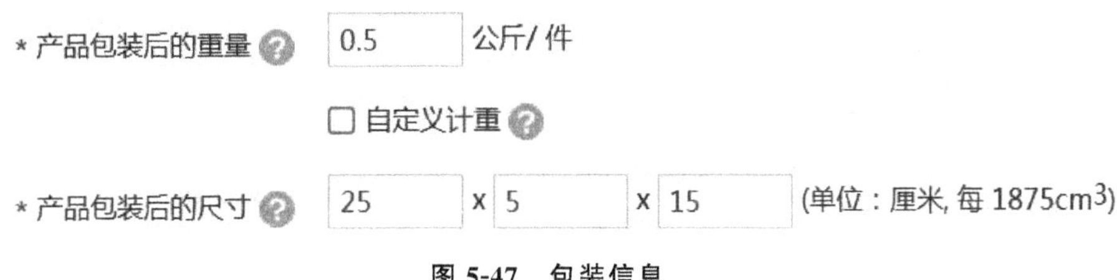

图 5-47　包装信息

第十一步：完善物流设置，选择运费模板(图 5-48)。

图 5-48　物流运费模板

第十二步：选择商品服务模板(图 5-49)。

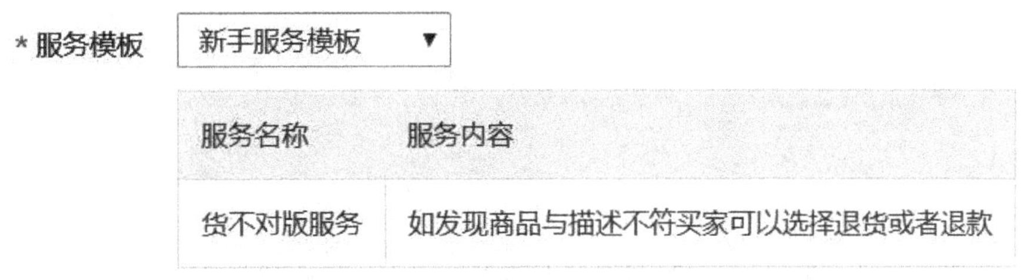

图 5-49　服务模板

第十三步：如有需要对其他剩余信息进行修改，在信息完善并核对无误后，点击“保存”，则该产品信息会以草稿形式保存。若选择“提交”，则信息将直接提交审核并在通过后刊登至平台，如图 5-50 所示。

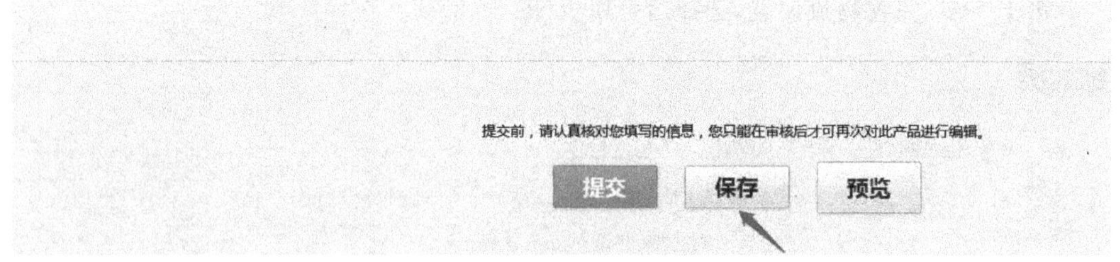

图 5-50　其他信息

第十四步：如上一步选择“保存”，则该产品信息会以草稿形式保存于“产品管理”—“草稿箱”中，如图 5-51 所示。

图 5-51　草稿箱

第十五步：点击“提交”，则该产品会提交人工审核，通过审核后的产品会进入“正在销售”分组(图 5-52)。

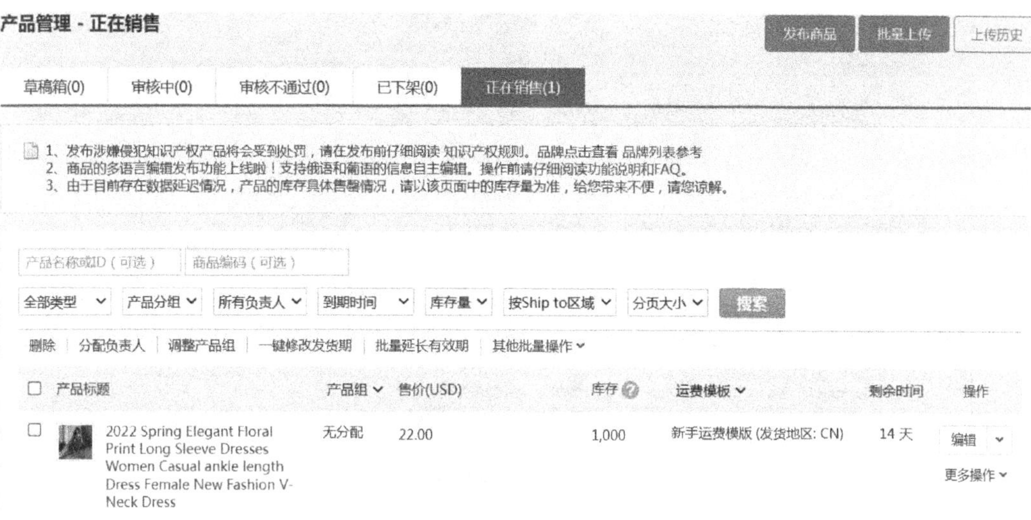

图 5-32 成功发布商品

二、产品管理

第一步：产品信息编辑或商品发布后，如有需要查看或修改的，可在“产品管理”—“管理产品”页面查看，产品信息有“草稿”“审核中”“审核不通过”“正在销售”“已下架”等多种状态（图 5-53）。

图 5-53 管理产品

第二步：草稿箱中保存了尚未完成发布的产品信息，如有需要，可进入对草稿箱中的产品信息进行删除或编辑等操作（图 5-54）。

第三步：卖家发布产品后，产品信息会根据审核情况，置入“审核中”或“审核不通过”

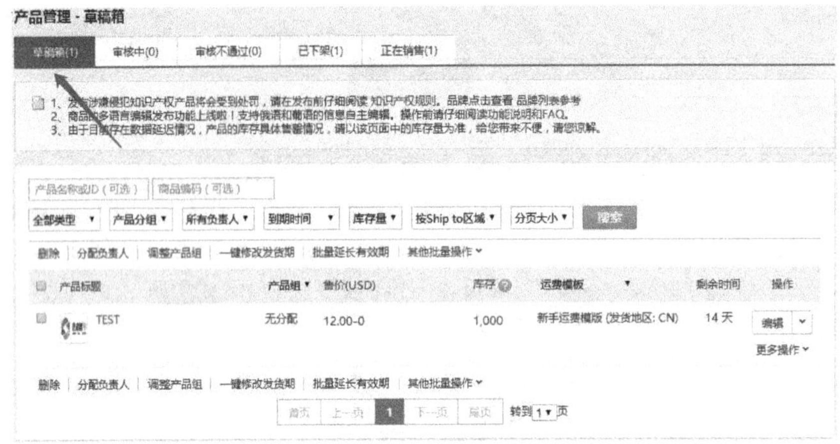

图 5-54　草稿箱

分组(图 5-55)。

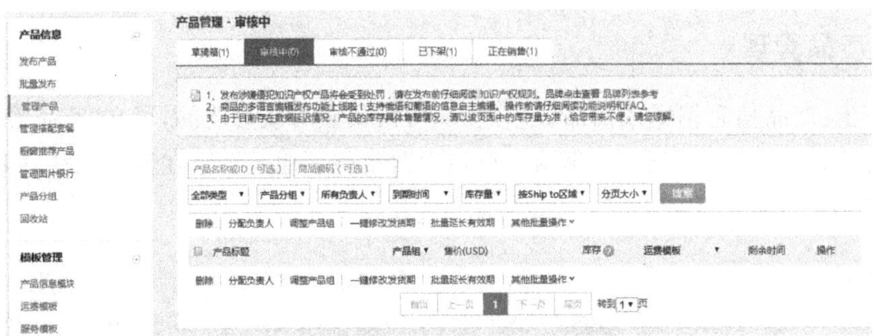

图 5-55　审核或未通过审核情况

第四步：产品被下架后，会被移入“已下架”分组，卖家可对其进行编辑或删除等操作(图 5-56)。

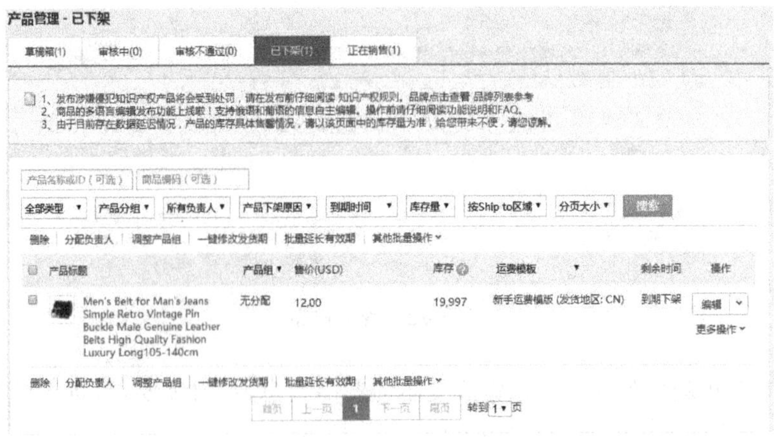

图 5-56　已下架商品

第五步：当有多款产品时，可在产品管理页面通过产品名称、ID或编码搜索需要查找的产品，亦可通过如产品分组、负责人、到期时间、库存量、发货预期等信息筛选指定类型的产品。卖家可对销售中的产品进行编辑或删除等操作(图5-57)。

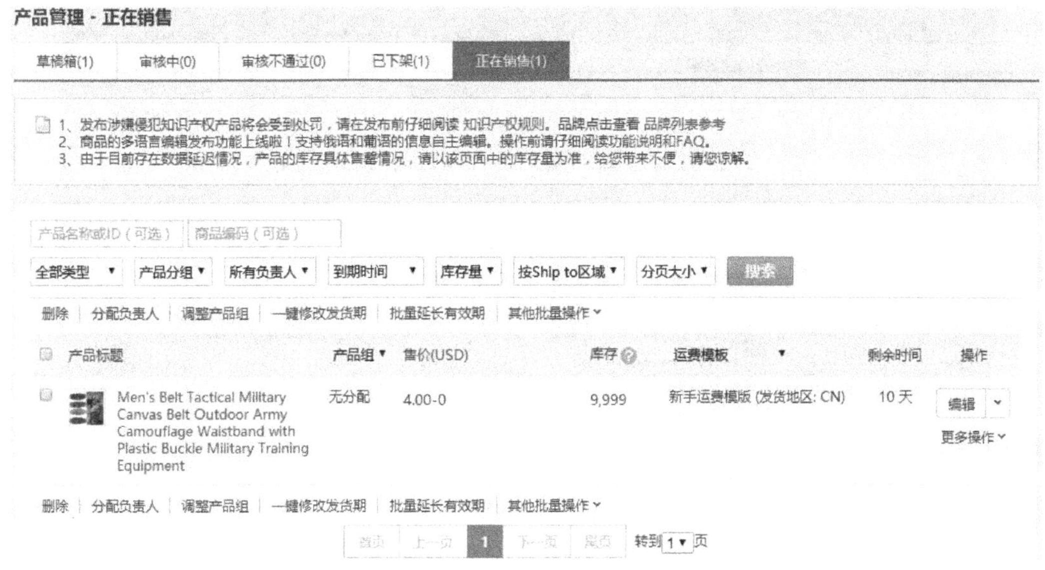

图 5-57　正在销售商品

第六步：其他如上下架、分类责任人、调整产品组或删除产品一类操作，在下方“更多操作”选项中点击进入设置(图5-58)。

图 5-58　更多操作

三、产品分组

第一步：如需对产品进行分组，可进入“产品管理”—“产品分组”模块进行设置（图 5-59）。

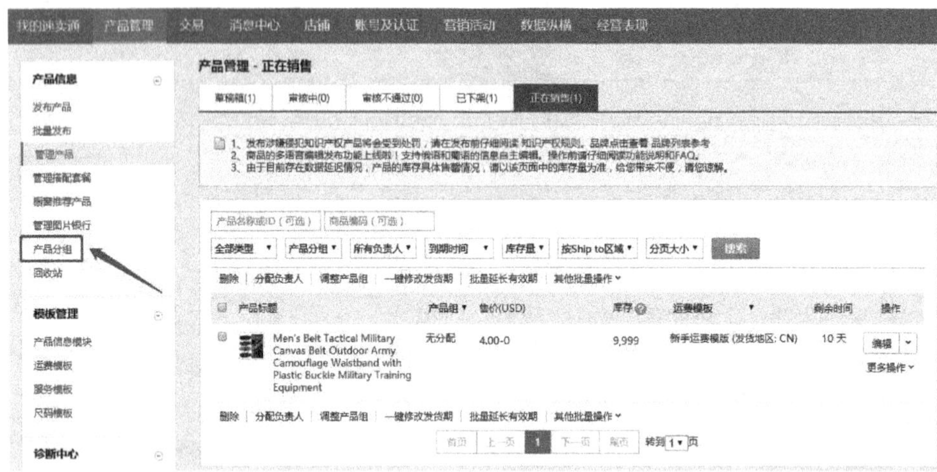

图 5-59　产品分组

第二步：进入“产品分组”页面后，选择进入“新建分组”（图 5-60）。

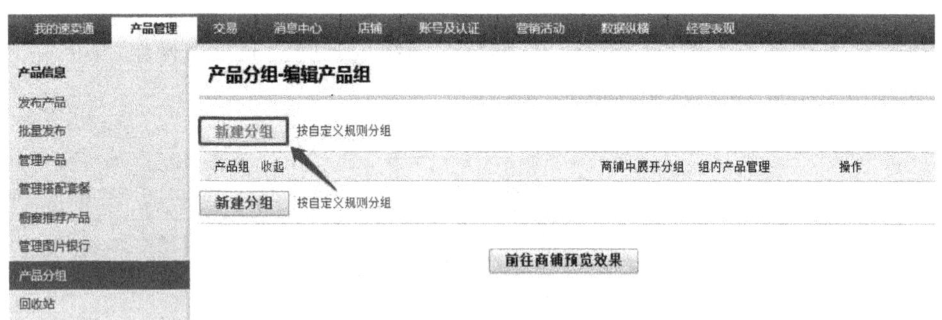

图 5-60　新建分组

第三步：使用英文设置产品分组名称，填写完毕后点击“保存”（图 5-61）。

图 5-61　命名产品组

第四步：完成设置的产品分组如需进行修改，可通过产品分组后方的“编辑”按钮进入完成设置。此外，也可在后方的选项中对产品分组进行排序或者删除(图 5-62)。

图 5-62　编辑产品组

第五步：二级产品分组可通过下方的“创建子分组”按钮进入设置分组名称。完成创建的子分组同样可进行编辑、排序、删除等设置，其操作与之前一级产品组的管理类似(图 5-63)。

图 5-63　创建子分组

第六步：完成产品分组的设置后，我们可回到“管理产品”中对产品的分组进行设置。如进入“正在销售”分组的产品，点击“更多操作”—“调整产品组”进行设置(图 5-64)。

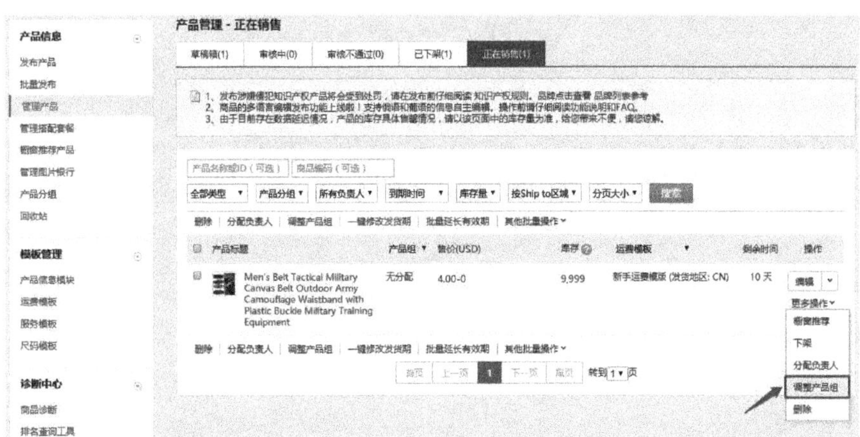

图 5-64　调整产品组

第七步:在"选择产品组"弹窗中勾选产品所属分组,完成后点击"确定"。至此,产品完成分组设置,将会显示在店铺商品分组对应的产品组中(图 5-65)。

图 5-65　选择产品组

能力拓展

请你根据系统提供的连衣裙产品信息,进行图文信息转化,再发布到速卖通平台,并进行产品分组。

项目六　跨境电商平台营销与推广

学习目标

(一)知识目标

1.全球速卖通店铺四大营销工具。

2.全球速卖通店铺平台大促活动。

3.全球速卖通店铺付费推广工具。

4.搜索引擎营销(SEM)常用工具及技巧。

5.社交媒体营销(SNS)常用工具及技巧。

(二)技能目标

1.能根据产品特点进行营销工具组合设计。

2.能根据店铺不同阶段合理开展营销。

3.能开展全球速卖通平台店铺及产品站内营销。

4.能运用搜索引擎、社交媒体实现站外引流。

(三)素质目标

1.具备一定的创新能力和学习能力,善于发现和解决问题。

2.遵守职业道德,服从公司规章制度及平台规则。

3.具备创新意识、思路开阔。

4.能主动表达意愿、沟通想法、协调关系。

5.能吃苦耐劳、承受压力。

思维导图

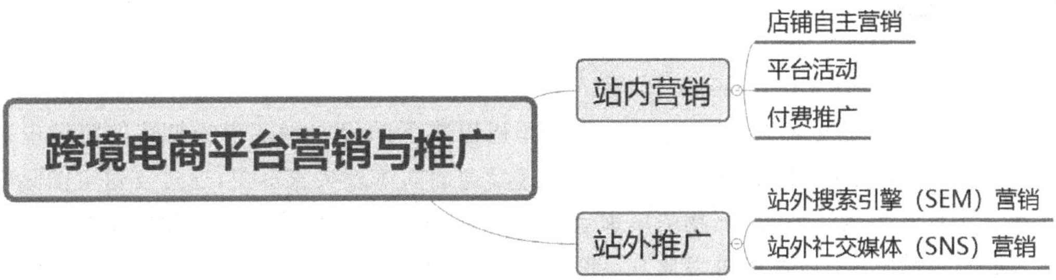

跨境电商平台营销与推广

- 站内营销
  - 店铺自主营销
  - 平台活动
  - 付费推广
- 站外推广
  - 站外搜索引擎（SEM）营销
  - 站外社交媒体（SNS）营销

项目背景

黎小新在企业导师王大全的悉心指导下，完成了前期跨境电商店铺的市场调研、店铺选品和店铺注册开立等工作。店铺开通后，又完成了产品的发布、详情页设计、店铺装修等各项基础工作。一个月过去了，店铺访客和浏览量相对稳定，每天加购和收藏店铺的客户也不少，但成交量一直上不去，因而最近他一直在犯愁，到底应该怎么做才能提升店铺成交量和销售额呢？

任务分解

目前，我国跨境电商蓬勃发展，跨境电商平台也层出不穷。不同的跨境电商平台、不同的行业类目产品所使用的营销推广策略也有所不同。因此，在特定的跨境电商平台，需要对要营销推广的店铺情况做一一分析，即：熟悉店铺所处的阶段、每个阶段的特点以及不同平台的特殊情况，并结合行业类目的产品，制定相应的营销策略。

黎小新通过学习全球速卖通平台店铺自主营销工具、了解店铺大促活动、直通车付费推广以及站外常见引流工具，决定在做好自然流量引流的前提下，持续参加店铺活动，继续优化商品的主图和详情页等，同时使用直通车付费推广以及联盟营销推广、SNS 营销等，打造 1～2 种爆款商品，从而利用增加的流量和优化的转化率进行关联营销，提高成交量，进而带动整个店铺销售额的提升。在此基础上，尝试通过搜索引擎营销（SEM）和社交网络服务（SNS）等站外渠道来进行营销推广。

任务一　站内营销

任务分析

本次任务以全球速卖通平台为例，主要通过全球速卖通店铺自主营销（单品折扣、满减活动、店铺优惠券、搭配活动、互动活动和店铺优惠码）、平台活动（“3·28”/“6·18”/“双 11”/黑五大促、Fresh Deals、国家站团购、行业热销品和新品和应季主题活动）以及付费推广（联盟营销和直通车推广）三大站内渠道来进行营销推广。

知识储备

1.全球速卖通（AliExpress）

全球速卖通英文名为 AliExpress，是阿里巴巴旗下的面向国际市场打造的跨境电商平台，被广大卖家称为“国际版淘宝”。全球速卖通面向海外买家客户，通过支付宝国际账户进行担保交易，并使用国际物流渠道运输发货，作为阿里巴巴未来国际化的重要战略产品，适合一些中小型企业做批发零售，是全球最活跃的跨境电商平台之一，如图 6-1 所示为全球速卖通主页。

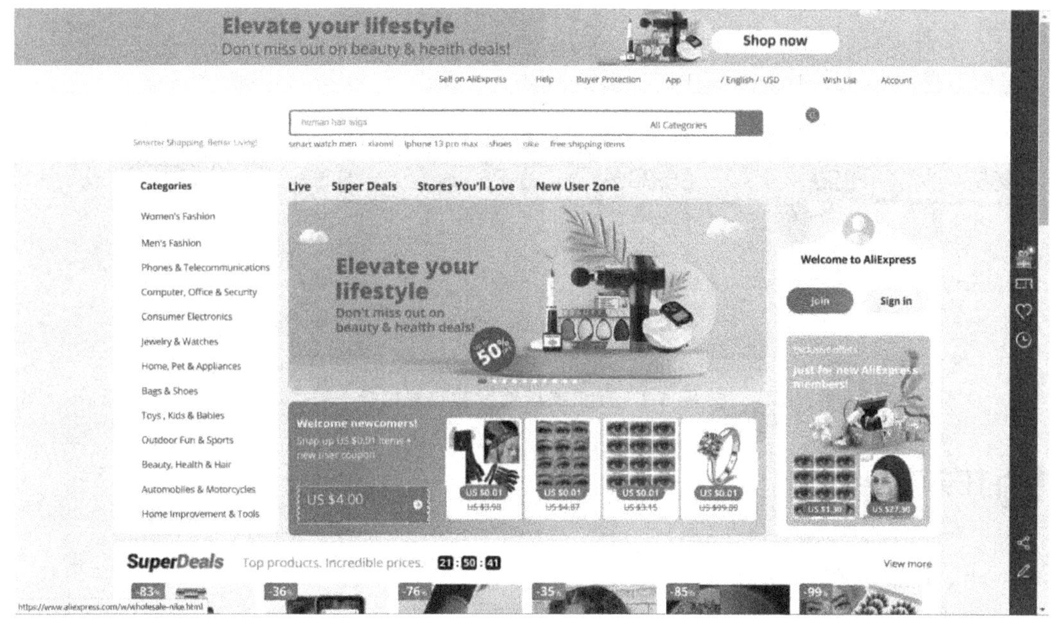

图 6-1　全球速卖通主页

2.店铺运营的数据指标(图 6-2)

(1)曝光量

曝光量是指产品在平台上展现的机会数。一款产品的曝光量和它的基本属性、标题设置、价格等因素有直接关系。

(2)点击率

点击率是点击量和曝光量的比值,计算公式为:

$$搜索点击率=\frac{搜索点击量}{搜索曝光量}$$

(3)转化率

店铺的转化率更多依靠热销款商品的转化率,要从平均停留时间、热销款流量去向等着手对转化率进行分析。

(4)访客数

访客数是指一个自然日或者更长时间内单品的访客数量,它反映了消费者对产品和图片的基本认可程度。

(5)人均浏览量

人均浏览量反映访客访问店铺及单品的数量。

(6)店铺收藏量和加购物车量

店铺收藏量和加购物数量代表消费者对产品本身及其主题、价格等综合条件有较高的认可度,这是卖家需要极力争取的指标。

(7)关联营销

关联营销是产品的组合销售,能够提高整体客单价,对提高全店转化率影响较大。

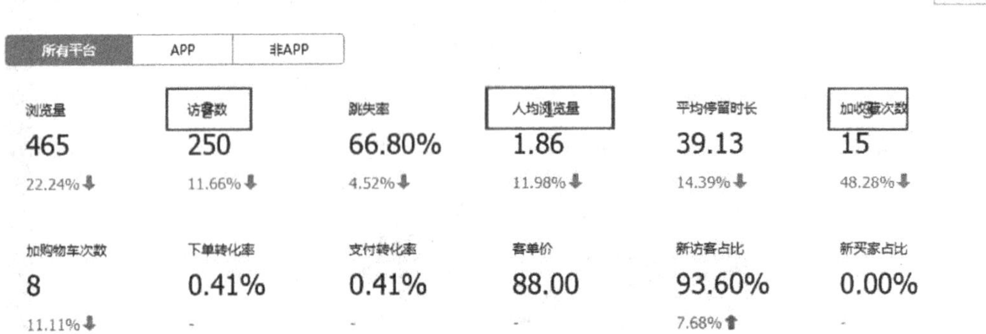

图 6-2　速卖通店铺运营数据指标

任务实施

一、单品折扣活动设置

1.单品折扣活动设置入口

登录商家后台，点击“营销活动”—“店铺活动”—“单品折扣活动”。

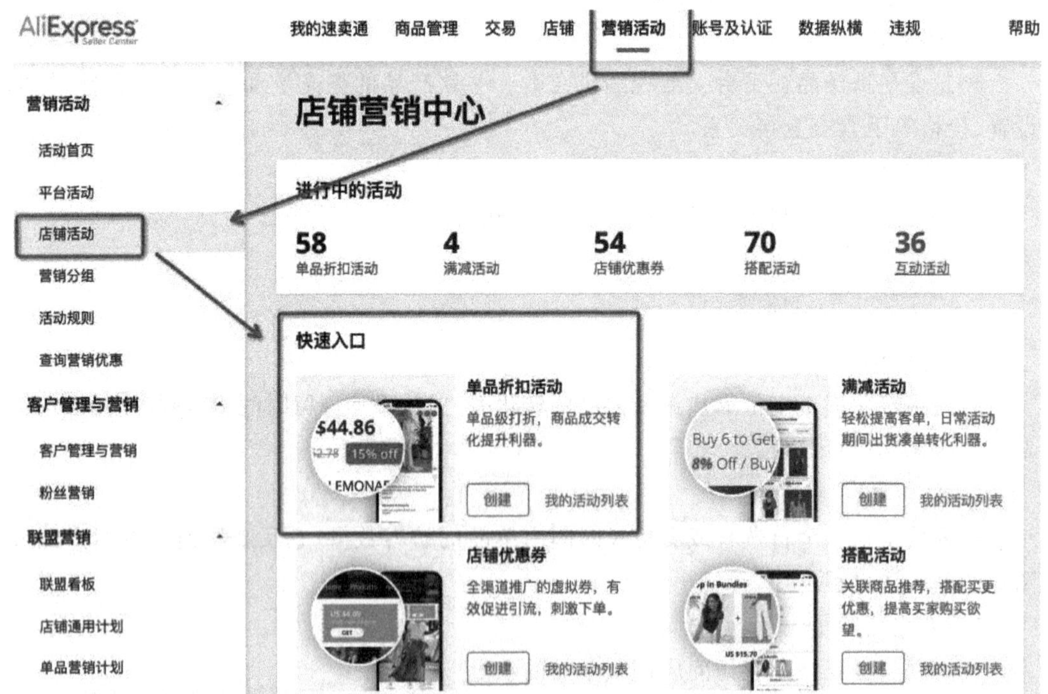

图 6-3　速卖通店铺营销活动界面

2.创建店铺单品折扣活动

(1)活动基本信息设置

①可点击“创建活动”进入活动基本信息设置页面(图 6-4)。

②活动名称最长不超过 200 个字符，只供查看，不展示在买家端。

③活动起止时间为美国太平洋时间。

④最长支持设置 180 天的活动，且取消每月活动时长、次数的限制。

⑤活动设置的时间开始后，活动即时生效(注意，如在设置过程中已到活动展示时间，则活动即刻开始)。

⑥点击“提交”后进入设置优惠信息页面。

图 6-4　创建店铺单品折扣活动

(2)活动优惠信息设置

卖家可筛选全部已选商品和未设置优惠商品，也可以商品 ID 搜索(图 6-5)。

图 6-5　活动优惠信息设置

平台支持单个商品、根据营销分组、表格导入等多种形式的设置，具体而言：

①卖家可进行批量设置折扣、批量设置限购、批量删除操作(默认所有 SKU 都参加活动)。

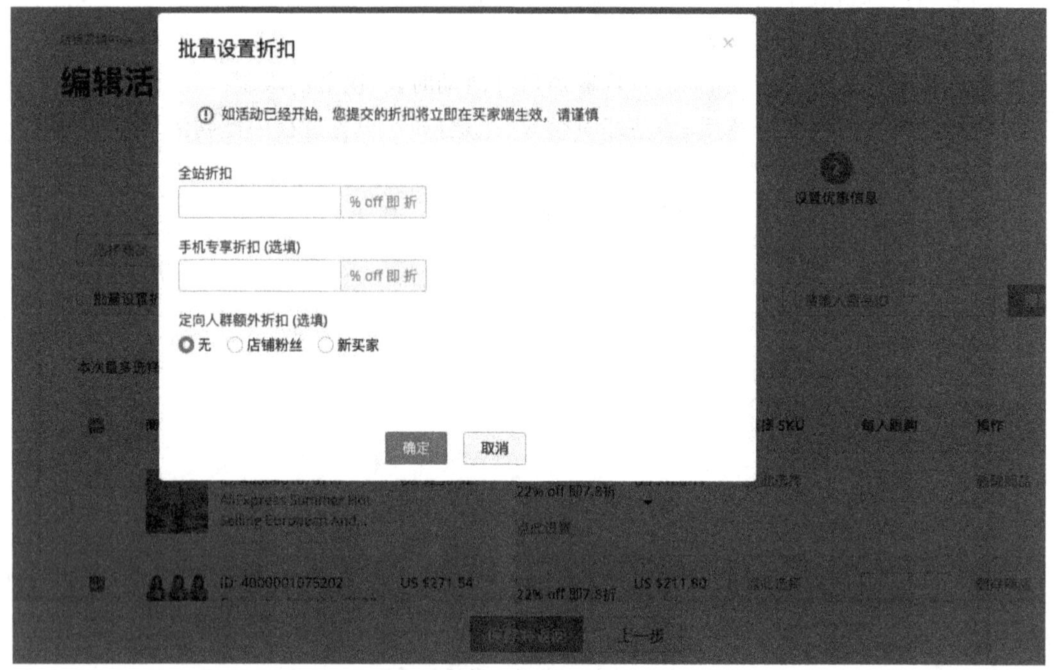

图 6-6　批量设置折扣

②平台支持按照营销分组设置折扣，分组内的商品会被导入至活动内。特别值得注意的是，目前设置 App 折扣不具备引流功能，因此营销分组设置折扣处取消了设置 App 折扣的功能。如需设置 App 折扣，可回到单品选择页面进行设置。如只设置全站折扣，即 PC 端和手机 App 均展示同一个折扣。

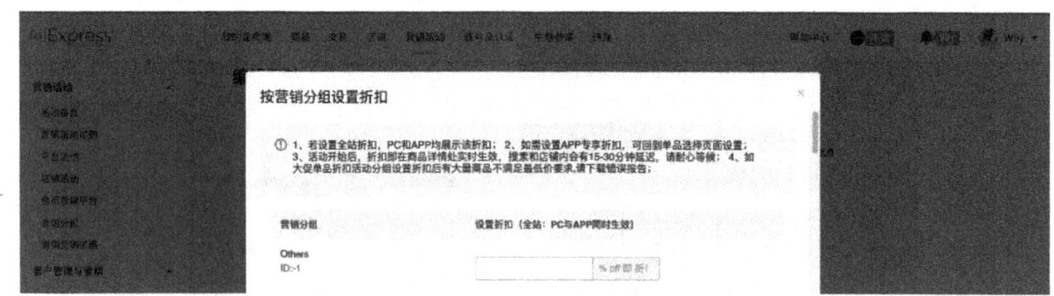

图 6-7　按营销分组设置折扣

③平台支持通过表格形式进行批量导入。

- Product ID：必填项，您可以在商品管理处获取 ID。
- Product Title：非必填项，您可以复制商品的标题。
- Discount：必填项，填写商品折扣率，比如您希望设置 10%off，填写 10 即可。
- Mobile Discount：非必填项，填写 App 端折扣率，如不设置，默认 App 和 PC 端折扣率一致。
- Target People：非必填项，此处填写 store_fans 或 fresh_member。store_fans 指额

外设置粉丝价，fresh_member 指额外设置新人价，二者只能选一设置。

• Extra Discount：非必填项，指定向人群额外折扣，比如想要针对新人设置额外折扣 1%，那么可以在此处填写 1，在第 5 列填写 fresh_member。

• Limit Buy Per Customer：非必填项，指每个买家限购数量。如希望设置每个买家限购 2 件，输入 2 即可。

注意：文件最多包含 30000 个商品，如多次提交失败，请适当减少商品，且注意表格不要带有空格，也不要随意调整表格格式(图 6-8)。

图 6-8　通过表格形式批量导入商品

知识拓展

1.单品折扣

在速卖通平台开设跨境店铺，商家需要提升店铺流量，而提升店铺流量的办法就包括参与店铺活动，如单品折扣活动。速卖通单品折扣活动，是速卖通营销活动最常用的活动之一。单品折扣活动能够很好地进行商品的促销及展示，是最直接有效的店铺或单品营销手段，是店铺快速推新品或打造爆品的必备工具。卖家设置的单品折扣信息能够在店铺的详情页、速卖通搜索页和购物车等买家可见端展示。具体而言，单品折扣的力度越大，就越能吸引买家下单。

2.单品折扣设置的注意事项

(1)设置名称

活动名称最长不超过 32 个字符，只供查看，不展示在买家端。

(2)设置时间

活动起止时间为美国太平洋时间，最长支持设置 180 天的活动，每月单品设置时间和次数平台都有相应的规定。

(3)生效时间

单品折扣活动可以即时生效，也可以设定特定时间生效。活动进行中允许新增或退出商品，时间不需要暂停。

(4)注意事项

单品折扣支持单个商品设置粉丝/新人专享价,结合店铺的直通车等联盟营销效果会更好。同一个商品只能参与同个时间段内一场单品折扣活动,但可同时参加同个时间段的平台活动,平台活动等级优先于单品折扣,因此,如果店铺设置单品折扣同时又参加平台活动,单品折扣吸引力会下降。尤其值得注意的是,请勿提价再打折,这样会影响该产品的搜索排名。

二、满减活动设置

第一步:创建活动。

登陆"我的速卖通",点击"营销活动",在"店铺活动"选择"满减优惠",点击"创建活动",如图 6-9 所示。

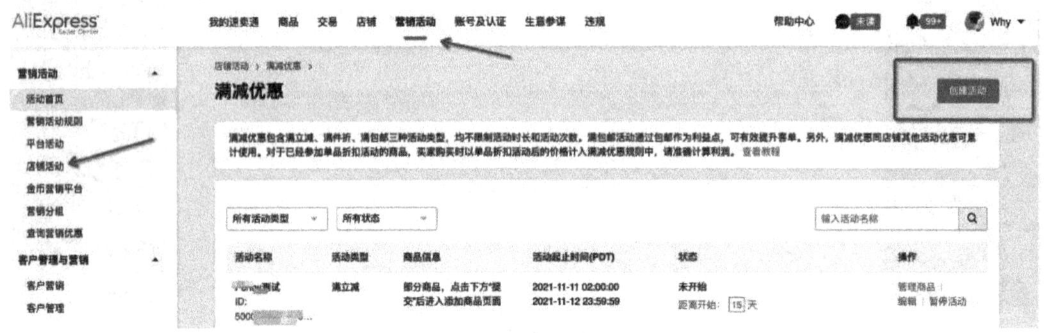

图 6-9 满减活动设置页面

第二步:填写活动的基本信息,如图 6-10 所示。

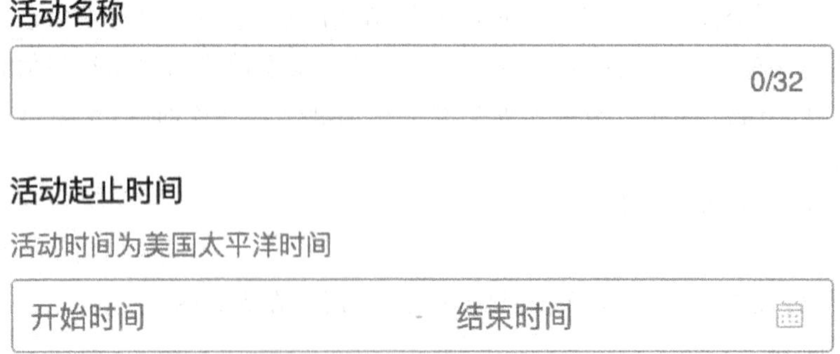

图 6-10 填写活动的基本信息

在"活动名称"一栏内填写对应的活动名称,此名称买家端不可见。

在"活动开始时间"以及"活动结束时间"内设置活动对应的开始时间以及活动结束时间。

第三步:设置活动类型和活动详情

1.设置“活动类型”，选择“满立减”

(1)选择“部分商品”，即为设置了活动的部分商品的满立减活动，订单金额包含商品价格(不包含运费)，商品按折后价参与。

(2)选择全店所有商品，即全店铺商品均参与满立减活动，订单金额包含商品价格(不含运费)，所有商品按折后价参与。

(3)适用国家，可选“全部国家”和“部分国家”。若选择“全部国家”，则所有国家的用户都可享受该权益；若选择‘部分国家’，则仅选中国家的用户可看到并领取该权益。

2.设置“满减条件”

(1)可只设置一个条件梯度，则系统默认是单层满减，在“条件梯度 1”的前提下，可以支持优惠可累加的功能。(即：当促销规则为满 100 减 10 时，则满 200 减 20，满 300 减 30；依此类推，上不封顶)

(2)可设置多个条件梯度，最多可以设置 3 梯度的满立减优惠条件。多个条件梯度需要满足：

①后一梯度订单金额必须要大于前一梯度的订单金额；

②后一梯度的优惠力度必须要大于等于前一梯度。

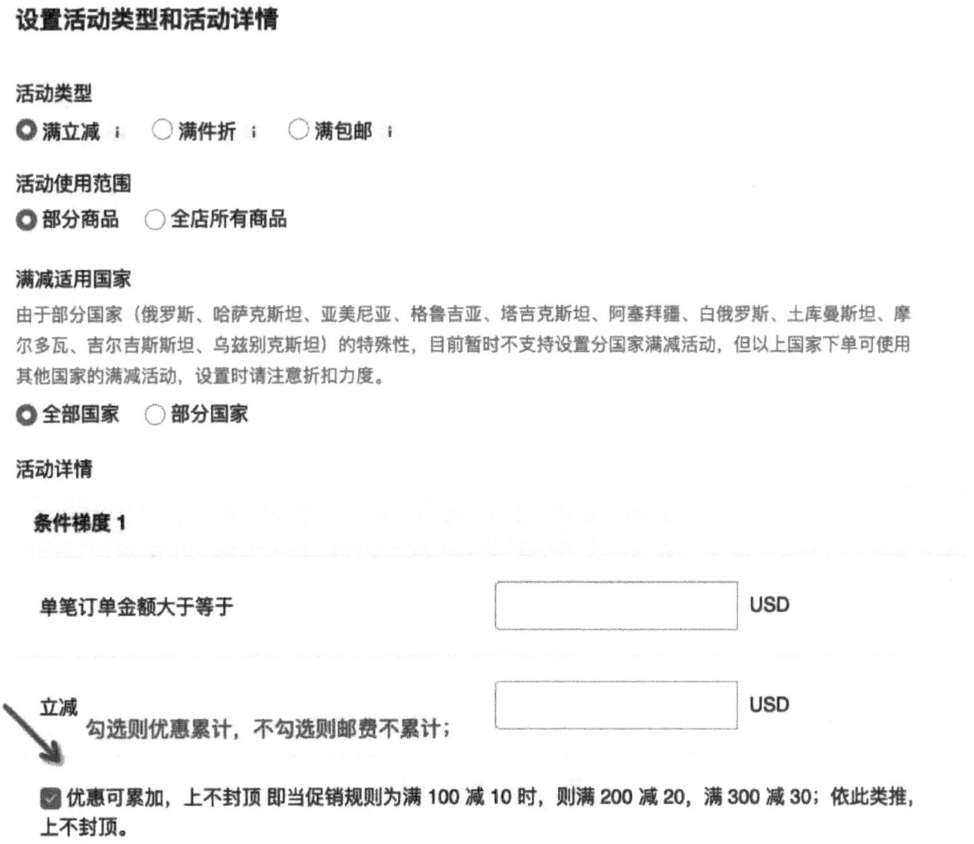

设置活动类型和活动详情

活动类型

满立减　满件折　满包邮

活动使用范围

部分商品　全店所有商品

满减适用国家

由于部分国家（俄罗斯、哈萨克斯坦、亚美尼亚、格鲁吉亚、塔吉克斯坦、阿塞拜疆、白俄罗斯、土库曼斯坦、摩尔多瓦、吉尔吉斯斯坦、乌兹别克斯坦）的特殊性，目前暂时不支持设置分国家满减活动，但以上国家下单可使用其他国家的满减活动，设置时请注意折扣力度。

全部国家　部分国家

活动详情

条件梯度 1

单笔订单金额大于等于　USD

立减　USD

勾选则优惠累计，不勾选则邮费不累计；

优惠可累加，上不封顶 即当促销规则为满 100 减 10 时，则满 200 减 20，满 300 减 30；依此类推，上不封顶。

图 6-11　设置活动类型和活动详情

3.选择商品

针对商品“满立减”活动，可以通过“选择商品”或者“批量导入”点选商品，如图 6-12(1)所示。

选择商品时，单次最多可以选择 100 个商品。选择商品页面如图 6-12(2)所示：

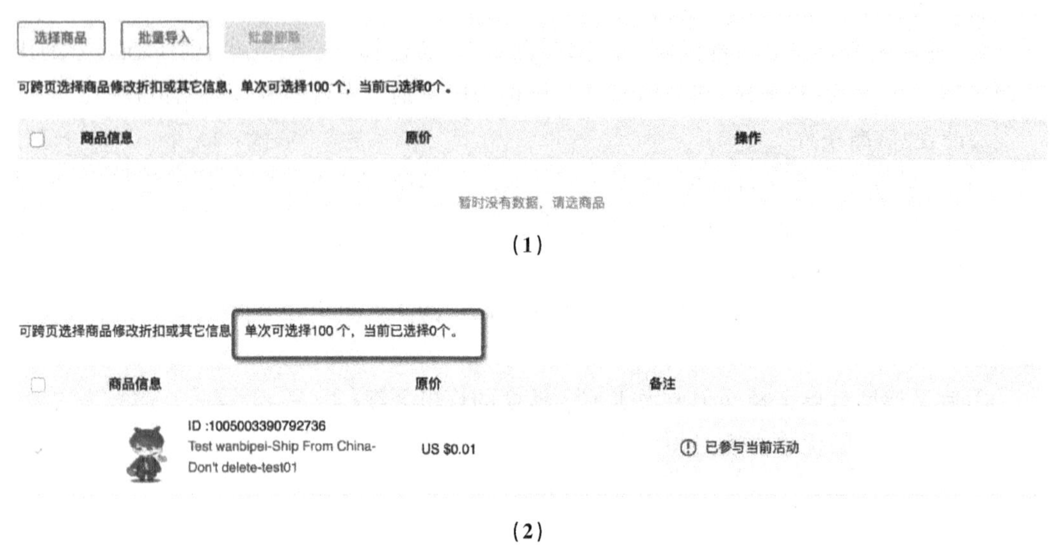

图 6-12 选择商品

也可以通过批量导入 Excel 导入商品，Excel 一次最多可以导入 10000 个商品。Excel 批量导入界面如图 6-13 所示。卖家需先下载模版，在模板文件中提交商品信息，然后再上传文件。

批量导入

请先下载模板，在模板文件中提交商品信息，然后上传文件

上传文件　导入历史

上传文件

上传说明

文件最多包含10000个商品，如多次提交失败，请适当减少商品，其中Product ID和Discount为必填，其余皆为选填。store_fans是指额外设置粉丝价，fresh_member是指额外设置新人价，二者只能选一设置。Country Extra Discount为对部分国家有额外折扣要求时必填的字段，普通单品折扣活动中无需填写。

下载模板

「温馨提示」请谨慎商品折扣。设置的折扣建议不超过90%off，不低于1折避免资损。如无设置错误，请忽略。

图 6-13 批量导入

其他“满件折”“满包邮”的操作方法类似。

知识拓展

满立减活动是一款店铺自主营销工具，只要你开通速卖通店铺，即可免费使用。卖家可根据自身经营状况，对店铺设置“满 X 元优惠 Y 元”的促销规则，即只要订单总额满足 X 元，买家付款时即可享受 Y 元的优惠扣减。

“满件折”“满立减”的优惠是与其他店铺活动优惠叠加使用的，对于已经参加折扣活动的商品，买家购买时以折扣后的价格计入满件折/满立减规则中。

同一展示时间内，针对同一个商品，速卖通平台仅支持设置一种包邮活动。举例：1 月 10 日—1 月 11 日，可同时设置针对西班牙、美国，满 100 美元免运至中国的邮政小包邮费。

需要特别注意的是，“满包邮”活动在买家前台的展示规则是：同一展示时间内，针对同一种商品，仅支持设置一种包邮活动。例如：A、B 两种商品都设置了针对美国“满 500 美元 UPS 包邮”活动，但如果其中的 A 商品已经参与了邮政小包包邮活动，那么 A 商品就不显示针对美国的包邮活动，B 商品仍然可以显示。

三、店铺优惠券活动设置

【领取型优惠券设置】

第一步：创建活动（图 6-14）。

登陆“我的速卖通”，点击“营销活动”，在“店铺活动”选择“店铺优惠券”，点击“创建店铺优惠券”。

图 6-14　店铺优惠券创建

第二步：填写活动基本信息（图 6-15）。

发放渠道

◉ 店铺常规展示 ⓘ　○ 官方推广渠道　○ 所有定向渠道 ⓘ

领取场景

◉ 店铺常规展示 ⓘ

活动名称

活动名称最大字符数为 32个　0/32

活动起止时间

活动时间为美国太平洋时间

开始时间 - 结束时间

图 6-15　店铺优惠券活动页面(一)

发放渠道：选择“店铺常规展示”。

领取场景：“店铺常规展示”即买家将会在商品详情页、购物车、店铺看到并领取该券。

活动名称：请填写对应的活动名称，买家端不可见。

活动起止时间：即设置“活动开始时间”以及“活动结束时间”；活动时间默认为美国太平洋时间。

第三步：设置优惠券详情内容（图 6-16）。

设置优惠券详细内容

优惠券用户使用范围

◉ 不限 ○ 仅限钻石等级会员用户 ○ 铂金等级及以上的会员用户 ○ 金牌等级及以上的会员用户 ○ 银牌等级及以上的会员用户 ○ 粉丝专享

优惠券商品使用范围

◉ 全部商品 ○ 部分商品，点击下方"提交"后进入添加商品页面

优惠券适用国家

◉ 全部国家 ○ 部分国家

图 6-16 店铺优惠券活动页面（二）

（1）优惠券用户使用范围

可以根据不同会员等级设置优惠券（只有对应等级及以上的买家才可以看到，如设置铂金等级，那么铂金和钻石级买家可见，金牌和银牌的买家则不可见）。

若卖家设置了粉丝专享券，则仅可在“店铺页面”—“粉丝”模块中展示。“粉丝”模块需点击“店铺”，选择“店铺装修”—“首页”—“编辑”；从左侧营销类“粉丝专享优惠券”拖拽到右侧，可支持上下移动，如图 6-17 所示。

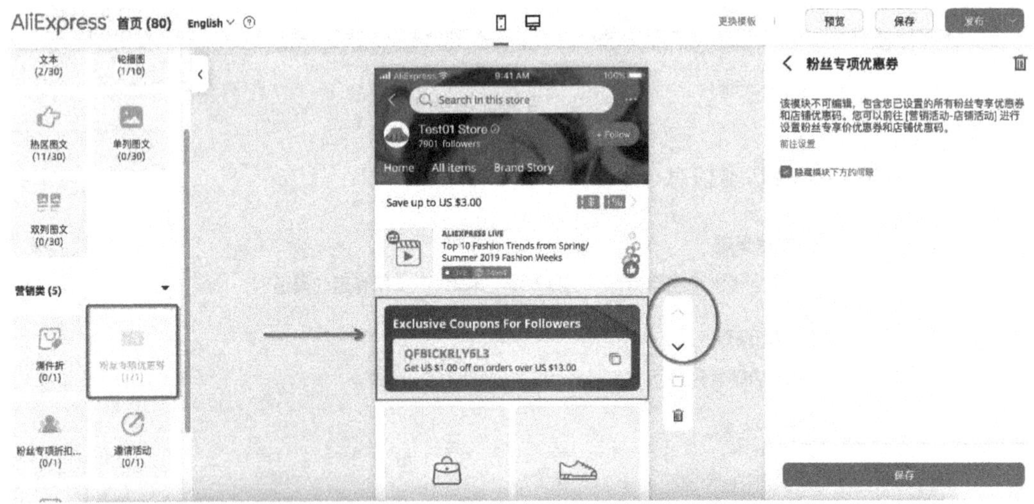

图 6-17 店铺粉丝模块页面

（2）优惠券商品使用范围

优惠券使用范围可以选择全店商品，也可以圈选部分商品（提交活动后进入圈选商品界面）。

(3)优惠券适用国家

可以选择“全部国家”和“部分国家”。若选择“全部国家”,则所有国家的用户都可看到并领取该权益;若选择“部分国家”,则仅选中国家的用户可看到并领取该权益。

值得注意的是:在选择部分国家前需完成国家营销分组设置。

(4)优惠券面额和门槛设置

优惠券有面额限制,即,若优惠券为“满 X 美金优惠 Y 美金”时,这里的 Y 即为面额。

优惠券有最低金额门槛,如满 X 美金优惠 Y 美金,这里的 X 即为最低金额门槛。

优惠券也可设置为不限。

优惠券发放总数可任意设置,但建议卖家根据店铺运营计划合理设置。

面额 USD

订单金额门槛

有最低金额门槛 不限

订单金额大于等于

USD

发放总数

图 6-18 优惠券金额设置页面

(5)设置优惠券使用规则(图 6-19)

优惠券可设置每人限量数量为 1 张。

优惠券需要设置指定有效期,即优惠券只能在设置的使用时间内使用,其他时间不可使用。

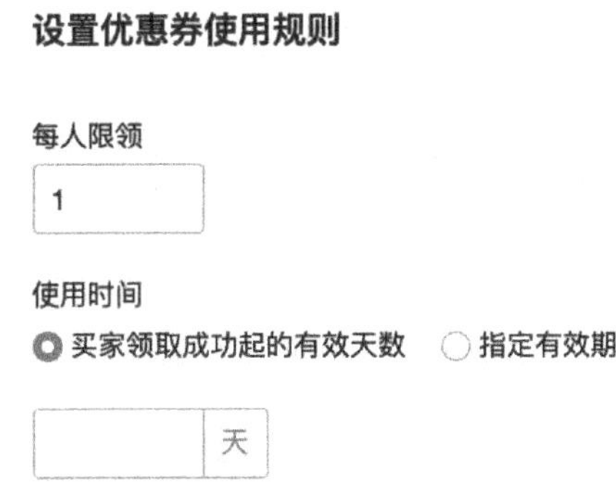

图 6-19 优惠券使用规则设置

其他“官方推广渠道”及“所有定向渠道”的操作方法类似。

值得注意的是,在选择“部分国家”前需完成国家营销分组设置。

(1)国家营销分组入口

登录商家后台,进入“营销活动”—“店铺活动”,在页面下方会有国家分组入口,如图 6-20 所示。

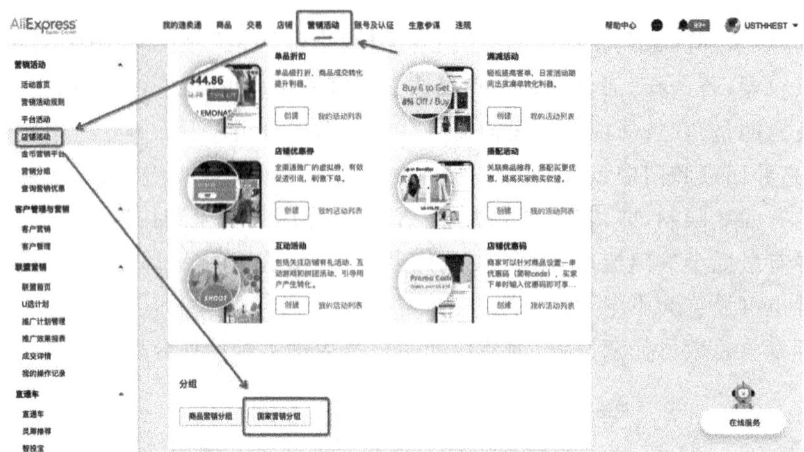

图 6-20　国家营销分组入口

(2)创建国家营销分组

步骤一:点击“创建分组”,如图 6-21 所示,最多可创建 10 个国家营销分组。

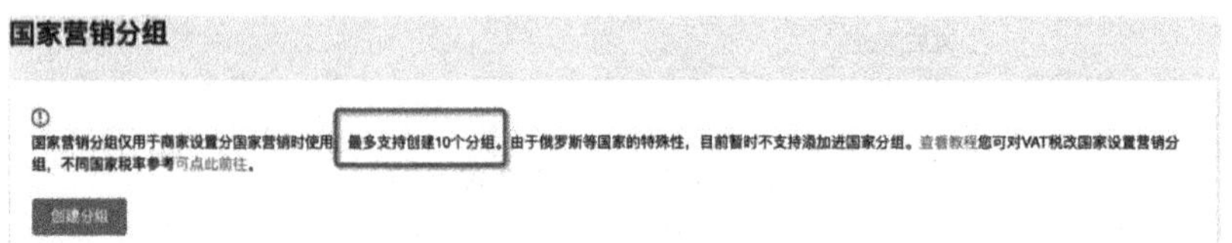

图 6-21　创建国家营销分组

步骤二:选择国家或地区。

创建分组后,点击“管理组内国家”,添加国家,如图 6-22 所示。

- 添加国家:点击进入“添加国家”弹框中,可添加组内的国家。
- 删除国家:支持单独删除,或选中国家后批量删除。

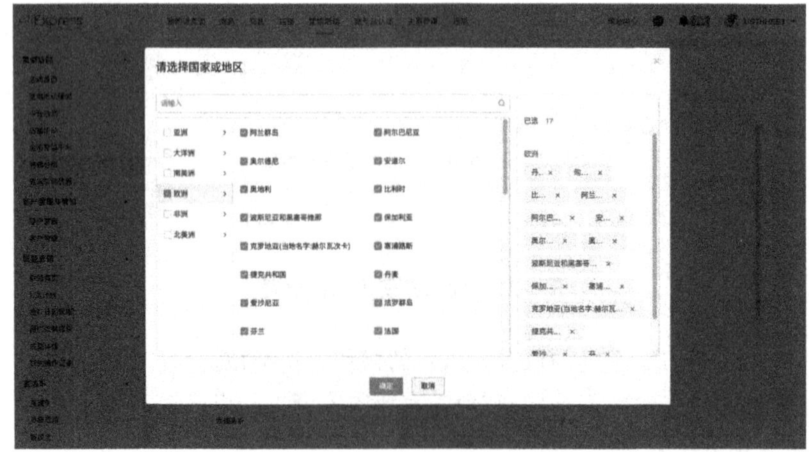

图 6-22　选择国家或地区(一)

图 6-23　选择国家或地区(二)

(3)国家营销分组管理(图 6-24)

- 管理组内国家：点击可进入国家分组页面，可对国家分组内的国家进行增删改查。
- 重命名：可修改国家营销分组名称，不允许重名。
- 删除：可删除国家营销分组。

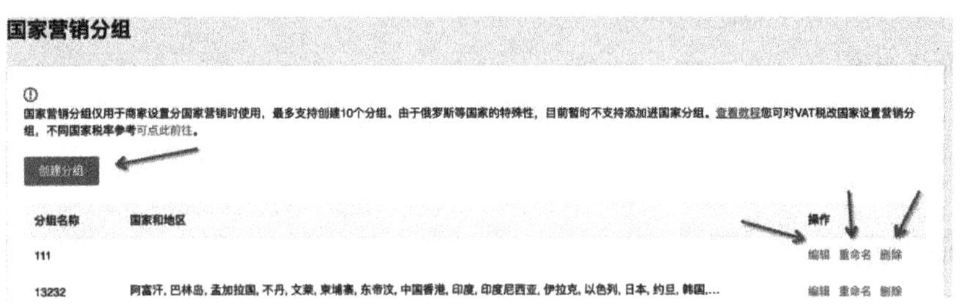

图 6-24　国家营销分组管理

第四步：回到店铺优惠券适用国家“部分国家”页面，卖家可按照设置的国家营销分组选择国家，也可按照系统定义的国家分组选择国家。

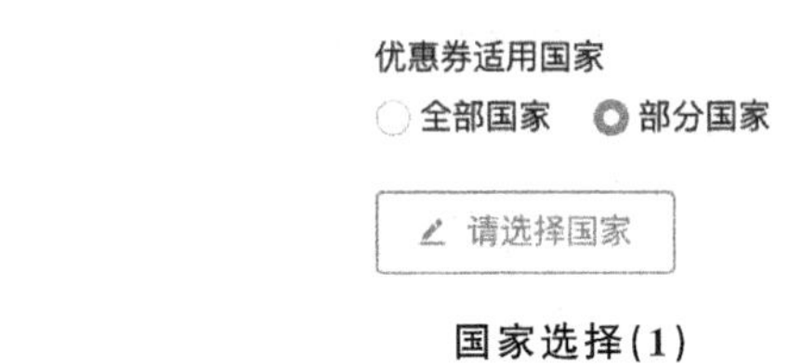

国家选择(1)

国家选择(2)

优惠券适用国家
○全部国家 ◉部分国家
请选择国家
伯利兹 × 维尔京群... ×

图 6-25 国家选择(3)

(1)选择国家

此处有两个国家分组：

国家营销分组：卖家自定义的国家分组。

默认：系统默认的营销分组，按照大洲进行分类。

(2)确认国家

勾选国家分组或国家后，点击确认即为选中。

知识拓展

店铺级优惠卡券：

店铺级优惠卡券用于店铺自主营销，可以通过多种渠道进行推广，通过设置优惠金额和使用门槛，承接流量并刺激转化达成成交。常用的优惠券有领取型、定向发放型优惠券、互动型。使用店铺级优惠卡券的注意事项有：

(1)三种渠道均需要涵盖，且每个订单最多使用 1 张优惠券。

(2)常规展示尽量用买家等级划分券别。

(3)所有定向渠道设置券别的时候的时候勾选“Feed”频道，配合“Feed”效果更加。

(4)定向券筛选好人群之后定向发，且配合场景营销效果更佳。

(5)定向人群型(会员/粉丝)优惠券折扣力度要大于普通优惠券。

四、搭配活动设置

第一步：创建搭配套餐。

登陆“我的速卖通”，点击“营销活动”，在“搭配活动”页面点击“创建搭配套餐”。

第二步：选择主商品和搭配的子商品。

选择 1 个主商品和 1～4 个子商品，同时设置搭配价。一个商品最多可作为主商品在 3 个搭配套餐中，最多可设置 100 个子商品搭配在套餐中。

设置搭配：

- 设置搭配价：可以批量设置或者单个进行设置，搭配价不可大于商品原价。
- 通过“删除”可以产出已选的商品，重新进行商品选择。
- 通过“前移”“后移”可以进行子商品的顺序移动，以调整子商品的搭配顺序。

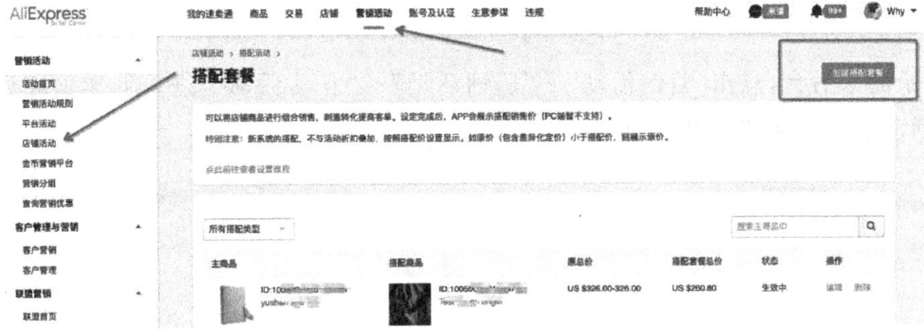

图 6-26　搭配销售活动设置入口

店铺活动 > 搭配活动 >

创建搭配套餐

根据欧盟法律、法规要求，您设置的搭配套餐金额已包含税费，请自行参考商品在英国及欧盟国家的销售占比，预估税费金额后调整搭配套餐价格。预估税费最高为搭配价格的22%。

主商品(必须选择 1 个)

选择/替换主商品

主商品信息	SKU	原价	操作	搭配价
ID:1005		US $40.00	批量设置搭配价 删除 前移 后移	US $

图 6-27　创建搭配销售活动

第三步：提交搭配创建。

编辑后提交创建搭配套餐。

主商品(必须选择 1 个)

选择/替换主商品

主商品信息	SKU	原价	操作	搭配价
ID:1005 2988 test		US $40.00	批量设置搭配价 删除 前移 后移	US $

搭配商品(最多选择 4 个)

搭配商品

搭配商品信息	SKU	原价	操作	搭配价
ID:1 351701 tst	5:200007 36926 2:	US $0.10	批量设置搭配价 删除 前移 后移	US $
	5:200007 926 2:	US $0.10		US $
	5:20 36926 2:	US $10.00		US $
	5:20000 26 2:	US $10.00		US $

创建搭配套餐　取消

图 6-28　完成创建搭配套餐

五、互动活动设置

登录商家后台，点击“营销活动”—“店铺活动”—“互动活动”，进入创建页面后，选择“创建活动游戏”，如图 6-29 所示。

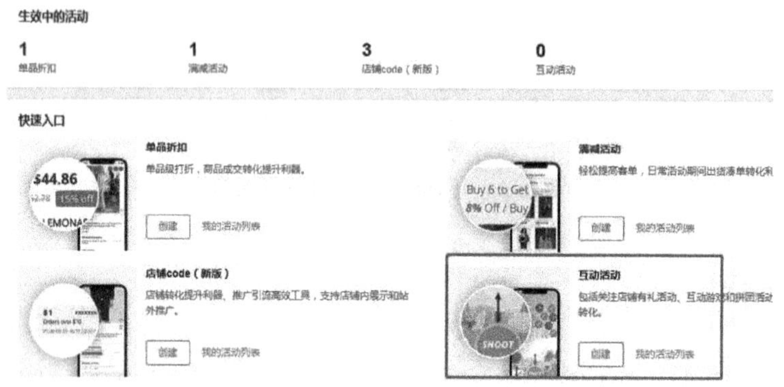

图 6-29　创建互动游戏

店铺互动活动分为互动游戏和拼团两类。互动游戏包括“翻牌子”“打泡泡”“收藏有礼”三种，其中活动时间、买家互动次数和奖品都可自行设置，设置后选中放入“粉丝趴”帖子中可快速吸引流量到店。

编辑活动基本信息

活动名称

如:店铺周年庆　0/32

活动起止时间

活动时间为美国太平洋时间(PDT)

开始时间　结束日期

游戏类型和详情

游戏类型

翻牌子　打泡泡　收藏有礼

互动次数每人限玩

活动期间限制每天互动次数　活动期间限制互动总数

1-100

(图片格式要求 翻牌子300x300,打泡泡130x130)

添加图片

图 6-30　互动游戏活动设置

1.翻牌子

翻牌子是一种九宫格互动活动，有 8 张牌对应 8 个不同的奖励，买家可以通过点击不同的牌获取不同的奖品，其中的奖励由卖家自行设置(可以有空奖)，一个买家一次只能点击一张牌。

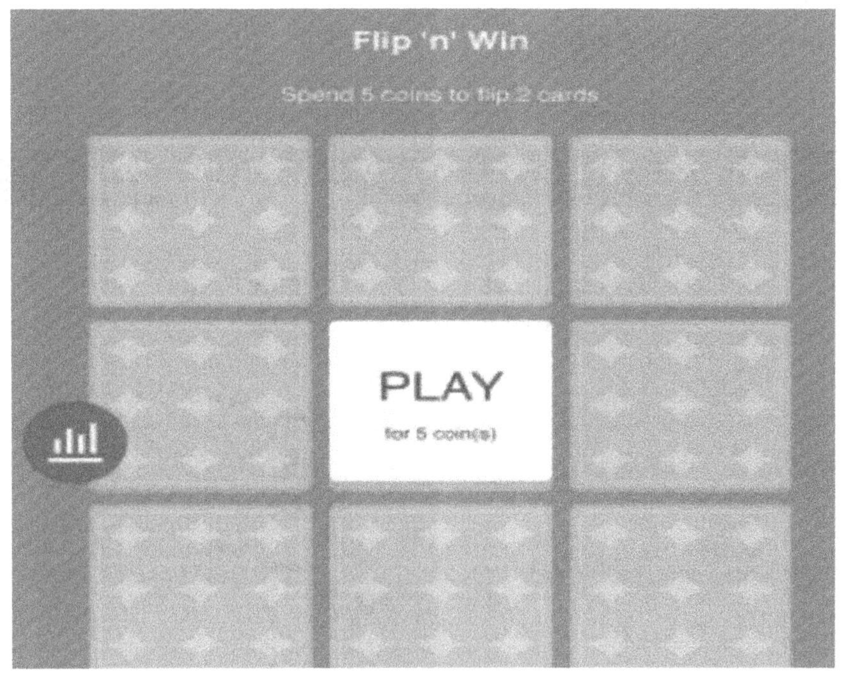

图 6-31 互动游戏——翻牌子

2.打泡泡

打泡泡是一种买家发射箭击破泡泡的互动活动，每个游戏有 18 个泡泡，其中的奖励由卖家自行设置(可以有空奖)，买家一局游戏只能互动一次。

图 6-32 互动游戏——打泡泡

3.收藏有礼

收藏有礼是一种卖家自行设置的互动活动，买家收藏店铺之后，可以获得相应的奖励，奖励由卖家自行设置。

六、店铺优惠码设置

1.点击“创建”进入创建活动页面。

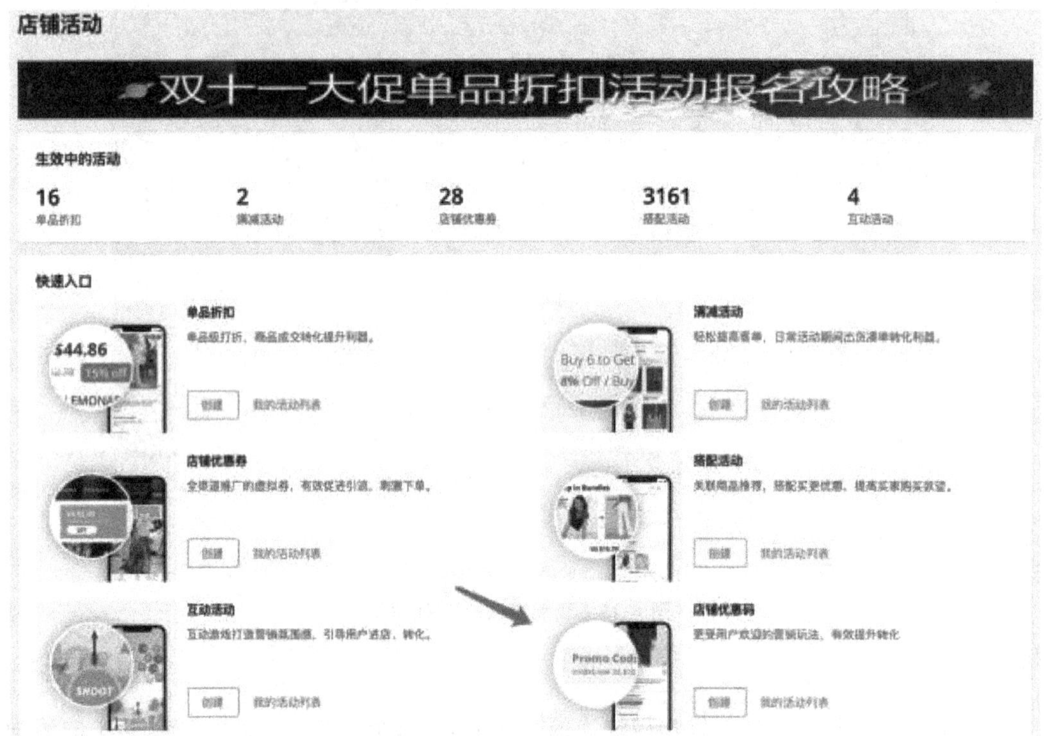

图 6-33　店铺优惠码活动设置

2.创建活动基本信息

(1)填写活动名称：主要用于在活动管理页面快速定位该活动，活动名称不会展示给买家。

(2)设置活动起止时间：活动起止时间一律为美国太平洋时间(比北京时间晚 16 个小时，如：北京时间 20：00＝美国太平洋时间 04：00)，活动有效期最长可设置 180 天。

(3)特别注意：活动起止时间等同于 code 有效期。

3.设置活动详情

(1)选择 code 生成方式：目前平台提供两种 code 生成方法：商家自定义、随机生成。

商家自定义：商家可以手动填写一串 code，由 6～12 位数字与英文字母组成，无法重复使用。

随机生成：一键生成 code。

(2)code 展示：可以选择是否在商品详情页展示，若设置为展示，则该 code 将展示在商品详情页的优惠入口及优惠弹层(demo 见上方获取 code 处；否则不会在商品详情页展示，商家可以通过其他方式将 code 分享传播)。

(3)社交推广平台：开启后，将支持网红/达人获取 code 并在社交媒体等渠道分享。

图 6-34　创建活动基本信息

(4)活动使用范围:目前提供全部商品和部分商品两种类型。

全部商品:即店铺全部商品,包括后续上新的商品,都将在该活动下生效。

部分商品:即手动挑选部分商品在该活动下生效,请在活动基本信息填写完毕提交活动,后续可以手动添加或删除。

(5)发放总数:即该活动下,code(含多个,社交推广平台会生成 1 个或多个 code)可被所有买家使用的总次数。例:某活动发放总数为 10000,且有 10 个 code,则无论使用哪个 code 下单,最终合计使用次数不超过 10000。

(6)每人限制使用次数:即该活动下,每个买家可使用 code(含多个)的总次数,最多可设置 5 个。例:某活动设置每人使用次数为 3 次,活动有 10 个 code,则无论使用哪个 code 下单,最终使用次数不超过 3 个。

4.设置优惠内容

(1)选择活动类型:目前提供“满立减”和“满立折”两种类型。

(2)填写使用门槛:商家需要填写该 code 使用门槛,单笔订单金额大于等于 x。最低档门槛建议略低于店铺的平均货单价,以便提升转化率,参考系数:0.8;最高档门槛建议略高于店铺的平均客单价,以便提升客单额,参考系数:1.5。

(3)填写优惠内容:商家需要填写该 code 的优惠幅度,若选择“满立减”,则填写优惠额度的绝对值;若选择“满立折”,则填写优惠额度折扣。

5.添加商品

上述信息填写完成后,若选择的是部分商品,则可以进入添加商品页面进行操作(支持批量添加、删除)。

6.活动管理

商家可以在活动列表页对已创建的活动进行管理,支持“根据活动状态筛选”和“根据

设置活动详情
生成店铺优惠码
设置店铺优惠码
由6-12位数字与英文字母! 0/12
随机生成
在商品详情页展示（至多展示1个）
联盟渠道
活动使用范围
全部商品
部分商品，点击下方"提交"后进入添加商品页面
发放总数
每人限制使用次数，最多可输入5

图 6-35　设置活动详情

优惠内容
活动类型
满立减
满立折
活动详情
单笔订单金额大于等于
USD
立减
USD

图 6-36　设置优惠内容(一)

活动名称快速查询"；支持查看该活动下 code 的发放总数和使用数量；支持根据不同活动状态对活动进行编辑、暂停等操作。

7.优惠计算规则

code 支持与其他店铺活动优惠叠加使用，参与计算的优惠如下：平台活动价/店铺单品折扣—包邮计划(即跨店铺满包邮)—店铺满立折—店铺满包邮—店铺满立减—店铺券

活动类型

○ 满立减　◉ 满立折

活动详情

单笔订单金额大于等于　　[　　　　] USD

折扣　　[　　　　] % off 即折

图 6-37　设置优惠内容(二)

图 6-38　添加商品

所有状态　　　　输入活动名称

活动名称	活动起止时间(PDT)	店铺优惠码	使用数量/发放数量	状态	操作
test-批量导入 ID: 1729980036	2019-10-21 00:00:00 2019-10-22 23:59:59	4M4JSAF8GSDJ 查看更多	0 / 10	未开始 距离开始 8 天	编辑　暂停活动
test通告 ID: 1729980035	2019-10-12 00:00:00 2019-10-31 23:59:59	1SXDJDB8RBXM 查看更多	1 / 100	生效中	修改发放数量　暂停活动
test活动 ID: 1729980032	2019-10-11 00:00:00 2019-10-31 23:59:59	3GY71t8CPWL6 查看更多	1 / 100	生效中	修改发放数量　暂停活动
test降低 ID: 1729980030	2019-10-18 00:00:00 2019-10-31 23:59:59	CIESL8LAHTUS 查看更多	0 / 300	未开始 距离开始 5 天	编辑　暂停活动
test编辑 ID: 1729980029	2019-10-11 00:00:00 2019-10-31 23:59:59	Y9FL66RH482 查看更多	0 / 100	已暂停	查看活动详情　重新生效活动
test-编辑活动 ID: 1729980024	2019-10-13 00:00:00 2019-10-14 23:58:59	NICK12345678 查看更多	0 / 5	未开始 距离开始 19 10 12	编辑　暂停活动
test活动周期 ID: 1729980022	2019-10-10 00:00:00 2019-10-31 23:59:59	IPD6WHM4Z5WA 查看更多	1 / 1	生效中	修改发放数量　暂停活动
test用户领取 ID: 1729980021	2019-10-10 00:00:00 2019-10-31 23:59:59	E2CG3G2DHJNM 查看更多	2 / 10	生效中	修改发放数量　暂停活动
test 修改code ID: 1729980020	2019-10-14 00:00:00 2019-10-31 23:59:59	IGJ81SP7N7QR 查看更多	0 / 10	未开始 距离开始 1 天	编辑　暂停活动
test16号 ID: 1729980019	2019-10-10 00:00:00 2019-10-16 23:59:59	24HQXTXROHR8 查看更多	1 / 1	生效中	修改发放数量　暂停活动

图 6-39　活动管理

—跨店购物券—平台优惠券/平台(店铺)code。

七、平台活动

平台活动和大促活动通常是指“3·28”“6·18”“双 11”黑五大促、Fresh Deals、国家站团购、行业热销品和新品和应季主题活动。

(一)活动报名

活动报名入口一:

通过“营销活动”—“平台活动”进入平台活动首页,有醒目的大促活动入口,招商中的大促活动都会出现在这里,点击“立即报名”即进入大促报名独立详情页,如图 6-40 所示。

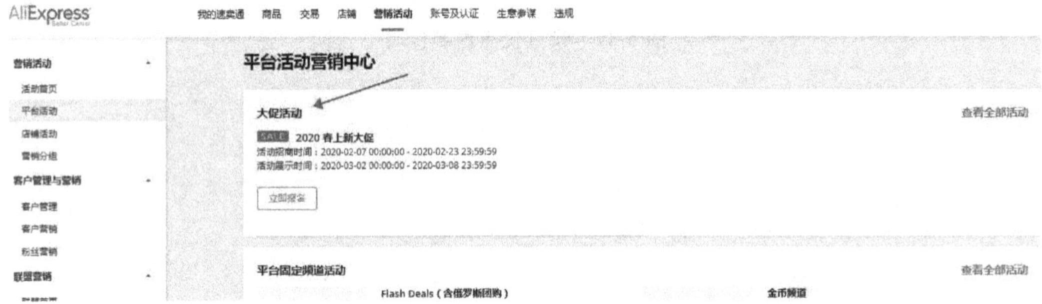

图 6-40　活动报名入口一

活动报名入口二:

进入活动列表页后,可从全部活动列表中顶部找到大促活动入口,如图 6-41 所示。

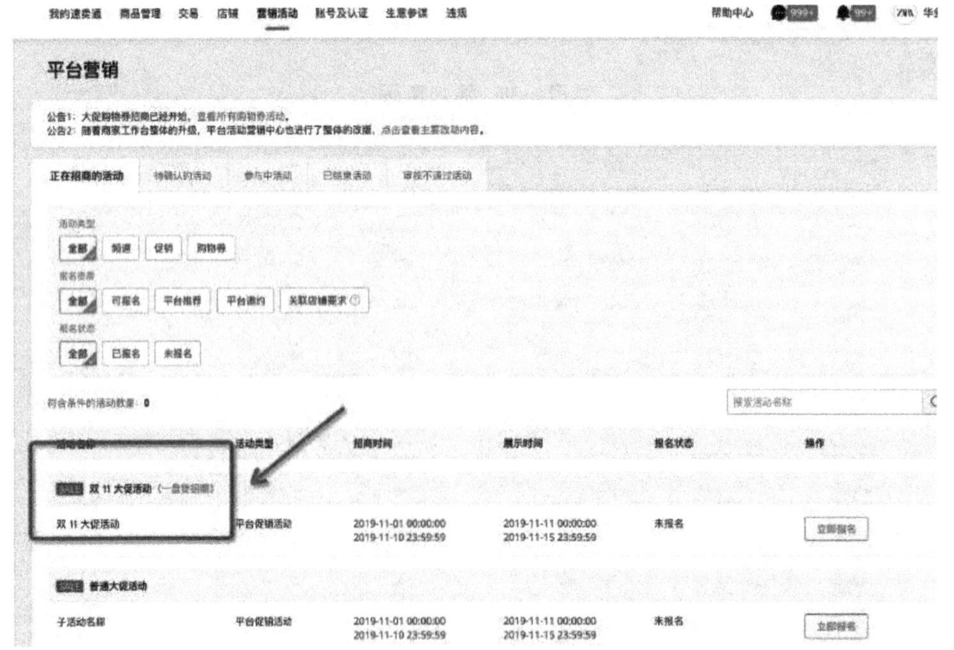

图 6-41　活动报名入口二

(二)大促活动指南

如图 6-42 所示,大促操作方法以“2020 春上新大促”为例加以说明。

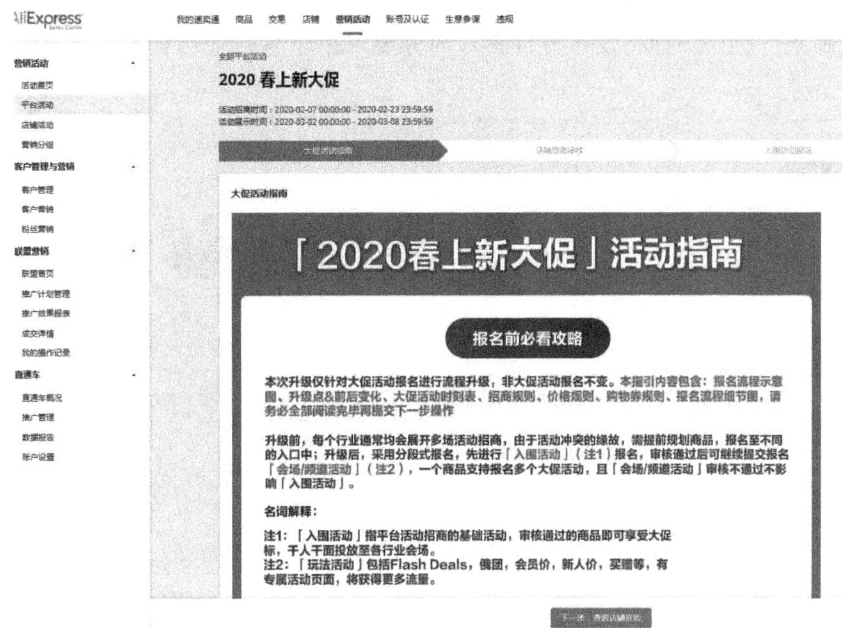

图 6-42　大促活动指南

(三)店铺资质审核

1.符合店铺资质要求的商家在签署活动协议后方可进入下一步——“入围活动”报名;不符合资质要求的商家本次无法参加平台大促活动,但可参加大促单品折扣活动,同时享受大促打折。

2.店铺资质审核一般包含以下内容:店铺资质要求、关联店铺玩法(一般为购物券、优惠券、店铺满减等)、活动协议。如图 6-43 所示。

图 6-43　店铺资质审核页面

(四)"入围活动"报名

1.规则说明

规则说明包括支付时限、最低价要求、无限折扣要求、图片要求,以及商品资质要求(DSR、包邮条件、上架时间、发布类目等),部分要求由于各行业门槛不一致,参见具体行业要求。

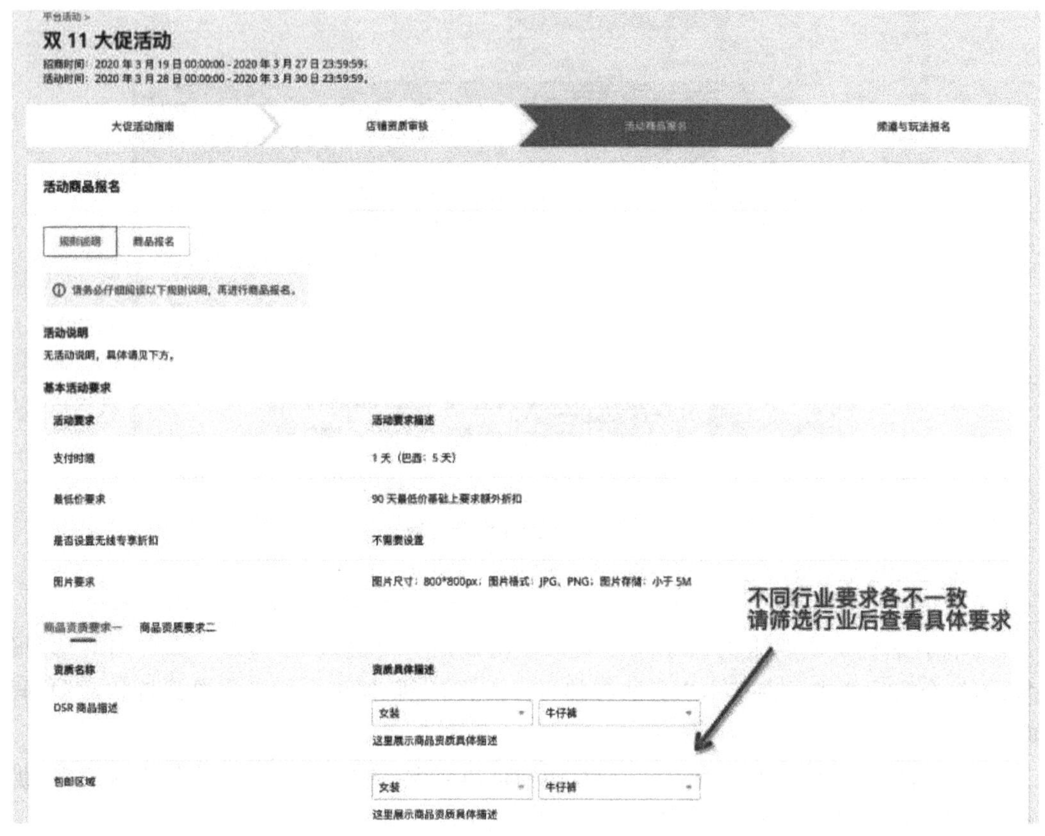

图 6-44 "双 11"大促活动页面(一)

2.商品报名

(1)取消商品活动库存的逻辑,采用共享商品管理处库存,请合理设置商品库存数。报名大促平台活动时,所有 SKU 都默认参加活动,如有部分 SKU 无法承担折扣力度,则可以通过在活动开始后将商品普通库存修改为 0 不进行售卖来实现。

(2)支持一键批量设置符合最低价门槛和控价要求的折扣率,如活动不要求设置无限折扣,则一键只设置符合要求的全站折扣率;如活动要求设置无限折扣,则一键将分别设置符合要求的全站折扣率和无限折扣折扣率。

(3)"入围活动"审核时间为提交成功后 3 天(部分需要 5 天,以实际审核为准),审核通过后商品无法自主撤销,部分商品属性无法编辑,故提交前务必要检查清楚。

(4)设置完成后,务必点击"提交报名"。

(五)"会场/频道活动"报名

1.只有"入围活动"审核通过的商品,方可进阶报名"会场/频道活动"。

图 6-45　“双 11”大促活动(二)

2.同个商品可支持报多场子活动，除了“Flash Deals”和俄团不可同时报名以外，其他玩法活动均可叠加报名。

3.报名多场子活动的商品，如设置的活动折扣力度不一致，系统自动测算折扣力度，按照优惠力度大的折扣生效。

4.点击“报名”可进入对应的玩法活动页面，进入商品提交报名，如资质不符请点击“查看活动详情”后查看具体资质要求。

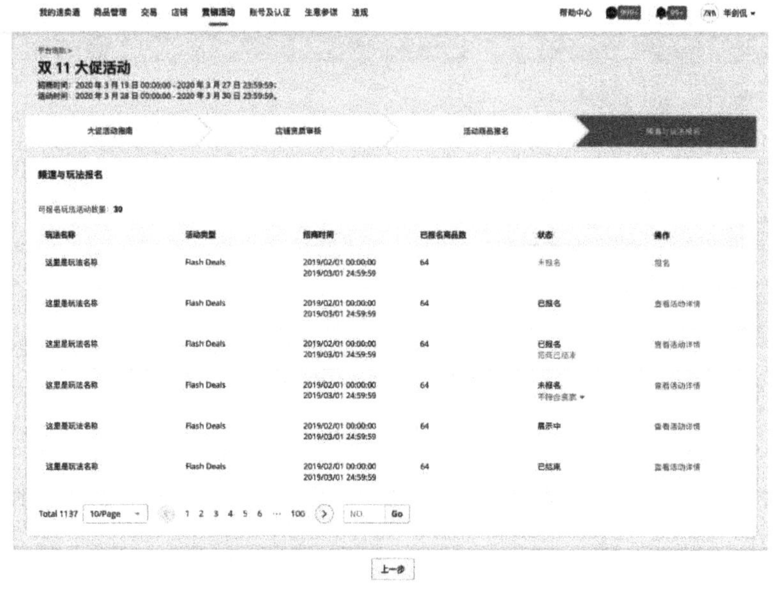

图 6-46　“双 11”大促活动(三)

图 6-47 “双 11”大促活动(四)

(六)降价操作

1.如商品只报名“入围活动”,则可在“入围活动”详情页处中进行商品降价操作。

2.如商品同时还报名了“会场/频道活动”子活动,则需在具体子玩法的活动详情页处进行降价操作。

(七)付费推广

1.联盟营销加入操作路径和步骤

在速卖通商家后台—“营销中心”—“联盟营销”中阅读服务协议,点击确认服务协议。

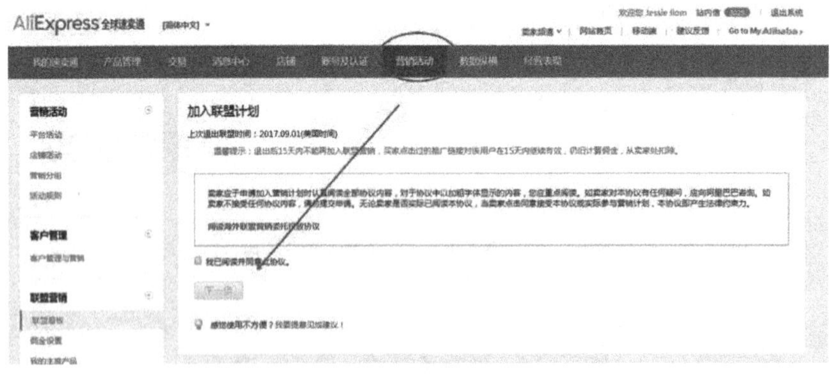

图 6-48 联盟营销的加入

2.加入状态确认

开通后在“营销活动”—“联盟营销”可进入“账户总览”页面,若可以操作管理即表示已加入成功。

3.加入门槛

申请加入联盟目前暂时没有门槛,所有商家都可以通过联盟进行推广。后期会增加准入门槛。

申请加入后店铺的所有商品都会通过联盟推广，商家可以针对部分重点推广的商品设置更高佣金。无法“仅部分商品推广”的原因是联盟的流量引入后有可能在店铺其他商品成交，且商家也希望流量引入后能在店铺内循环。

知识拓展

1.什么是速卖通联盟？

速卖通联盟是帮助商家做站外推广引流的营销产品，按成交计费（CPS），即若有买家通过联盟推广的链接进入店铺购买商品并交易成功，商家此时才需要支付佣金。

2.为什么要加入速卖通联盟？

优势一：免费曝光，成交收费。联盟推广是按照 CPS 成交计费的推广方式来运行的，只有买家购买了商品才需要支付费用。不需要预先充值，也不需要预先投入资金。

优势二：费用可控，效果可见。可自主选择推广的商品和设置不同比例的佣金，预算灵活可控。推广后效果清晰可见，为店铺带来多少流量、流量转化了多少订单、预计要支付多少费用，都清晰可查。

优势三：海量买家，精准覆盖。加入联盟的商家可获得在不同国家、不同 App、不同社交或导购网站等站外渠道的海量推广资源，提升店铺销量及市场占有率。

3.速卖通联盟和直通车的区别

（1）流量来源不同：直通车可以帮助卖家在速卖通网站内获得更多的曝光，而联盟则是帮助卖家获取更多的速卖通网站外的流量。

（2）付费模式不同：直通车按每次点击进行付费，联盟则是按每笔成交进行付费。

八、直通车营销

（一）新建推广计划

1.点击进入“新建推广计划”页面

入口有以下两种：

（1）首页多处，如图 6-49 所示。

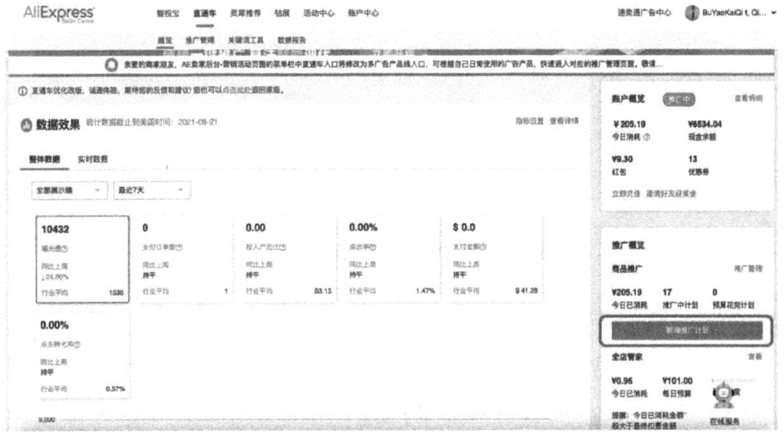

图 6-49　直通车推广入口（一）

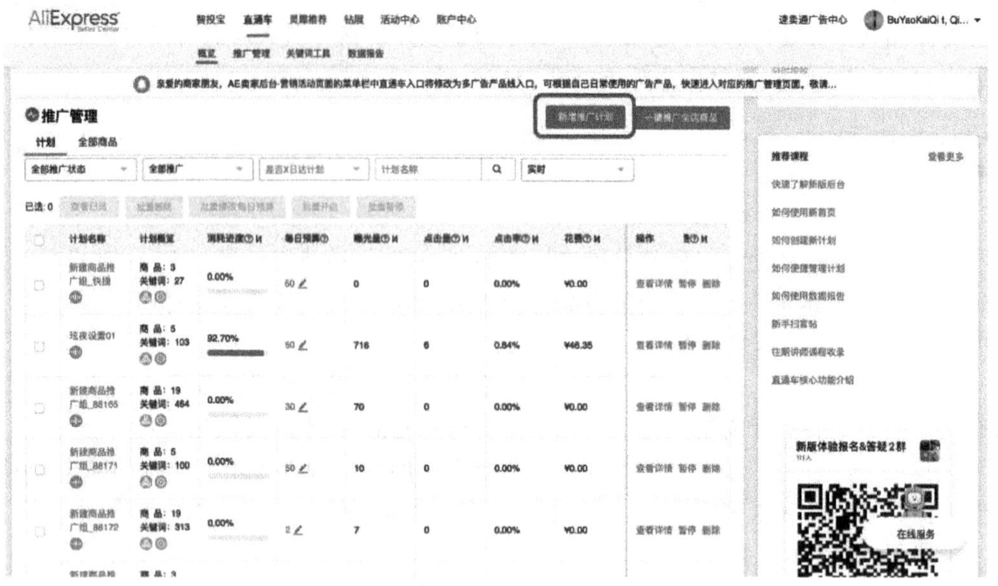

图 6-50　直通车推广入口(二)

(2)在“推广管理”页面查看推广计划页面处,可点击“新增推广计划”,如图 6-51 所示。

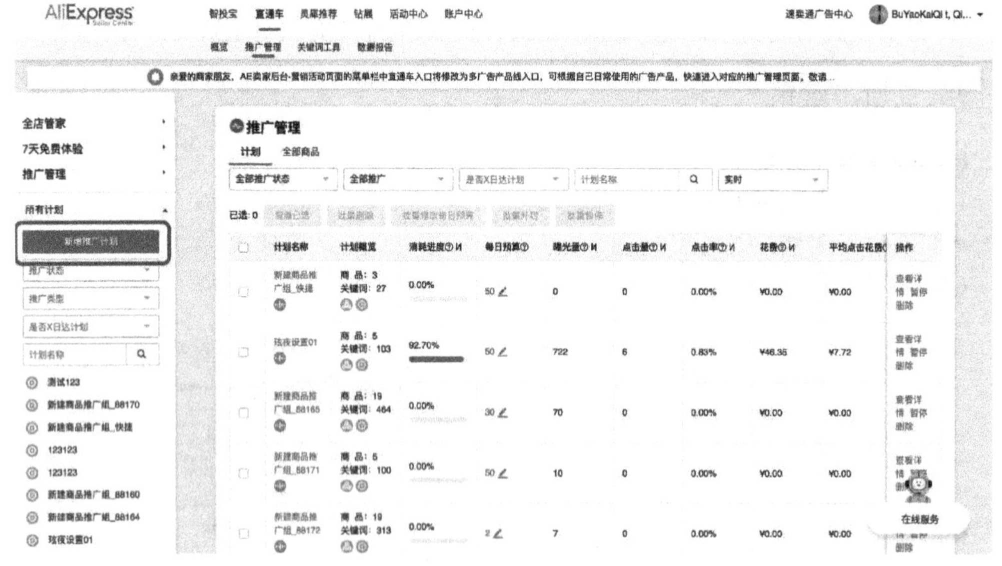

图 6-51　直通车推广入口(三)

(二)选择合适的推广商品

点击首页—“新增推广计划”或推广管理页面—“新增推广计划”,选择想要推广的商品。可以选择一个或者多个,可以按照标签选择,可以通过商品分类进行选择,也可以通过商品 ID 或者标题搜索。

图 6-52 直通车推广产品选择

(三)选择合适的推广方式

卖家可以依偏好选择智能推广/重点推广/快捷推广,其中智能推广无须设置关键词,系统将自动根据您的商品和出价进行智能投放,只要填写商品组名称并设置每日消耗上限。

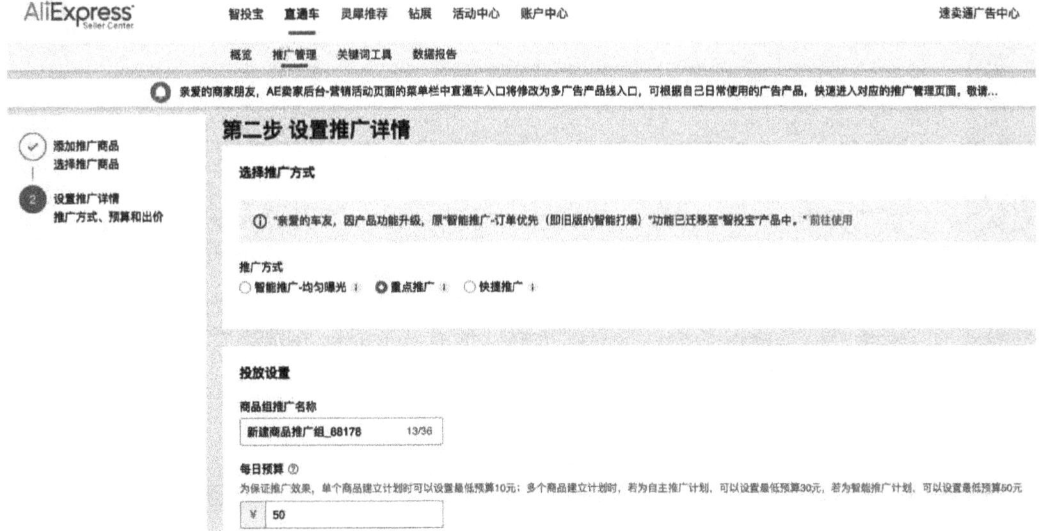

图 6-53 直通车推广方式选择

(四)重点推广中,为各个商品添加关键词和出价

为商品组中的每个商品添加关键词时,可以直接选择系统为该商品推荐的关键词,可以选择您的竞店竞品正在使用的高转化率的优质关键词,也可以选择系统根据 30 天周期内搜索热度高的机会关键词,或是自行添加关键词,并对关键词进行出价。出价分为按照市场平均出价调整和自定义出价两种。如图 6-54、6-55 所示。

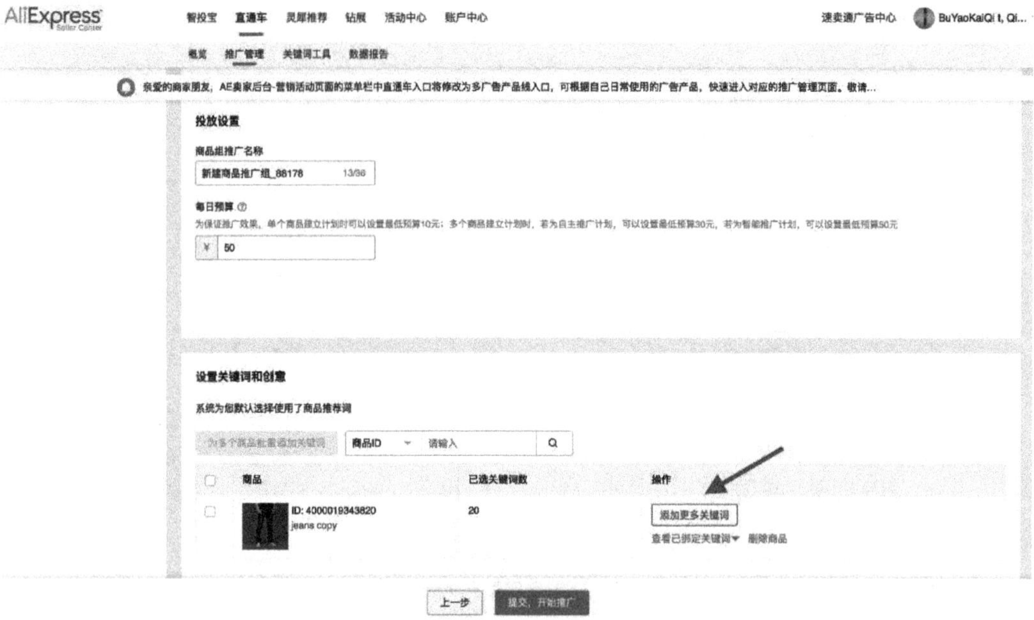

图 6-54　直通车关键词出价(一)

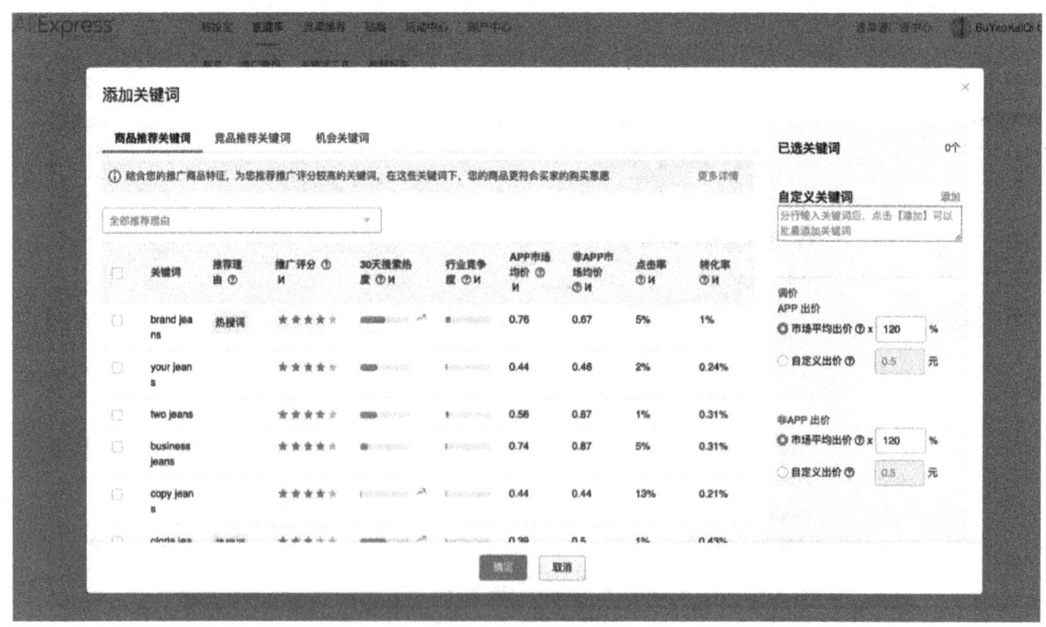

图 6-55　直通车关键词出价(二)

(五)定制核心国家溢价

针对想投放的核心国家做溢价的设置，溢价比例越高，商品在该国的流量上越具有竞争力。如图 6-56、6-57 所示。

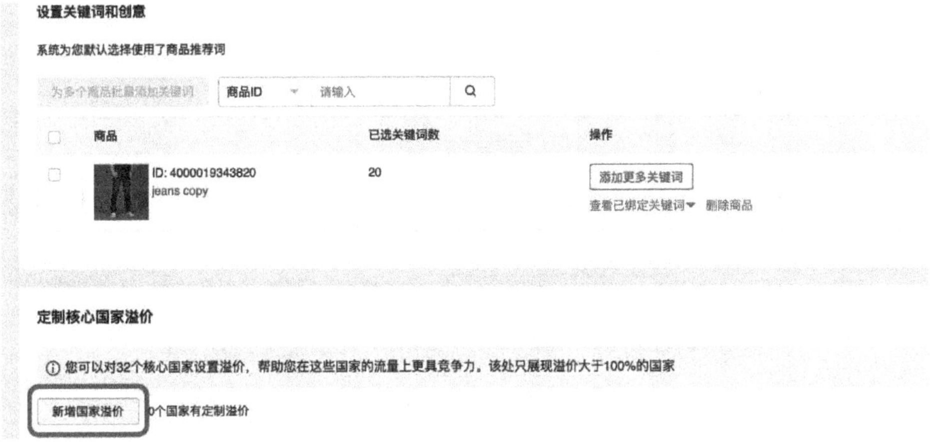

图 6-56　定制核心国家溢价(一)

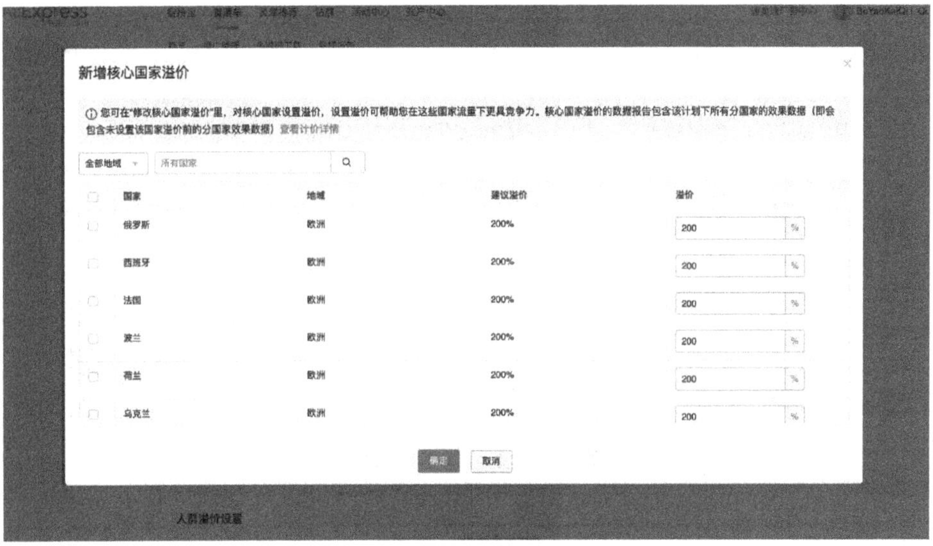

图 6-57　定制核心国家溢价(二)

(六)开启全店管家

点击首页—"一键推广全店商品"或推广管理页面下全店管家开启或关闭功能,开启后设置每日消耗上限和出价区间即可开始推广,如图 6-58 所示。

(七)查看推广效果

在概览页面可以快速查看推广商品组和商品的推广效果,并进行快速操作。

在数据报告模块,可以分全账户、商品组、商品、关键词查看推广效果,且支持时间周期调整和分区域观察效果。

(八)推广管理

1.计划/全部商品的推广暂停和删除

全新设计的概览—"推广管理"页面,方便商家对已建立的推广商品组和商品进行单独或者批量删除、暂停/开启和修改。如图 6-61 所示。

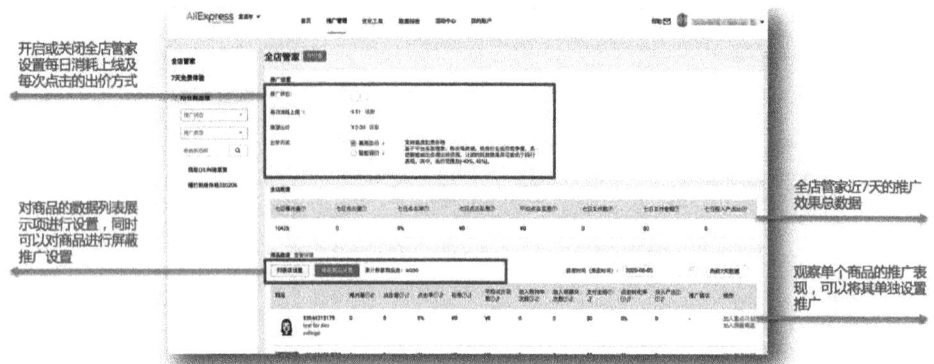

图 6-58　开通全店管家

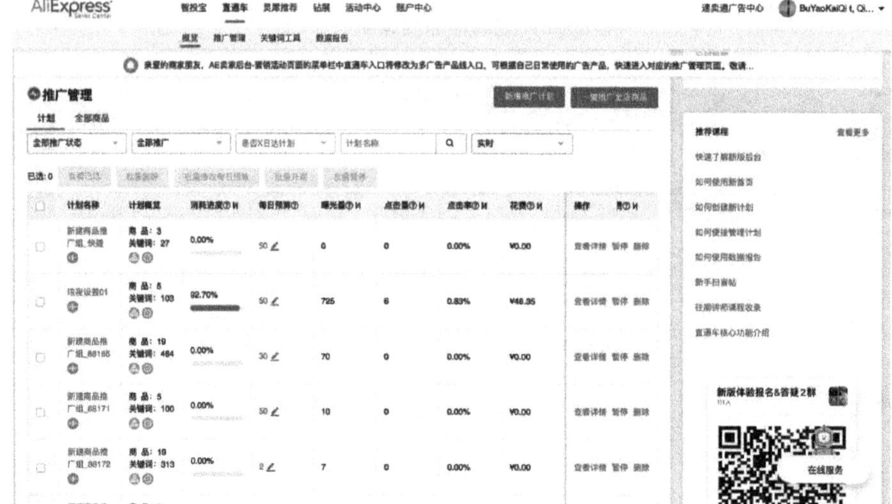

图 6-59　查看推广效果(一)

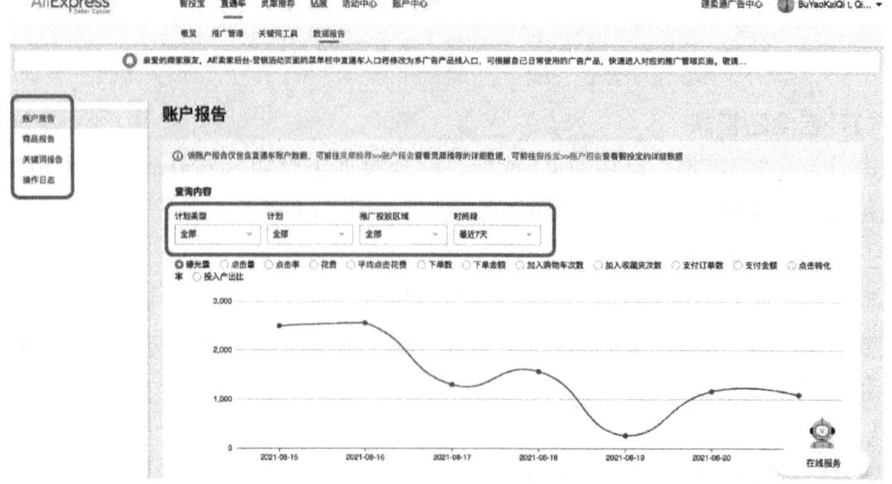

图 6-60　查看推广效果(二)

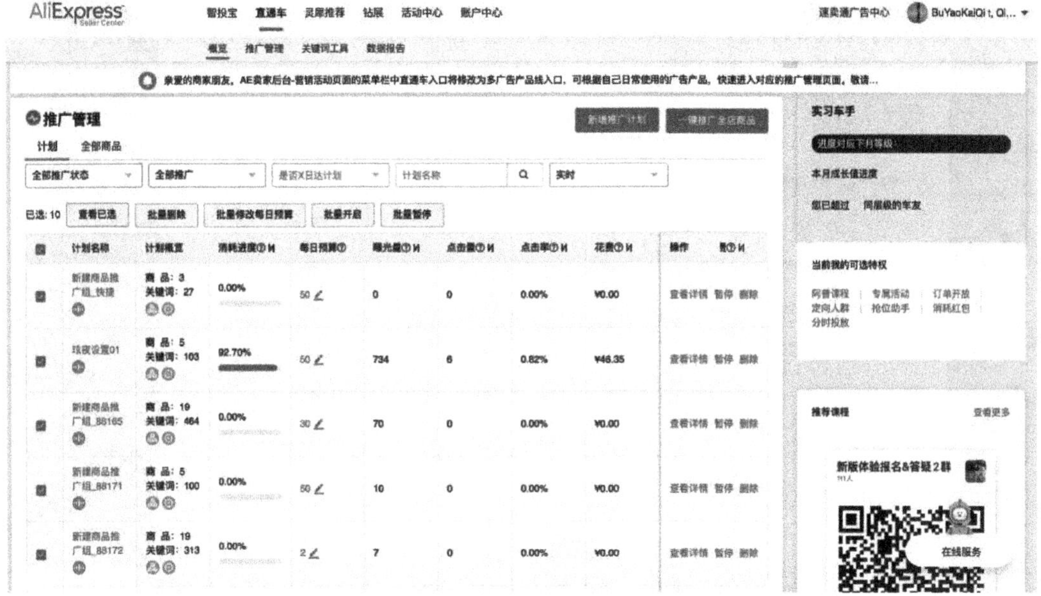

图 6-61　推广管理

2.计划详情和定向投放

计划详情页面可以进行对该组下推广商品的批量操作,从而针对这些商品对定向人群和国家进行溢价重点推广。如图 6-62、6-63、6-64 所示。

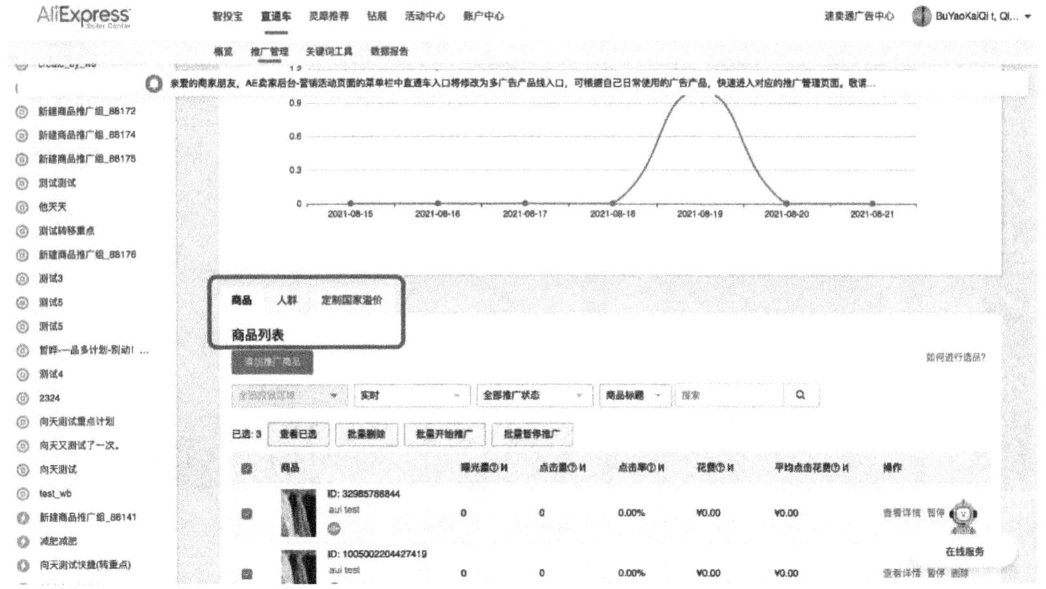

图 6-62　计划详情和定向投放(一)

增加投放人群标签

实际出价 = 原始出价 * 溢价比例

店铺精选人群　自定义人群　　查看教学视频

本店人群　竞店人群　数据银行人群

本店人群：过去90天与您的店铺直接交互过的买家。

名称	建议溢价	溢价	行业潜在买家
本店加过购物车的访客	240%	240 %	<10000
本店产生过购买的访客	240%	240 %	<10000
本店收藏过商品的访客	150%	150 %	<10000
本店访问过的客户	150%	150 %	<10000
店铺认知和兴趣人群	150%	150 %	10000~50000

已选0个　确定　取消

在线服务

图 6-63　计划详情和定向投放(二)

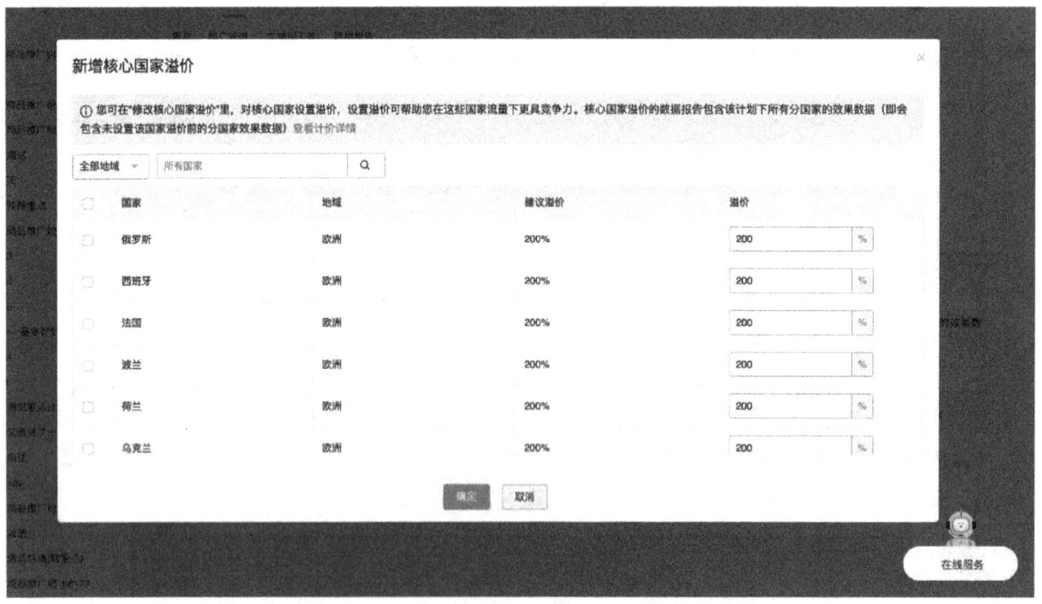

图 6-64　计划详情和定向投放(三)

3.商品的关键词管理和出价调整

商品详情页内可以对该商品的关键词进行增删，查看每个关键词的预估排名，还可以对每个关键词的出价进行调整。

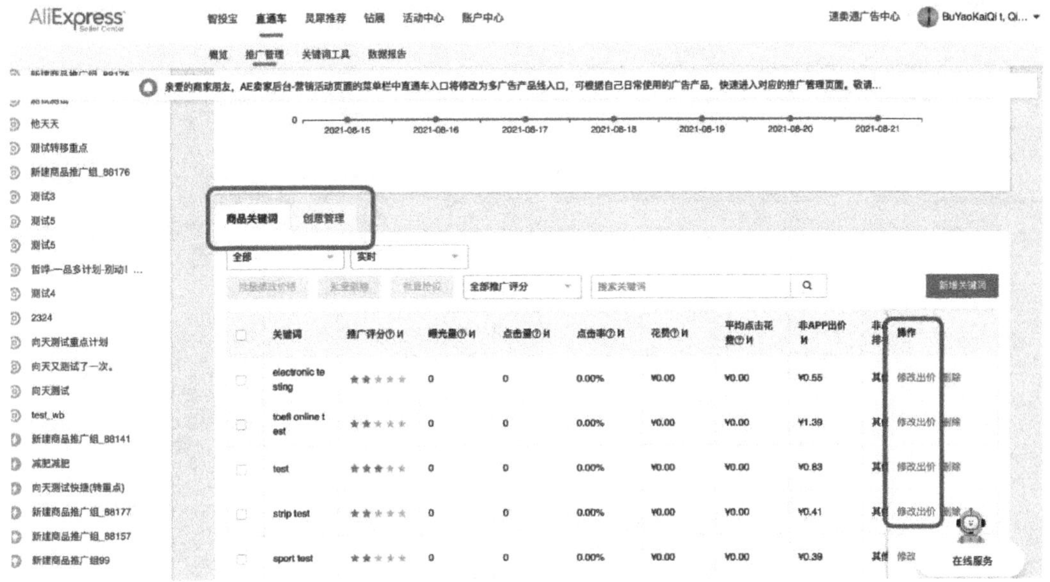

图 6-65　商品的关键词管理和出价调整

能力拓展

在速卖通店铺为某一款产品设置满减活动，并尝试报名平台大促活动，最后为该款产品开展关键词竞价广告。

任务二　站外推广

任务分析

本次任务主要通过常见的搜索引擎营销（SEM）和社交网络服务（SNS）等站外渠道来进行营销推广。

知识储备

SEM 全称为 search engine marketing，即搜索引擎营销，简单来说，就是基于搜索引擎平台的网络营销，利用人们对搜索引擎的依赖和使用习惯，在人们检索信息的时候将信息传递给目标用户。搜索引擎营销的基本思想是让用户发现信息，并通过点击进入网页，进一步了解所需要的信息。企业通过搜索引擎付费推广，让用户可以直接与公司客服进行交流、了解，实现交易。

SNS 全称为 social networking services，即社会性网络服务，国际上以 Facebook、Twitter、VK、Pinterest、Instagram 等平台为代表，专指旨在帮助人们建立社会性网络的互联网应用服务。

任务实施

一、谷歌广告

第一步：创建谷歌广告(Google Ads)账号。

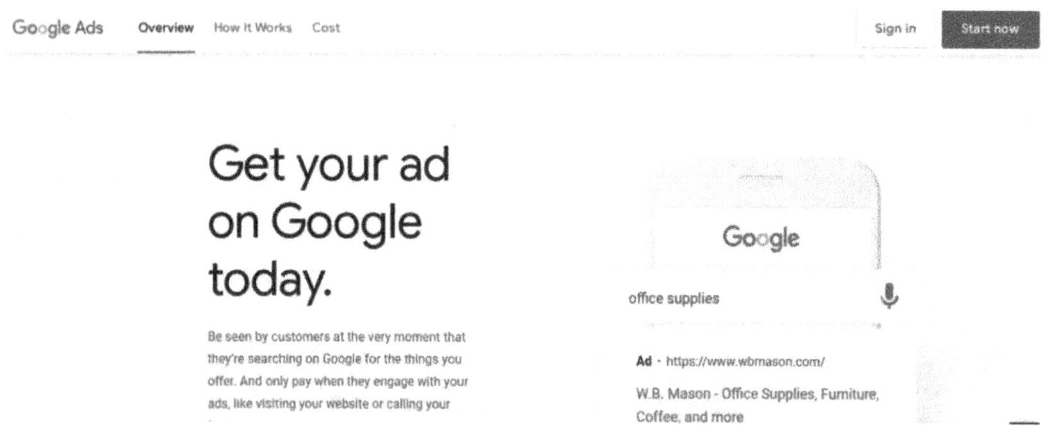

图 6-66　创建谷歌广告(Google Ads)账号

第二步：建立广告系列(Campaign)。

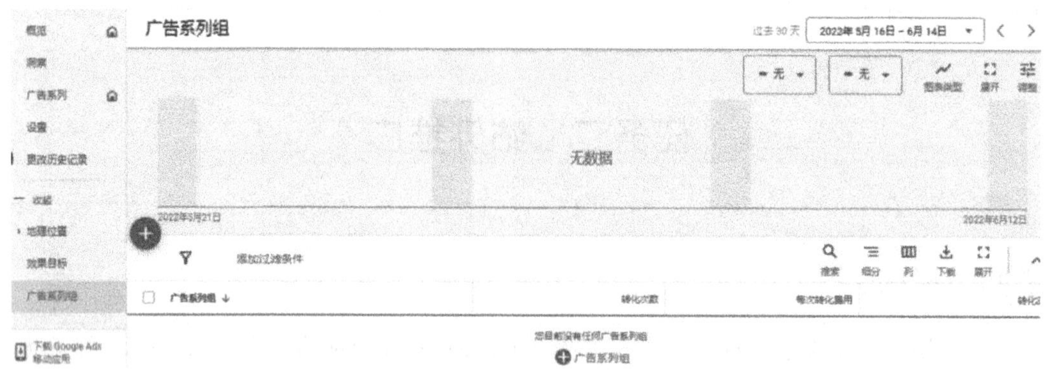

图 6-67　建立广告系列(Campaign)

第三步：选择你要创建的广告类型。

开始广告前，卖家就要根据自身的目标、行业、产品服务特性来决定要投放的广告类型。谷歌广告类型有五大类：搜索广告、展示广告、购物广告、视频 YouTube 广告、App 广告。

如果你只是个新手，建议先从"搜索广告"(又称"关键字广告")开始。

以下操作流程以搜索广告为例进行展示：

第四步：选择你最想要达成的目标。

每个人使用广告的目标都不一样，有些是想提高网站流量和曝光，有些是增加来电次数、App 下载量等，因此可依据自己的目标进行选取，如图 6-69 所示。

销售
潜在客户
网站流量
品牌认知度和覆盖面
应用宣传
在没有目标导向的情况下制作广告系列
搜索
展示
购物

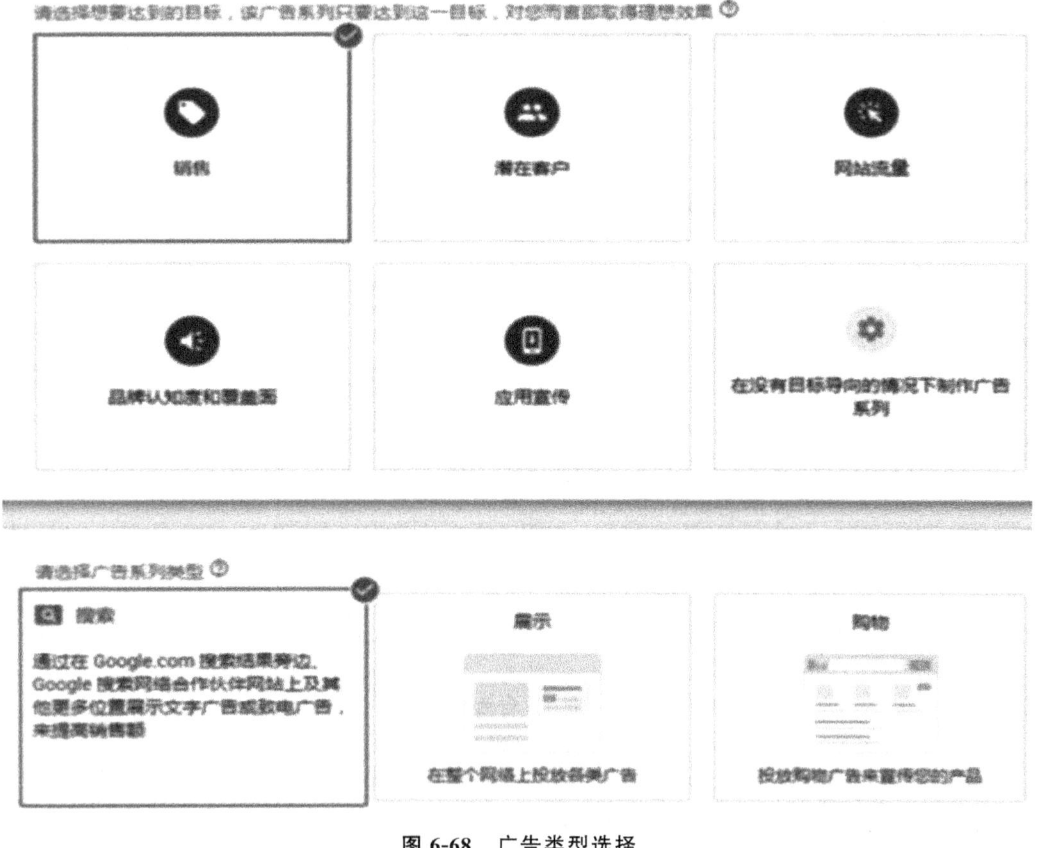

图 6-68　广告类型选择

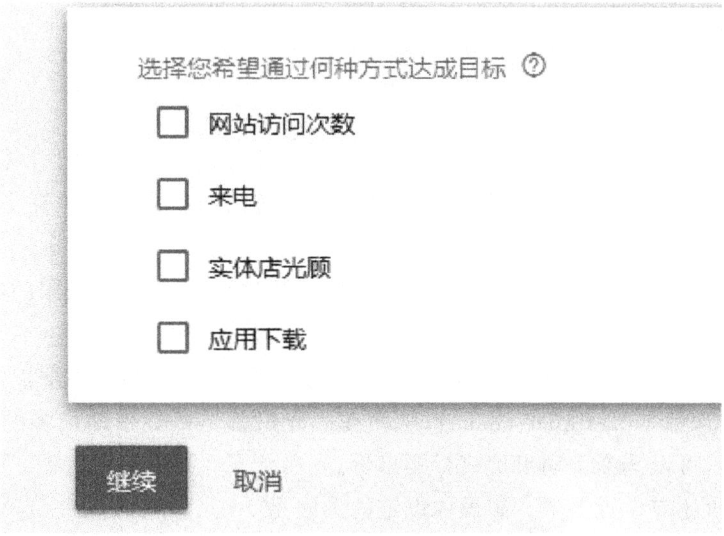
选择您希望通过何种方式达成目标
网站访问次数
来电
实体店光顾
应用下载
继续
取消

图 6-69　广告目标选择

第五步:广告活动常规设置。

在关键字广告投放出去之前,要先设定好以下选项:

1.地区

你可以设定你要投放的区域，例如：美国、英国……

图 6-70　广告活动设置

这里建议注意定位设置，最好选择“位于定位到的地理位置的用户或定期访问改地理位置的用户”，因为这个选择是最能保证精准投放到对应地区的人群的选项，即只有在这些特定地区的人才能看到你的广告。当然，也可以设定要排除的地区。

2.语言

根据你所在市场的国家选择语言。

3.预算

你可以设置“标准”或“加速”。

若选择“标准”，那么你的广告预算将会在 24 小时内被平均分配；

若选择“加速”，则谷歌会“不择手段”地曝光你的广告，如果你的预算不够充足，很可能不到中午预算就被花光。

注意：预算不够多时，用标准即可，加速适用于短时间高曝光，以及限时特惠活动。

4.出价

谷歌广告一共有 9 种出价方式可供选择，建议初学者选择“尽量争取点击”或“尽可能争取更多点击次数”(maximize clicks)，从而在一开始就尽可能带动最多的流量到网站。待操作熟练后，可以选择手动出价或智能出价。

此外，出价还应设置上限。假设你设定的上限是 10 元，那么谷歌广告每次跟你收的点击费用不会超过 10 元；但是如果你设定的上限太低的话，你的广告是很难被曝光的。

5.开始与结束日期

一般而言，卖家需设定广告投放的结束日期，否则广告会一直持续下去，造成不必要的成本损失。

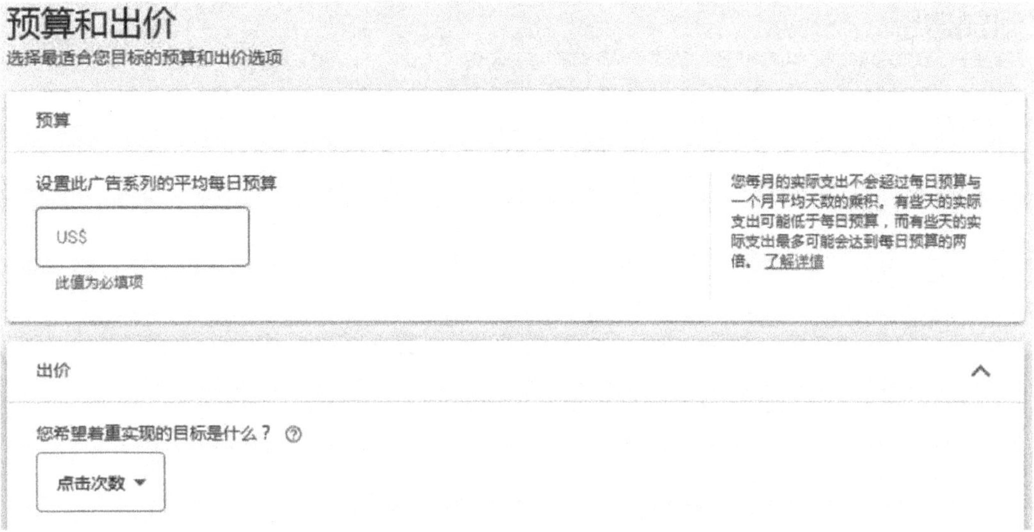

图 6-71　预算和出价

6.受众群体

这项功能有点类似 Facebook 广告的"兴趣"，例如你今天想主推女装衬衣，那么你的广告受众就可能需要选择跟时尚相关的客群，如图 6-72 所示。

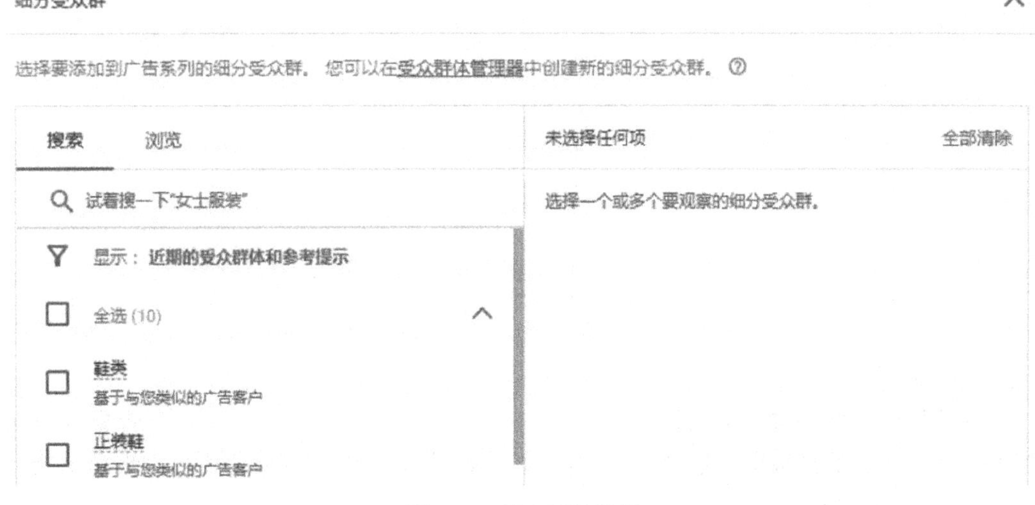

图 6-72　受众群体选择

7.广告附加信息

该项可以先跳过，之后再设置。

第六步：设定广告组。

完成广告的基本设定后，接下来就要决定广告要出现在哪些关键字上，因此必须设定广告群组，如图 6-74 所示。

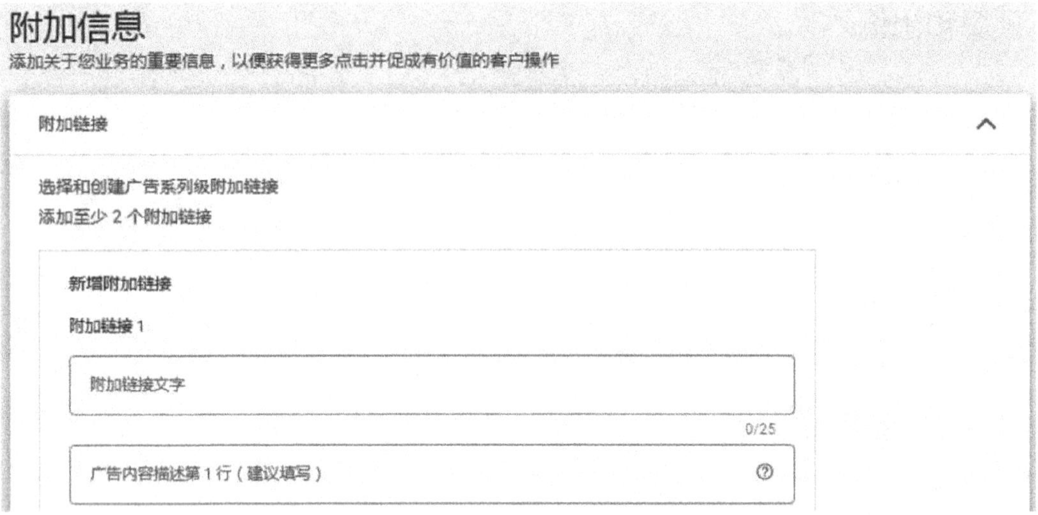

图 6-73　广告附加信息填写

图 6-74　设置广告群组

第七步:制作广告。

在跨境电商海外推广的过程中,广告必不可少。好的广告文案可以让广告更好地被消费者认可。作为跨境电商运营新人,首要任务是学习优秀广告,看懂广告文案的本质。

方法一:利用 Google 网页

从 Google 搜索页面搜索产品关键字下的广告,看看排名较为靠前或者点赞较高的广告文案是如何设计的,如图 6-75 所示。

方法二:利用 SEM Rush 等工具

SEM Rush 是亚马逊关键词搜索分析排名工具,可以进行排名因素研究和关键词的分组管理,是一个专门从事搜索引擎优化和搜索引擎营销服务的网站。卖家可利用该工具查看竞争对手的广告词,从而加以模仿,如图 6-76 所示。

在学习了别人的广告文案后,就可以开始根据自己的产品设计广告文案。本书以在

Ad · https://www.coach.com/

New Styles At Up To 50% Off - Further Reductions: 50% Off

Celebrate Summer With Coach By Shopping Up To 50% Off Select Styles. Limited Time Only—Get Your Favorite Styles On Sale Now! Monogram Your Wallet.

COACH | Women's Bags · Pillow Tabby—Now 40% Off · Last Minute Gifts For Dad

Ad · https://www.coachoutlet.com/

Bestselling Designer Bags - COACH® Outlet - Bags & More

Browse All **Bags** Including Crossbody **Bags**, Totes & Carryalls, Satchels And More. Upgrade...

图 6-75　制作广告

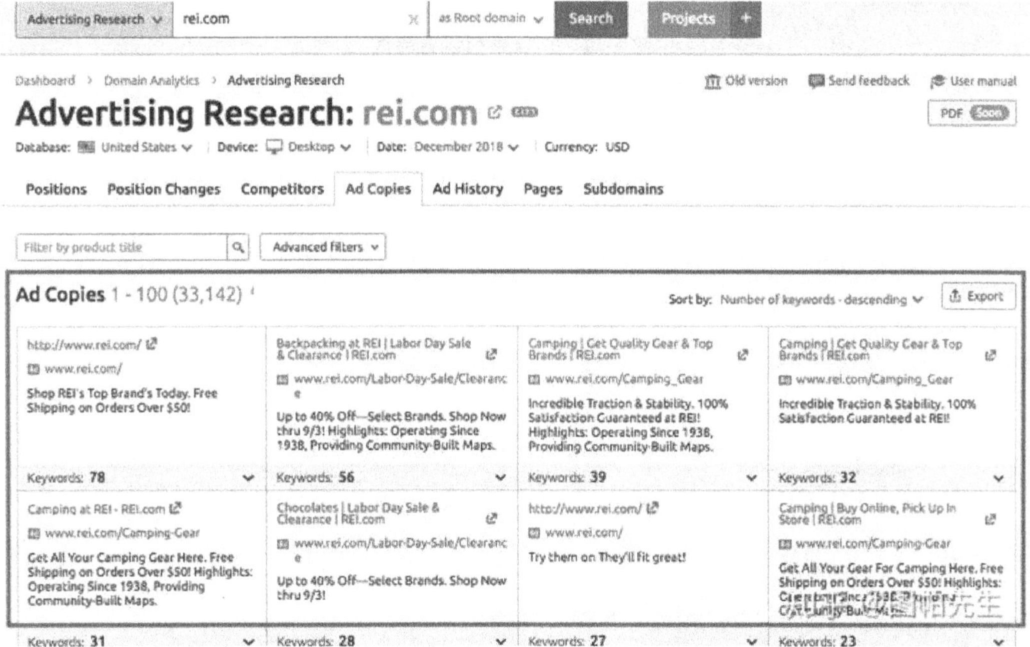

图 6-76　查看竞争对手广告词

Google 发布广告为例。

（1）广告标题：最多可包含 30 个字符（包括空格）；

（2）内容：内容最多 90 个字符；

（3）展示路径：卖家可以把产品的关键词显示在展示路径上，即当潜在用户点击广告或利用搜索引擎搜索后跳转显示给用户的网页上就有产品的关键词，这样设置的好处是能让客户对你的产品加深印象。例如：对于"women bag"的广告引导页 http://example.com/online－women－bag－sale－/设置路径：/women－bag 或者 /dag－women，能让用户大致了解该产品，并意识到点击广告后对应的是和广告词相关的网页。这是谷歌广告系列结构的重要一环，直接影响用户对广告的点击率和品牌印象。

图 6-77　广告系列设置完成

第八步：发布广告

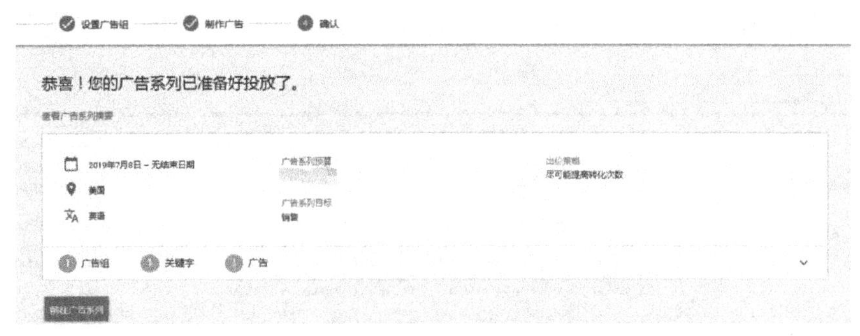

图 6-78　广告系列设置完成

二、脸书(Facebook)动态广告投放流程

1.在商务管理平台设置页面点击“数据源”—“目录”，在右侧页面点击“添加”。这里可以选择“新建目录”，也可以选择“申请目录的访问权限”，如图 6-79 所示。

2.在新建目录的界面填写目录名称及产品类型，点击“创建目录”，如图 6-80 所示。

3.在添加用户和设置权限的界面添加相关用户权限，可以给相关用户创建广告或管理目录的权限，点击“确定”，如图 6-81 所示。

4.把事件源绑定到目录，并选择相应的 Pixel 像素代码，点击保存，如图 6-80 所示。

5.在左侧栏选中商品，点击“添加商品”，如图 6-83、6-84 所示。

6.添加商品有三种方式，如图 6-85 至 6-87 所示。一般使用第二种上传方式居多，即使用定期上传，这样数据库会定时自动上传更新，省去很多麻烦。具体操作方法为，在页面添加数据信息库网址和数据信息库名称，这样商品就添加到数据库中了。

7.诊断目录。在左侧“诊断”项下，可以查看问题、错误和建议修复措施，以便让目录

图 6-79　商务管理平台设置

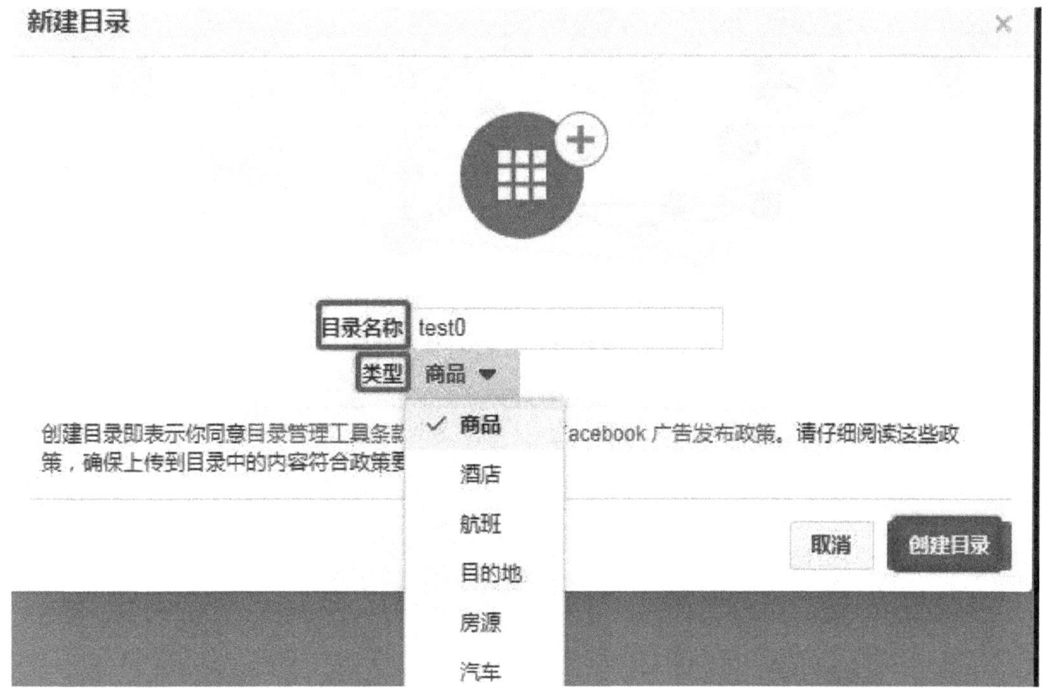

图 6-80　创建目录界面

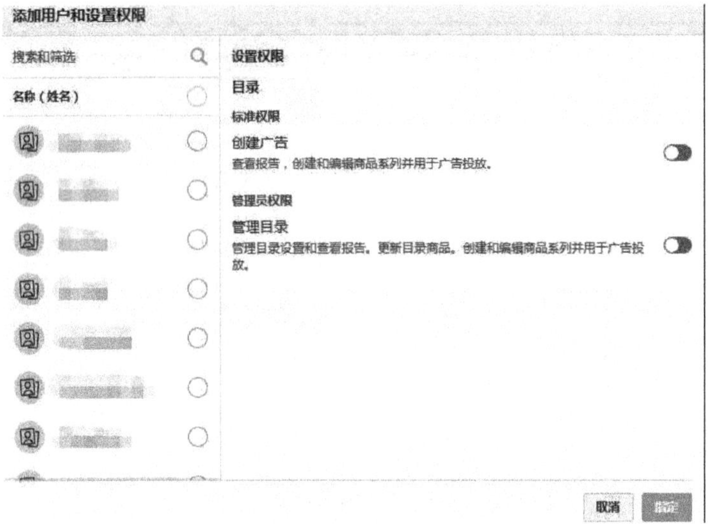
添加用户和设置权限
搜索和筛选
名称（姓名）
设置权限
目录
标准权限
创建广告
查看报告，创建和编辑商品系列并用于广告投放。
管理员权限
管理目录
管理目录设置和查看报告。更新目录商品。创建和编辑商品系列并用于广告投放。
取消

图 6-81 设置权限

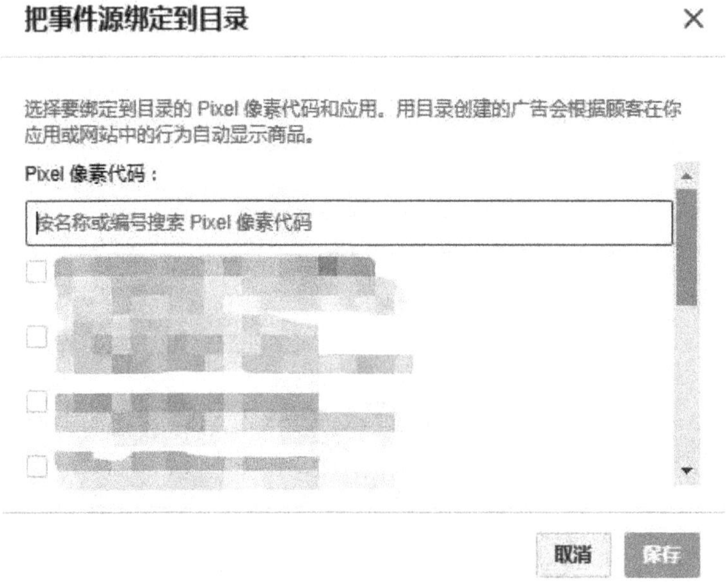
把事件源绑定到目录
选择要绑定到目录的 Pixel 像素代码和应用。用目录创建的广告会根据顾客在你应用或网站中的行为自动显示商品。
Pixel 像素代码：
按名称或编号搜索 Pixel 像素代码
取消
保存

图 6-82 选择相应的 Pixel 像素代码

商品
向目录添加商品

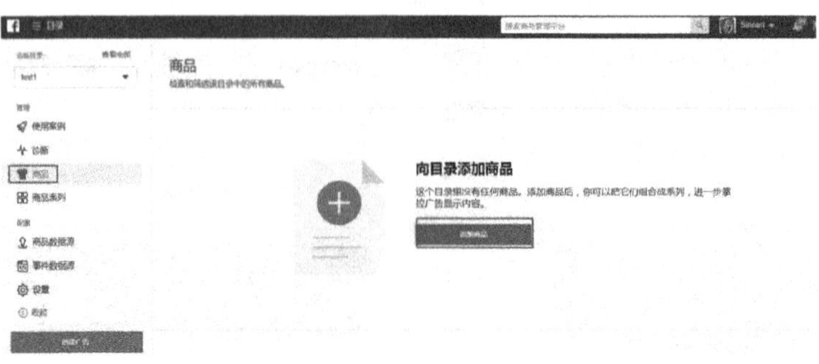

图 6-83 添加商品(一)

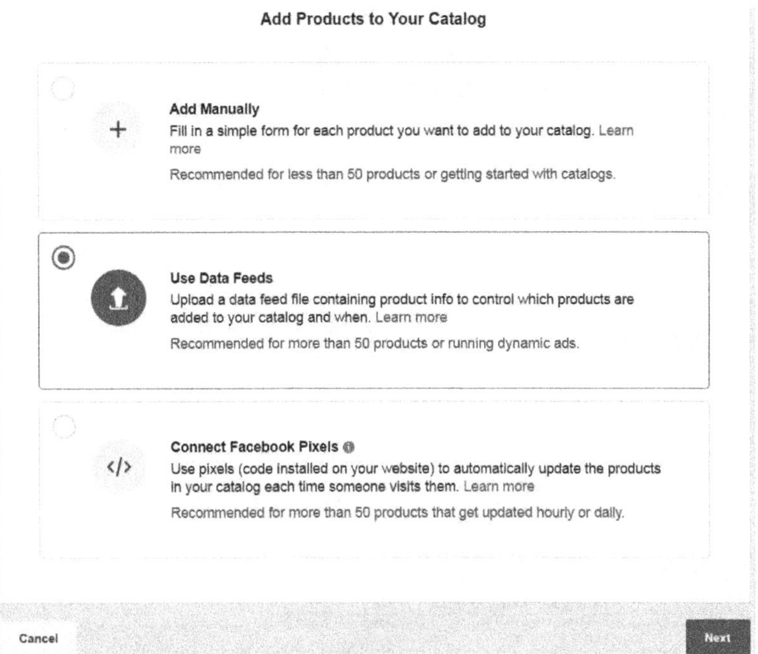

图 6-84　添加商品(二)

图 6-85　方法一：手动上传

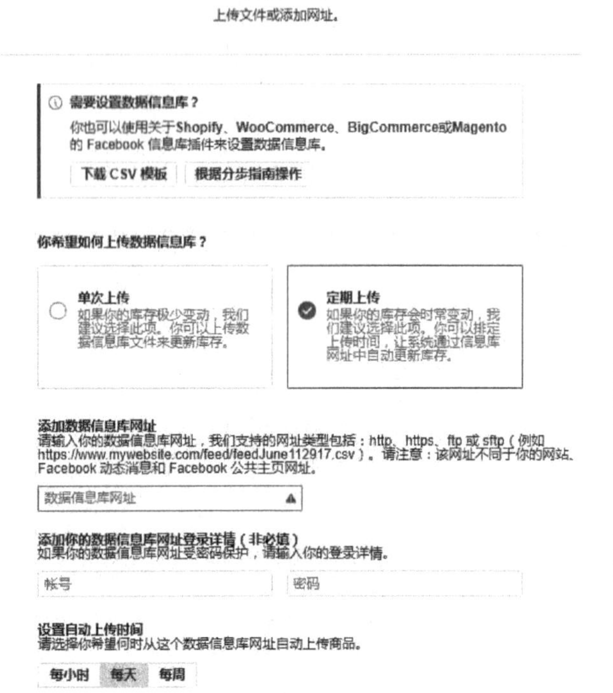

图 6-86　方法二：添加 Feed 链接或文档

图 6-87　方法三：连接 Pixel 像素添加商品

发挥最大成效，如图 6-88 所示。

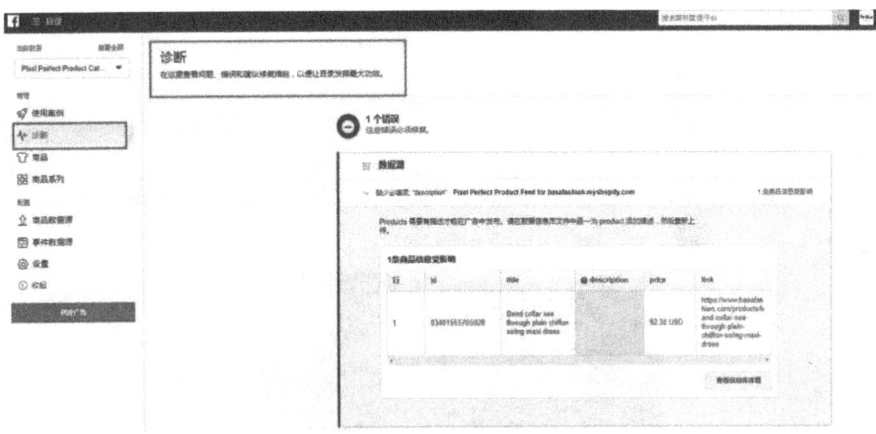

图 6-88　诊断界面

三、推特(Twitter)内容创建与发布

1.在 Twitter 首页的右下角点击圆形蓝色带羽毛和加号的图标，如图 6-89 所示，进入编辑界面，输入需要营销的内容，然后点“发推”即可。

图 6-89　输入要营销的内容

2.登录 Twitter 网站,账户主页最左侧显示了各项功能,点击左下部的“Tweet”按钮可进行内容的编辑和发送。

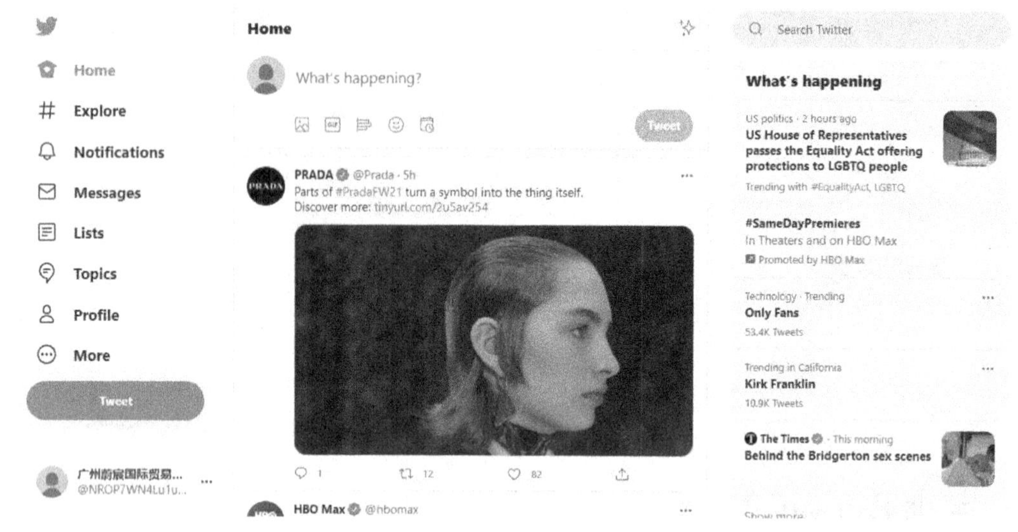

图 6-90 编辑 Tweet

四、使用 Facebook Ads Manager 创建 Instagram 广告

通过 Facebook Ads Manager 创建的 Instagram 广告能使用许多自定义功能。首先注册一个 Facebook 个人号,然后在广告账号申请链接里填写对应信息,上传公司营业执照,最后等待审核通过,即成功申请了一个 Facebook 企业广告账号,Facebook 企业账号开户成功。

在申请了 Facebook 企业账户后,首先进入 Ads Manager,点击“+Create(创建)”。有两种不同的流程创建和管理 Instagram 广告:默认使用“Guided Creation”(向导创建),会引导用户完成创建典型的 Instagram 广告需要采取的步骤,比较适合新手;而另一种“Quick Creation(快速创建)”可以更好地控制 Instagram 广告的制作。有经验或以前创建过 Facebook 广告的用户,可以选择“Switch to Quick Creation”切换到快速创建操作页面。

操作步骤:

第一步:选择广告目标。Ads Manager 提供了目标列表。选择目标后,系统会提示命名广告系列。

第二步:确定目标受众。这部分根据目标客户来设置。

第三步:选择广告展示位置。有两个选择方式,自动投放方式的广告将在任何效果比较好的位置展示给受众;手动投放方式可以选择广告的展示位置。

第四步:选择预算和时间表。可以选择每日最高预算,也可以设置整个广告系列的生命周期预算,还可以选择连续或仅在一天的特定时间投放广告。

第五步:制作广告。接下来就是广告的制作了,包括选择广告类型、选择图片或视频、制作广告文案、选择广告付款方式、选择 CTA 按钮等。

如果要通过网站上的 Facebook 像素或事件跟踪后续的转化，可以下拉并在“Tracking(跟踪)”部分进行设置。

点击确认后，即完成一条 Instagram 广告。

能力拓展

尝试为速卖通店铺产品在 Facebook 进行广告投放。

任务三　跨境沙盘营销推广

任务分析

本次任务基于跨境电商营销与运行决策模拟沙盘，根据产品市场信息、产品曝光量、浏览量、转化率等指标，完成平台营销、社交网络营销、展示等模块的营推广设计。

任务实施

1.获取产品的市场信息、产品曝光量、浏览量和转化率等信息

登录跨境电商营销与运行决策模拟沙盘，按上述要求了解产品相关信息。

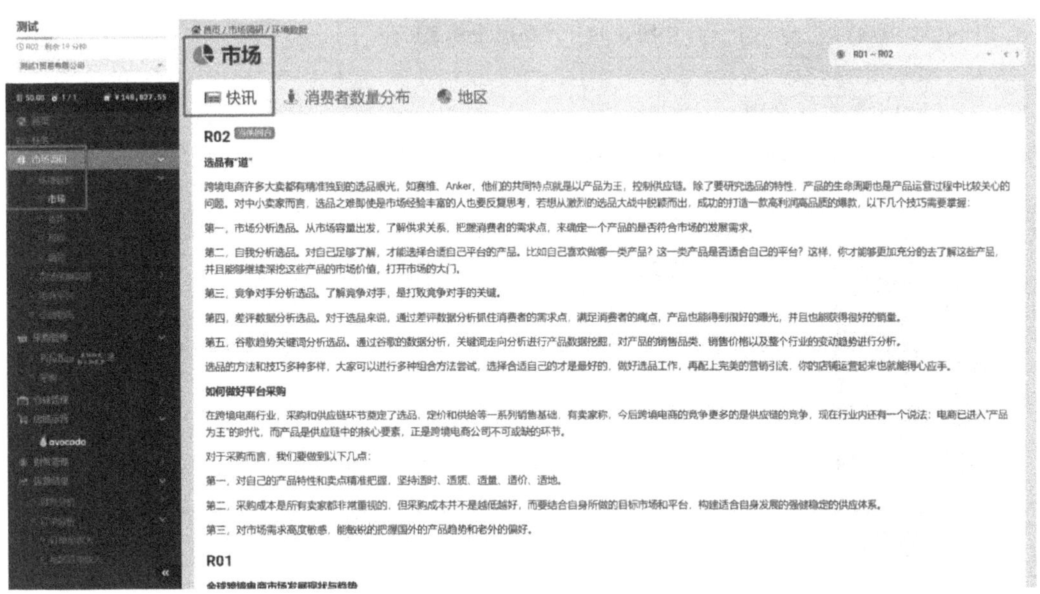

图 6-91　产品市场信息

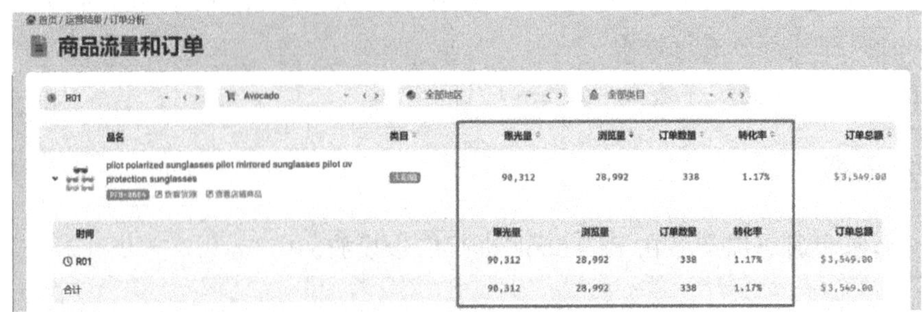

图 6-92　产品流量信息(一)

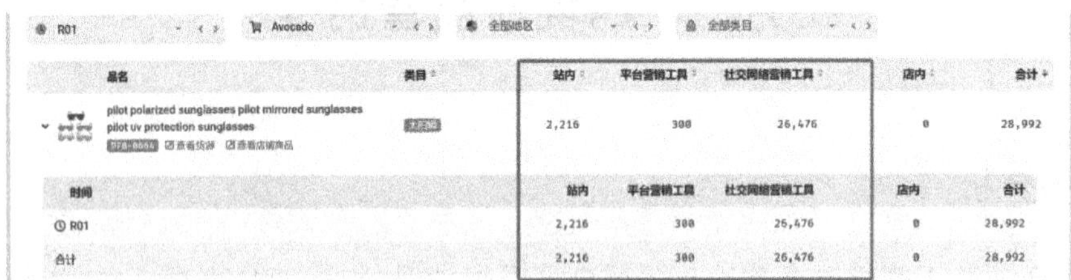

图 6-93　产品流量信息(二)

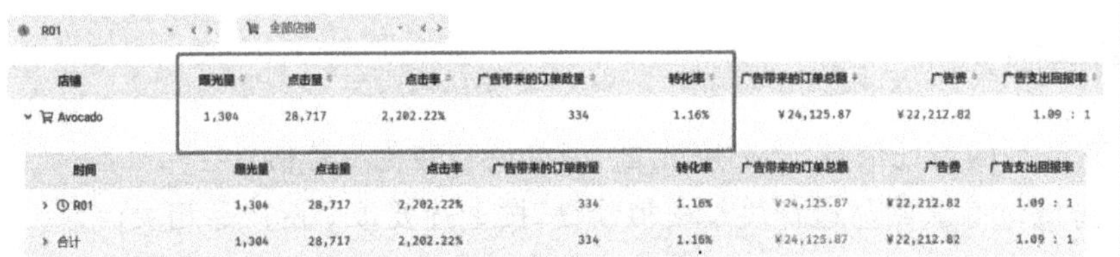

图 6-94　产品流量信息(三)

2.开展店铺平台营销

登录跨境电商店铺,找到平台营销模块,充值后对产品进行站内广告推广。

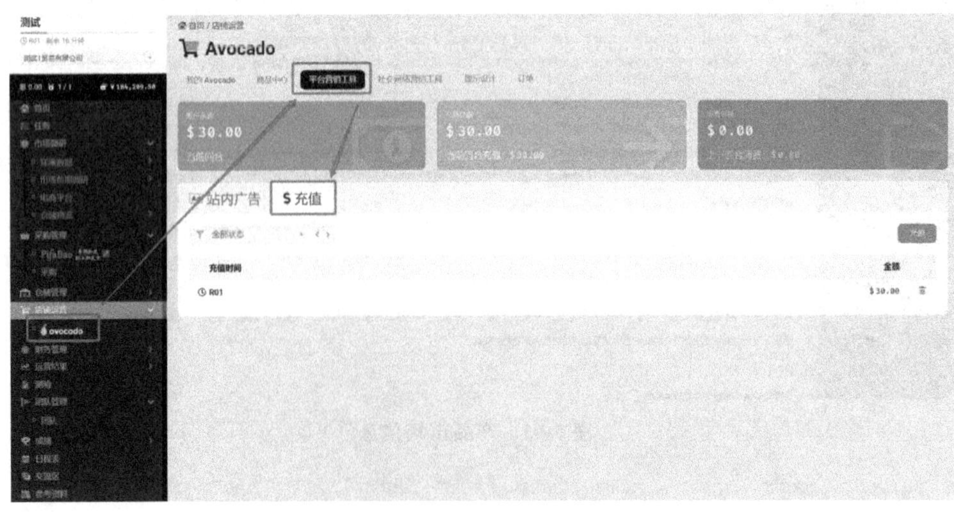

图 6-95　充值界面(一)

图 6-96　充值界面（二）

图 6-97　站内广告推广界面

图 6-98　推广产品选择

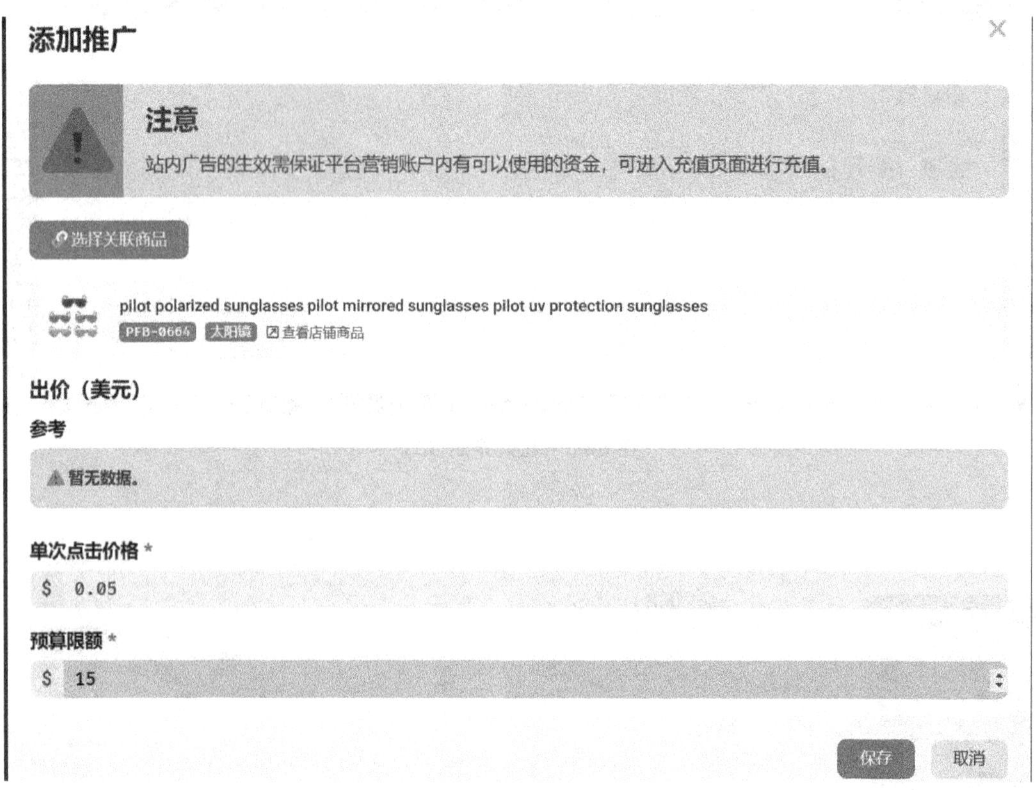

图 6-99　产品竞价推广

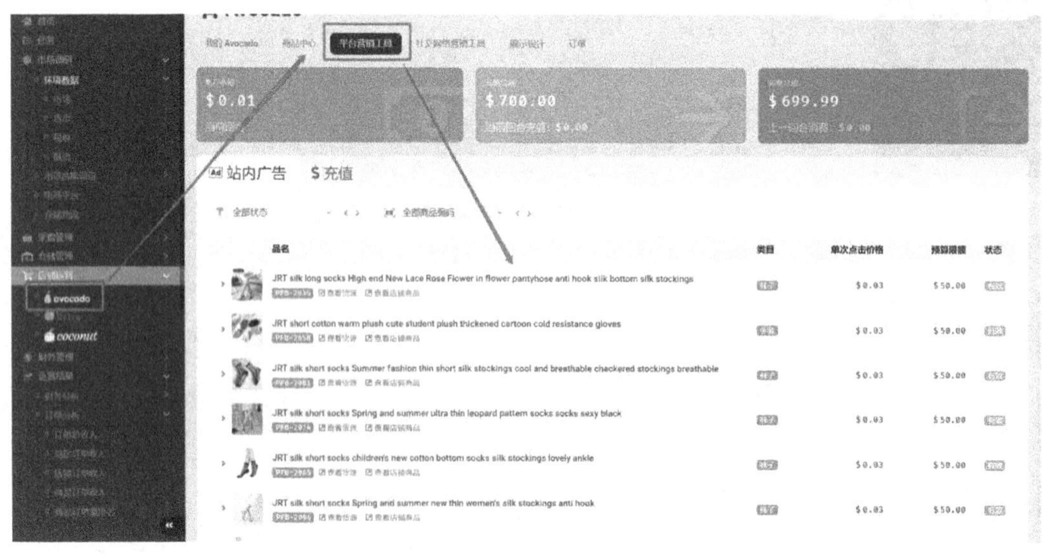

图 6-100　平台营销完成设置界面

3.开展店铺社交网络平台营销

店铺社交网络平台营销可分为软文广告（图 6-103、6-104）和网红直播（图 6-105 至图 6-107）两种。

图 6-101　社交网络营销设置界面

图 6-102　选择推广产品

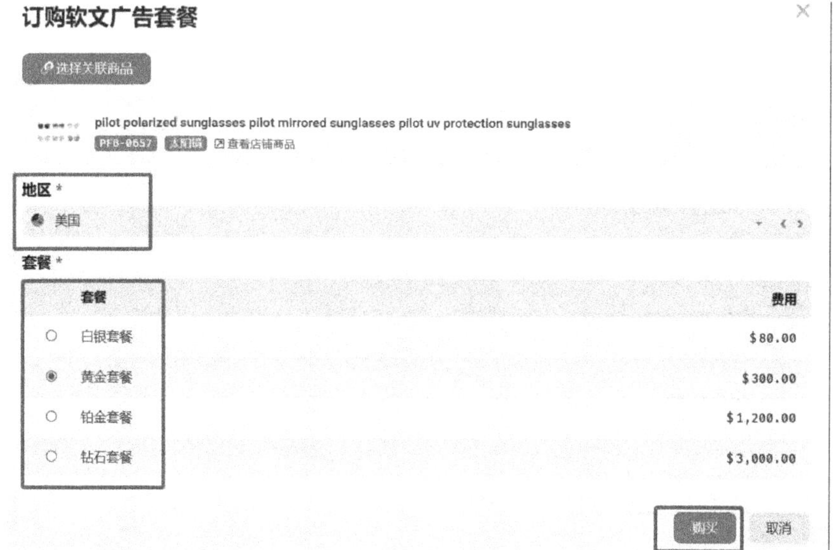

图 6-103　软文广告套餐选择界面

图 6-104　软文广告设置完成界面

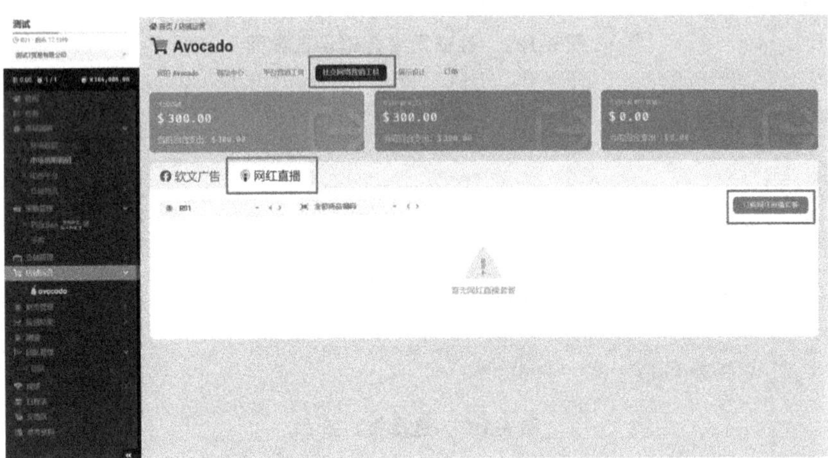

图 6-105　选择网红直播工具

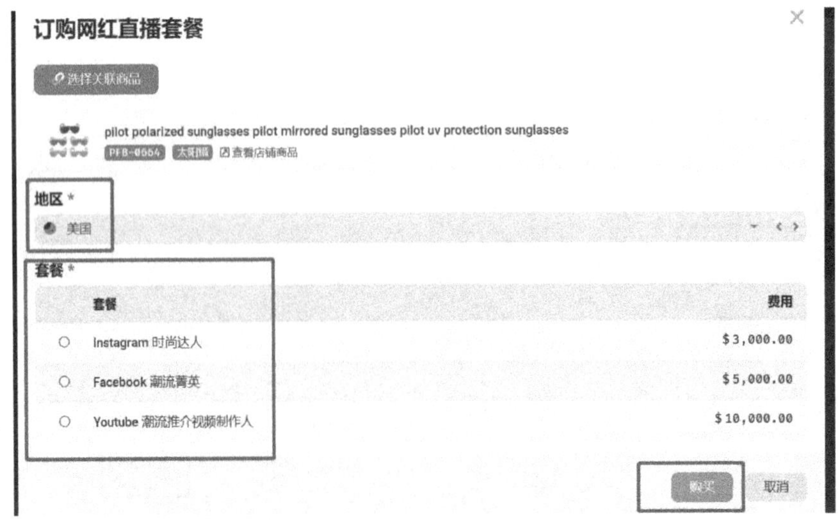

图 6-106　网红直播套餐选择界面

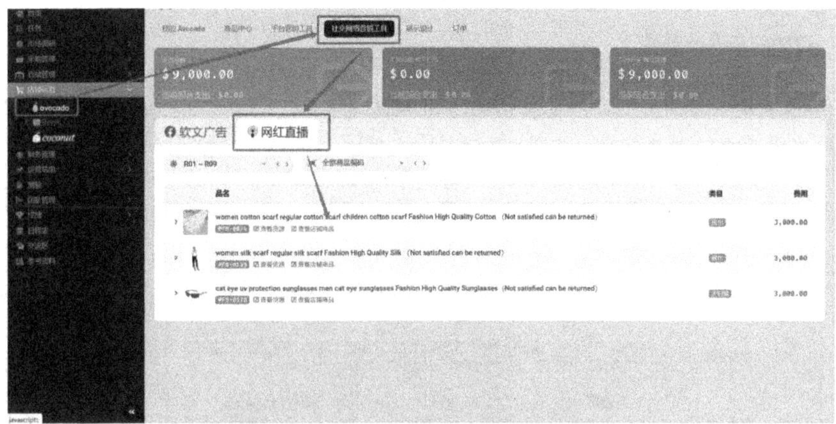

图 6-107　网红直播设置完成界面

4.开展店铺展示设计营销(图 6-108 至图 6-111)

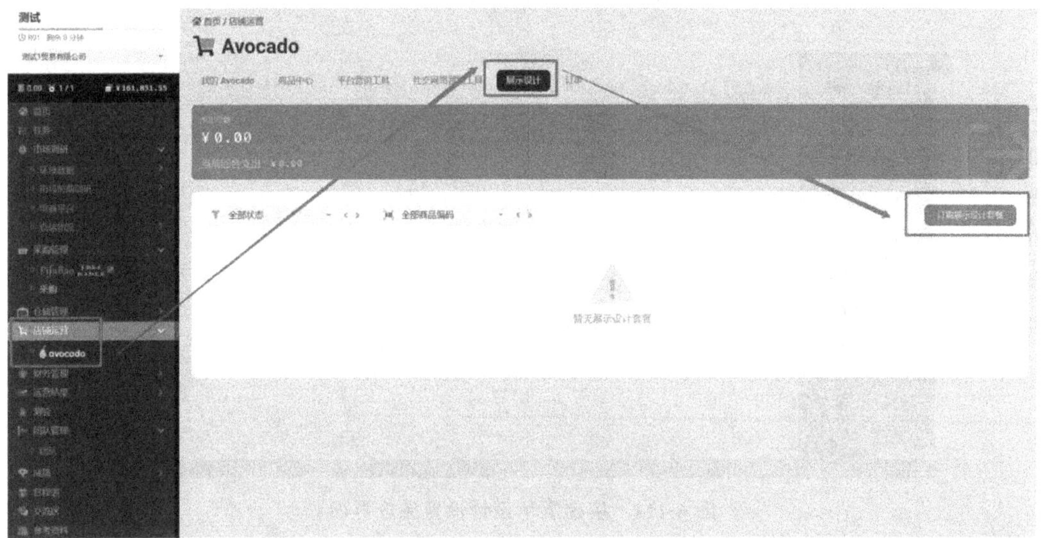

图 6-108　进入展示设计界面

图 6-109　选择展示设计产品

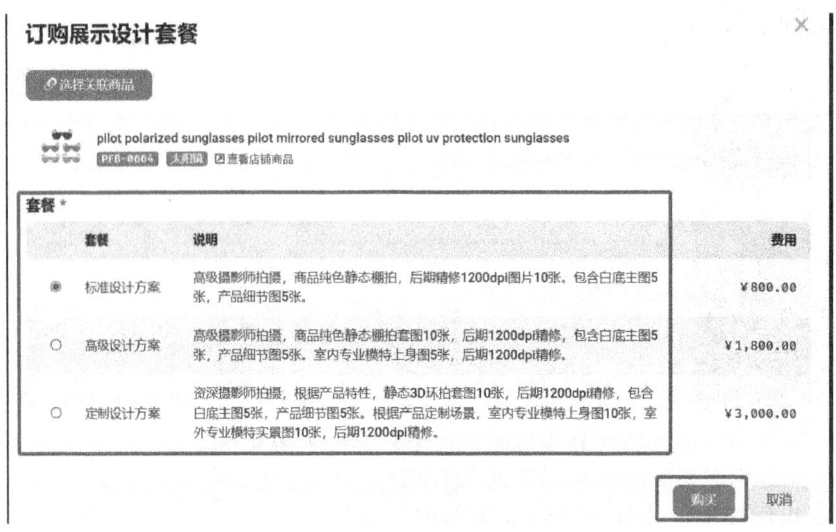

图 6-110　选择展示设计套餐

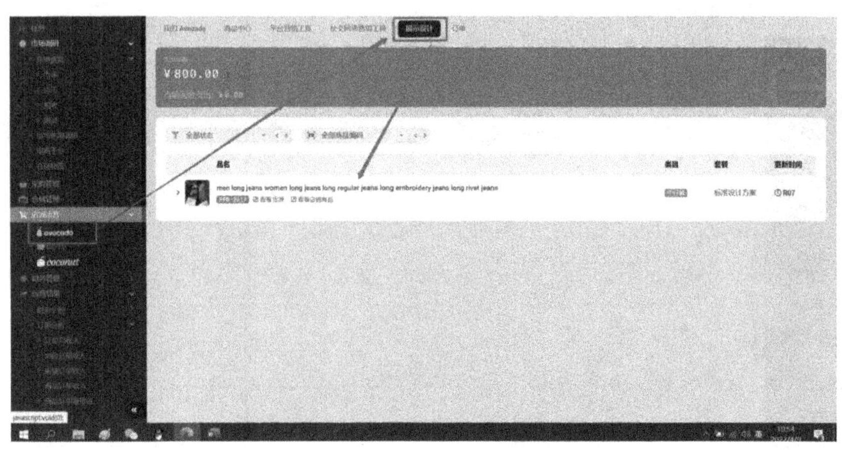

图 6-111　店铺展示设计设置完成界面

能力拓展

在跨境电商营销与运行决策模拟沙盘中为某一产品设计平台营销、社交网络营销和展示设计。

项目七　跨境运营结果分析

学习目标

(一)知识目标

1.熟悉跨境电商产品的财务分析、订单分析、库存分析和利润分析模块。

2.掌握商业计划书撰写的方法。

3.理解跨境电商平台运营可能遇到的风险与对策。

(二)技能目标

1.能利用运营结果分析改善跨境运营策略。

2.能提高学生利用沙盘平台信息分析问题、解决问题的能力。

3.能根据沙盘运营结果,撰写商业计划书。

(三)素质目标

培养诚实守信、善于沟通、严谨、高效的职业素养,提升自主学习意识和团队协作精神。

项目背景

黎小新即将结束跨境电商运营岗位的实习阶段,她对跨境运营业务有了初步的认识,并完成了模拟沙盘的八回合运营。为了下一步正式独立进行跨境运营岗位工作,企业导师王大全让黎小新完成模拟沙盘八回合运营结果分析并行相关的汇报,最后完成商业计划书。

思维导图

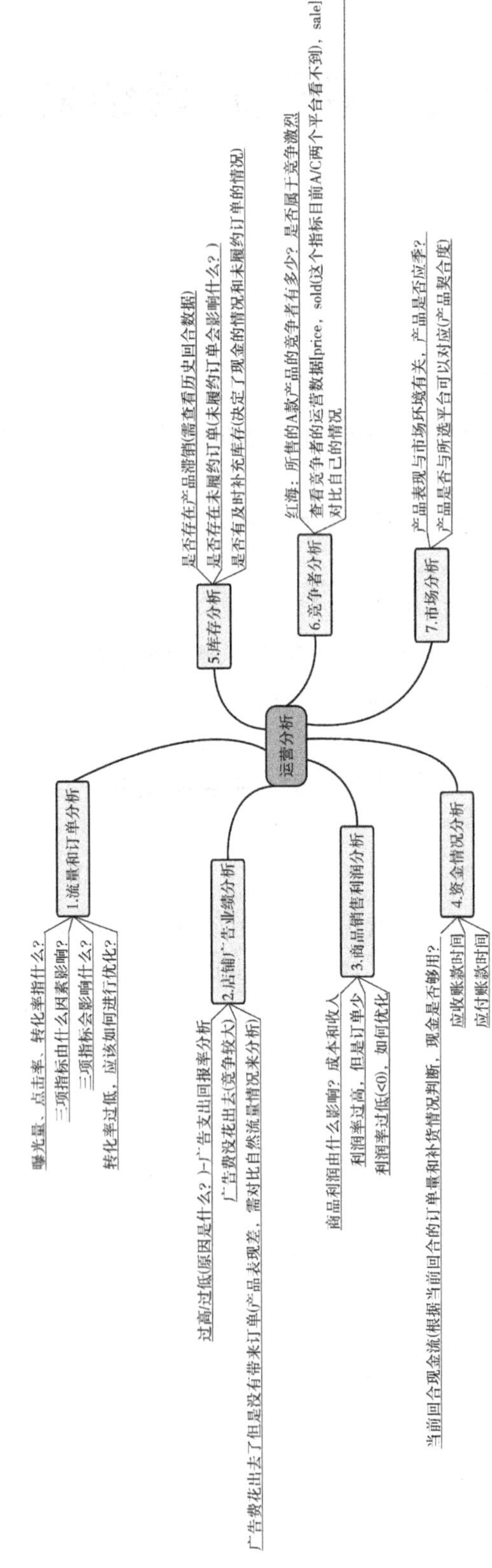
运营分析
1.流量和订单分析
曝光量、点击率、转化率指什么?
三项指标由什么因素影响?
三项指标会影响什么?
转化率过低，应该如何进行优化?
2.店铺广告业绩分析
过高/过低(原因是什么？)-广告支出回报率分析
广告费没花出去(竞争较大)
广告费花出去了但是没有带来订单(产品表现差，需对比自然流量情况来分析)
3.商品销售利润分析
商品利润由什么影响？成本和收入
利润率过高，但是订单少
利润率过低(<0)，如何优化
4.资金情况分析
当前回合现金流(根据当前回合的订单量和补货情况判断，现金是否够用?
应收账款时间
应付账款时间
5.库存分析
是否存在产品滞销(需查看历史回合数据)
是否存在未履约订单(未履约订单会影响什么？)
是否有及时补充库存(决定了现金的情况和未履约订单的情况)
6.竞争者分析
红海：所售的A款产品的竞争者有多少？是否属于竞争激烈
查看竞争者的运营数据[price，sold(这个指标目前A/C两个平台看不到)，sale]
对比自己的情况
7.市场分析
产品表现与市场环境有关，产品是否应季?
产品是否与所选平台可以对应(产品契合度)

任务一　运营成本与利润分析

任务分析

本次任务以世格跨境电商运营模拟沙盘八个回合的运营为例，总结第二章到第六章有关成本、费用和利润方面的知识，并利用运营成本与利润分析确定跨境平台运营策略。

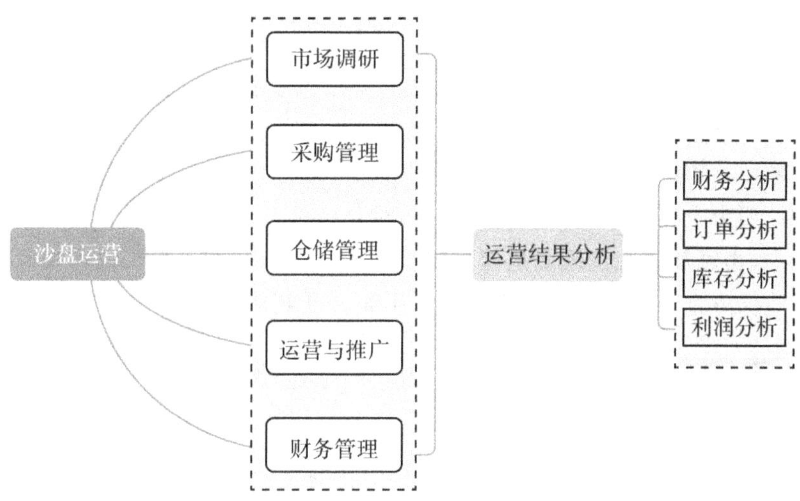

知识准备

一、资产负债表

资产负债表亦称财务状况表，表示企业在一定时期（通常为各会计期末）的财务状况的主要会计报表，是企业经营活动的静态体现，主要包含报表左边一列的“资产”部分和右边一列的“负债及所有者权益”部分。如果完全依照会计原则记载各个事项，则资产负债表的左右算式的合计金额必然完全相同。即：资产合计＝负债合计＋所有者权益合计。

二、利润表

利润表是反映企业在一定期间经营成果的报表。企业一定会计期间的经营成果既可能表现为盈利，也可能表现为亏损，因此，利润表也被称为损益表。它全面揭示了企业在某一特定时期实现的各种收入、发生的各种费用、成本或支出，以及企业实现的利润或发生的亏损情况。在系统中，企业经营的收入分为营业收入和营业外收入。企业经营的成本主要包含销售商品的成本、销售费用、财务费用以及企业所得税。通过对一定阶段的收入、费用、支出进行归类,可以更好地分析企业经营状况。

三、现金流量表

现金流量表是反映一家企业在一定时期内现金流入和现金流出动态状况的报表。现金流量表可用于分析跨境电商企业在短期内有没有足够现金去应付必需的付款,是一家企业经营是否健康的证据。

任务实施

一、财务分析

(一)资产负债表

世格跨境运营模拟沙盘中的“运营结果”模块中分“财务分析”“订单分析”“库存分析”和“利润分析”四个子模块。如图 7-1 所示,八回合结束后店铺赚取人民币 281490.76 元。在每个回合中,卖家都要关注现金是否可以偿还下一回合应付账款。值得注意的是,现金保留过多虽能保障企业运营的安全但却减少了企业获利能力。

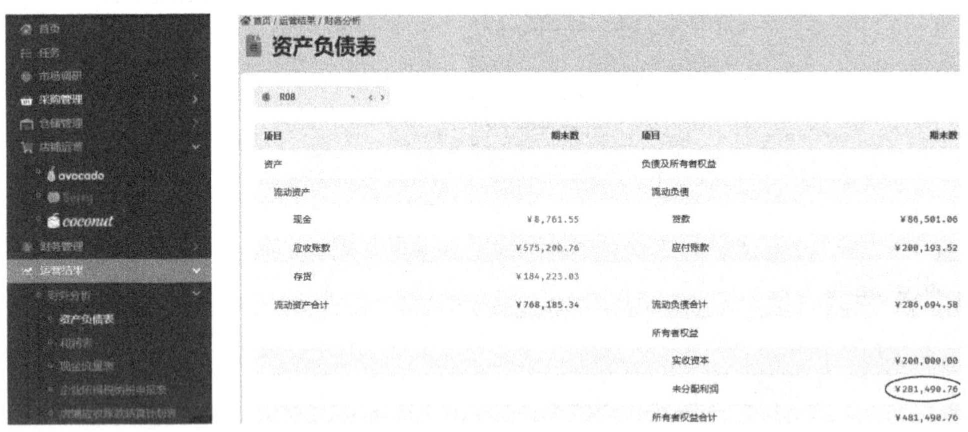

图 7-1　世格跨境电商运营模拟沙盘资产负债表截图

1.流动资产

流动资产是企业拥有的资产情况,通常包括货币资金、交易性金融资产、应收票据、应收账款、预付款项、应收利息、应收股利、其他应收款、存货和一年内到期的非流动资产等。系统中,流动资产包括现金、应收账款、存货。其中:

(1)现金:反映某个时间点的现金情况,系统中,某个时间点的现金影响因素包括实收资本、贷款、清仓抛售的收入、应收账款回款、店铺订阅费、市场营销费用、采购商品的费用、采购商品的运费、销售商品的运费(已结算)、调仓的运费(已结算)、配送服务费、仓储费、增值税、关税、企业所得税、已偿还的贷款本金、已偿还的贷款利息。

(2)应收账款:反映到某个时间点时“已发货”订单但是未回款的订单收入。

(3)存货:反映到某个时间点时,商品采购入库后但未用于订单发货和清仓的存货值。

(4)流动资产合计=现金+应收账款+存货的合计金额。

(5)资产合计:在软件中没有其他资产,只有流动资产,所以资产合计=流动资产合计。

2.流动负债

流动负债是企业在一定时间内需要偿还的债务,通常包括短期借款、应付账款、应付票据、应付工资、应付福利费、应交税金、应付股利、应付利息、预收账款、预提费用、其他应付款、其他应交税款等。系统中,流动负债包括贷款和应付账款。

(1)贷款:反映到某个时间点时未偿还的贷款本金。

(2)应付账款:反映到某个时间点时未结算的销售商品的运费和调仓的运费以及企业所得税。

(3)流动负债合计=贷款+应付账款的合计金额。

3.所有者权益

所有者权益是指企业资产扣除负债后由所有者享有的剩余权益。

(1)实收资本:是指企业实际收到的运营资本,系统中是指初始运营资金。

(2)未分配利润:系统中未分配利润是指企业实现的净利润,与利润表中净利润相同。

(3)所有者权益合计=实收资本+未分配利润的合计金额。

4.负债及所有者权益=流动负债合计+所有者权益的合计金额

5.资产合计=负债所有者权益

(二)利润表

世格跨境运营模拟沙盘中的“运营结果”模块中的“财务分析”子模块的第二张表为利润表,用户可以选择指定回合或者连续几回合的利润表,表中净利润=营业收入+营业外收入-销售商品的成本-销售费用-财务费用-企业所得税。其中,各项成本和费用是经营者在定价中的重要参考因素。在表中,我们要注意:

(1)利润表中销售商品的收入、销售商品的成本以及买家支付的运费统计的都是已发货订单的情况,未发货的商品不计入利润表中。

(2)最后回合时订单发货后就会对投资回报率产生影响与是否回款无关。

(3)订单发货后的运费和调仓费用就会影响利润,与运费是否在结算回合中从现金中扣除无关。

我们选取八回合结束后的利润表进行分析,发现该企业的利润率=(375321.01/1016139.55)×100%=36.9%,净利润=(281490.76/1016139.55)×100%=27.7%。

首页 / 运营结果 / 财务分析

利润表

R00 ~ R08

项目	合计
营业收入	
销售商品的收入	¥1,016,139.55
买家支付的运费	¥0.00
清仓抛售的收入	¥0.00
营业外收入	
运费折扣收入	¥10,509.59
销售商品的成本	
采购商品的费用	¥291,427.87
销售商品的佣金	¥115,258.95
销售商品的运费	¥209,304.37
配送服务费	¥0.00
增值税	¥0.00
销售费用	
店铺订阅费	¥10,539.90
市场营销费用	¥14,080.65
采购商品的运费	¥3,871.00
调仓的运费	¥0.00
仓储费	¥1,646.45
关税	¥0.00
销售商品的退货损失	¥0.00
买家支付运费的退货损失	¥0.00
财务费用	
质押管理费	¥5,000.00
已偿还的贷款利息	¥198.94
利润总额	¥375,321.01
企业所得税	¥93,830.25
净利润	¥281,490.76

图 7-2　世格跨境电商运营模拟沙盘利润表图

表 7-1　世格跨境电商运营模拟沙盘利润表解释表

类别	项目	解释
营业收入	销售商品的收入	在当前选择的回合中产生的销售商品的收入，在订单中被标记为“已发货”状态后记为收入，即当前回合发货的商品的销售收入。可以在“运营结果”—“库存分析”—“发货信息”中查看具体订单发货时间。在回合结束时进行计算，但不立即结算增加至现金，而是累计到应收账款中
	买家支付的运费	在当前选择的回合中产生的买家支付的运费收入。在订单中被标记为“已发货”状态后进行计算，但不立即结算增加至现金。当产品上架时设置了“不包邮”，才会产生这项收入。在回合结束时进行计算，但不立即结算增加现金，而是累计到应收账款中
	清仓抛售的收入	在当前选择的回合中产生的清仓抛售的收入。在清仓抛售决策中被标记为“已售出”状态后记为收入。如果该回合有做清仓抛售，则结果记入该回合的利润表中。该项收入在清仓抛售后立即增加至现金
营业外收入	运费折扣收入	在当前选择的回合中产生的运费折扣收入。物流企业按照规定周期结算运费时记为收入，可在结算运费后立即增加至现金。可在“运营结果”—“财务分析”—“物流服务费用结算计划表”中查看。该项收入在结算运费后立即增加至现金
商品销售成本	采购商品的费用	在当前选择的回合中所有发货商品的采购费用。可以在“运营结果”—“库存分析”—“发货信息”中查看当前回合发货的商品；在决策制定后立即扣除现金
	销售商品的佣金	在当前选择的回合中所有发货订单产生的销售佣金。在订单中被标记为“已发货”的商品即计算相应佣金。不同平台的销售商品收入乘以相应平台的佣金率，结果相加求和。在回合结束时进行结算，而是累计到应付账款中
	配送服务费	在当前选择的回合中所有通过海外仓或者 Avocado 配送发货的商品产生的配送服务费，在订单物流选择海外仓、Avocado 配送后可计算相应配送服务费。运费具体资费表可以查看“市场调研”—“仓储物流”—“海外仓库/Avocado 配送”。在订单状态标记为“已发货”后可计算相应配送服务费
	增值税	在当前选择的回合中所有商品产生的增值税。在“市场调研”—“环境数据”—“税收”中查看增值税介绍。当前回合海外仓/Avocado 配送中标记为“已发货”的商品，按照对应国家的税率收取销售增值税；在回合结束时进行结算，海外仓/Avocado 配送已发货的订单所产生的增值税立即从现金只能扣除

续表

类别	项目	解释
销售费用	店铺订阅费	在当前选择的回合中产生的所有订阅店铺的费用。在店铺成功创建后立即扣除现金，此后在每个收取周期的回合开始时扣除现金。可在“市场调研”—“跨境电商平台”—“销售方案和费用”—“订阅费”中可以查看订阅费介绍。例如在第一回合创建 Avocado 店铺，已知 Avocado 平台每 4 个回合收取店铺订阅费，那么 Avocado 平台收取订阅费的时间分别是第一回合、第五回合、第九回合，以此类推
	市场营销费用	在当前选择的回合中所有使用市场营销工具、社交网络营销工具、展示设计所花费的资金；在决策制定后立即扣除现金
	采购商品的运费	在当前选择的回合中所有在“PifaBao”采购商品产生的运费。 在决策制定后立即扣除现金。
	调仓的运费	在当前选择的回合中所有调仓发往海外仓库或者 Avocado 配送仓库的物流费用，具体费用可在“市场调研”—“仓储物流”—“物流服务”—“服务查询”中查看。不一定立即扣除现金，因物流有账期，故通常在账期内记入应付账款
	仓储费	在当前选择的回合中所有国内仓、海外仓、Avocado 配送收取的仓储费。若当前回合调仓或者发货商品，则仓储费将会收取原有的一半；回合结束时扣除现金
	关税	在当前选择的回合中产生的关税。产生调仓的货物进入指定仓库的回合。需要向海关缴纳关税；在入库回合立即扣除现金
	销售商品的退货损失	在当前选择的回合中因退货产生的退款；在产生退货的回合扣除
	买家支付运费的退货损失	在当前选择的回合中因退货产生的退货运费；在产生退货的回合扣除
财务费用	质押管理费	在选择回合中需要缴纳的质押管理费。在贷款到期时期初扣除
	已偿还的贷款利息	在当前选择的回合中已偿还的利息。企业按照约定周期偿还贷款利息，从贷款回合的下一个回合开始计算，进入还款回合即扣除
税	企业所得税	在当前选择的回合中产生的企业所得税，企业所得税是对我国企业和经营单位的生产经营所得和其他所得征收的一种税。具体缴纳周期及税率可在“市场调研”—“环境数据”—“税收”—“企业所得税”中查看。若申报缴纳周期为 4 个回合，则第五、第九、第十三回合为企业所得税的缴纳回合

资料来源：世格跨境电商运营模拟沙盘百科。

(三)现金流量表

财务分析的第三张报表是现金流量表。买家可以选择指定回合或者连续几回合的现金流量表进行分析，在系统中，如果期末计算时现金余额小于 0，则企业会破产，给经营者带来巨大损失。现金流量表展现的是选择回合内资金流出和流入的情况，在经营中要注意不同项资金回款和扣除的时间，确保企业健康经营。如果在期末计算时可用现金小于 0，则企业会立即破产，无法进入下一回合。所以，每个回合运营结束前都要注意自己的现金保留情况。

首页 / 运营结果 / 财务分析

现金流量表

R00 ~ R08

项目	合计
经营活动	
清仓抛售的收入	¥0.00
应收账款回款	¥325,679.83
店铺订阅费	¥10,539.90
市场营销费用	¥14,080.65
采购商品的费用	¥475,650.90
采购商品的运费	¥3,871.00
已结算的销售商品的运费	¥64,558.93
已结算的调仓的运费	¥0.00
配送服务费	¥0.00
仓储费	¥1,646.45
增值税	¥0.00
关税	¥0.00
企业所得税	¥27,872.57
经营活动产生的现金净增加额	-¥272,540.57
筹资活动	
实收资本	¥200,000.00
贷款	¥107,698.89
质押管理费	¥5,000.00
已偿还的贷款本金	¥21,197.83
已偿还的贷款利息	¥198.94
筹资活动产生的现金净增加额	¥281,302.12
现金净增加额	¥8,761.55
现金余额（选定周期的期初数）	¥0.00
现金余额	¥8,761.55

图 7-3 世格跨境电商运营模拟沙盘现金流量表截图

表 7-2　世格跨境电商运营模拟沙盘现金流量解释表

<table>
<tr><th>类别</th><th>项目</th><th>解释</th></tr>
<tr><td rowspan="13">经营活动</td><td>清仓抛售的收入(＋)</td><td>在当前选择的回合中发生的清仓抛售的收入。在经营者制订清仓抛售计划后，即被标记为“已售出”，立即增加入现金</td></tr>
<tr><td>应收账款回款(＋)</td><td>在当前选择的回合中产生的应收账款回款金额。当订单被标记为“已完成”的状态时，且为平台的账期结算回合，则收入会回款到账户中，应收账款回款金额＝销售商品的收入＋买家支付的运费－销售商品的佣金。在订单须标记为“已完成”且是回款回合的期初进行回款</td></tr>
<tr><td>店铺订阅费(－)</td><td>在当前选择的回合中产生的店铺订阅费。店铺成功创建后立即扣除现金，此后在每个收取周期的回合开始立即扣除现金</td></tr>
<tr><td>市场营销费用(－)</td><td>在当前选择的回合中使用市场营销工具、社交网络营销工具、展示设计所花费的资金；决策发生后立即扣除现金</td></tr>
<tr><td>采购商品的费用(－)</td><td>在当前选择的回合中所有采购商品发生的费用；决策发生后立即扣除现金</td></tr>
<tr><td>采购商品的运费(－)</td><td>在当前选择的回合中所有采购商品发生的运费；决策发生后立即扣除现金</td></tr>
<tr><td>已结算的销售商品的运费(－)</td><td>在当前选择的回合中所有已结算的销售商品的运费。物流企业按照规定周期结算的运费，其中扣除了折扣部分；在结算后的下一回合的期初从现金中扣除</td></tr>
<tr><td>已结算的调仓的运费(－)</td><td>在当前选择的回合中所有已结算的调仓的运费，在经营者进行调仓操作后，物流企业按照规定的周期结算的调仓费用，其中扣除了物流折扣，详情可见沙盘中“市场调研”－“仓储物流”－“物流服务”－“结算”；在结算后的下一回合的期初从现金中扣除</td></tr>
<tr><td>配送服务费(－)</td><td>在当前选择的回合中所有通过海外仓或者 Avocado 配送发货的商品的配送服务费，在订单状(海外仓、Avocado 配送)后可计算相应配送服务费。运费具体资费表可以查看“市场调研”－“仓储物流”－“海外仓库/Avocado 配送”。在订单状态标记为“已发货”(海外仓、Avocado 配送)后可计算相应的配送服务费</td></tr>
<tr><td>仓储费(－)</td><td>在当前选择的回合中所有国内仓、海外仓、Avocado 配送收取的仓储费。若当前回合有调仓或者发货的商品，则仓储费将会收取原有的一半；期末计算时从现金中扣除配送服务费</td></tr>
<tr><td>增值税(－)</td><td>在当前选择的回合中所有收取的增值税。经营者使用海外仓或者 Avocado 配送进行商品销售，从海外仓及 Avocado 配送发货的订单在发货回合结束时扣除现金。在订单状态被标记为“已发货”(海外仓、Avocado 配送)后期末计算时从现金中扣除增值税</td></tr>
<tr><td>关税(－)</td><td>在当前选择的回合中缴纳的关税。产生于调仓的货物进入海外仓库的回合，期初需要向海关缴纳关税</td></tr>
<tr><td>企业所得税(－)</td><td>在当前选择的回合中所有已缴纳的企业所得税。在结算后的下一回合的期初从现金中扣除</td></tr>
<tr><td colspan="3">经营活动产生的现金净增加额，经营活动类别下的项目按照相应符号(＋)(－)进行累加</td></tr>
</table>

续表

类别	项目	解释
筹资活动	实收资本(＋)	在创建企业回合沙盘配置的初始资金
	贷款(＋)	在当前选择的回合中进行贷款的金额，进行贷款操作后立即增加至现金；决策发生后立即增加至现金
	质押管理费(－)	在当前选择的回合中使用应收账款质押贷款时支付的质押管理费。在当前选择的回合中已经偿还的贷款本金
	已偿还的贷款本金(－)	在当前选择的回合中已经偿还的贷款本金。在贷款后，经营者需要按照贷款周期进行偿还，在贷款回合的下一个回合开始时沙盘自动进行还款；在还款回合的期初从现金中扣除
	已偿还的贷款利息(－)	在当前选择的回合中已经偿还的贷款利息。在还款回合的期初从现金中扣除
筹资活动产生的现金净增加额＝实收资本＋贷款－质押管理费－已偿还的贷款本金－已偿还的贷款利息		
现金净增加额＝经营活动产生的现金净增加额＋筹资活动产生的现金净增加额		
现金余额＝现金净增加额＋现金余额		

资料来源：世格跨境电商运营模拟沙盘百科

(四)企业所得税纳税申报表

企业所得税申纳报表的数据在实际缴纳之后才会显示，未缴纳之前可以通过“财务分析”—“利润表”进行预估，营业利润即该缴纳周期对应回合的利润总额。在沙盘中，第五回合在“运营结果—财务分析—企业所得税纳税申报表”中可以查看到关于企业所得税的数据。学生在沙盘中的角色为企业，若申报缴纳周期为 4 个回合，则当有了营业利润之后，将会在第五回合的期初扣除此项费用。企业所得税纳税申报在一个清缴周期内企业应纳税税额＝该周期内的利润总额(营业利润)×税率。所以，第四回合保留的现金要超过运费和企业所得税费用总和。

首页 / 运营结果 / 财务分析

企业所得税纳税申报表

汇算清缴周期 1 (R01 ~ R48)

项目	合计 (R01 ~ R08)
营业收入	¥1,016,139.55
营业外收入	¥10,509.59
营业支出	
销售商品的成本	¥615,991.19
销售费用	¥30,138.00
财务费用	¥198.94
营业利润	¥375,321.01
应纳税所得额	¥375,321.01
税率	25.00%
实际应缴纳所得税额	¥93,830.25
实际已缴纳所得税额	
R01 ~ R04	¥27,872.57

图 7-4 世格跨境电商运营模拟沙盘企业所得税纳税申报表截图

表 7-1-3　世格跨境电商运营模拟沙盘企业所得税纳税申报表解释表

类别	项目	解释
营业收入		汇算清缴周期内的营业收入与利润表中该周期内营业收入额相同
营业外收入		汇算清缴周期内的营业收入与利润表中该周期内营业外收入额相同
营业支出	销售商品的成本	汇算清缴周期内的销售商品的成本与利润表中该周期内销售商品的成本相同
	销售费用	汇算清缴周期内的销售费用与利润表中该周期内销售费用相同
	财务费用	汇算清缴周期内的销售费用与利润表中该周期内财务费用相同
营业利润		汇算清缴周期内的销售费用与利润表中该周期内利润总额相同
应纳税所得额		汇算清缴周期内的销售费用与利润表中该周期内的营业利润
税率		企业所得税税率都是法定的，即利润总额的一定比例进行缴纳
实际应缴纳所得税额		实际应缴纳所得税税额＝营业利润×税率
实际已缴纳所得税额		实际已缴纳的所得税额
应补（退）所得税额		在一个汇算清缴周期后，企业根据每个周期的纳税数额，确定该周期应补或者应退数额

资料来源：世格跨境电商运营模拟沙盘百科。

（五）店铺应收账款结算计划表

店铺应收账款结算计划表可以查看企业所有经营店铺的应收账款结算情况，且以分店铺形式展现的，可以对照不同的结算周期查看具体的结算信息。此外，在每个结算日期的明细中，可以查看该结算日期下结算订单的相关信息。

图 7-5　世格跨境电商运营模拟沙盘店铺应收账款结算计划表截图

表 7-4　世格跨境电商运营模拟沙盘应收账款结算计划表解释表

项目	解释
结算日期	订单结算回合
下单时间	该产品买家下订单回合

续表

项目	解释
销售地区	该产品买家所处国家地区
出库地点	该产品买家下单时产品所在仓库
发货时间	该产品发货回合
运达时间	该产品送达回合
订单数量	该产品“已送达”订单数量
商品金额	该产品所有订单总金额
运费	该产品所有订单买家支付的运费
佣金	该产品所有订单需要扣除的商品佣金

资料来源：世格跨境电商运营模拟沙盘百科。

（六）物流服务费用结算计划表

物流服务费用结算计划表可以查看各物流服务在不同回合周期的费用情况。沙盘中的国内仓发货和海外仓调仓的物流费用在此表统计，国内采购物流和海外仓订单发货不包含在内。注意：

（1）若物流服务费用结算周期为 4 个回合，则在第五回合期初会扣除第一回合至第四回合所有已发货订单的物流运费和调仓运费，包括第四回合发货产生的费用。

（2）若系统总共是 12 个回合，并且结算周期为 4 回合，则在第五回合和第九回合的期初扣除运费，且先进行订单回款再进行运费扣除。同时在最后一回合结算时，未结算的运费不会扣除，也不会提前扣除第十三回合的运费。

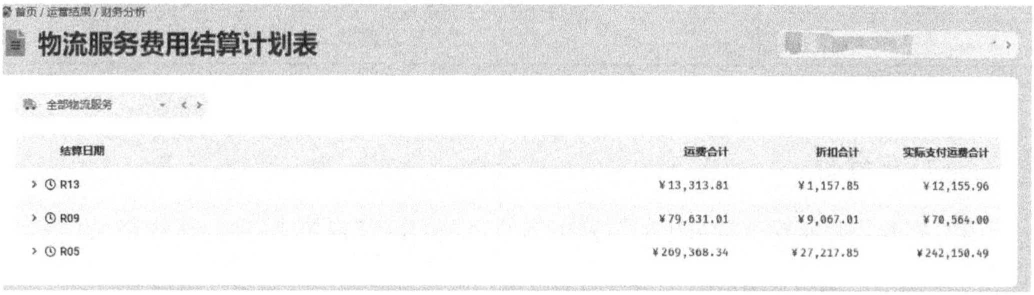

首页 / 运营结果 / 财务分析

物流服务费用结算计划表

全部物流服务

结算日期	运费合计	折扣合计	实际支付运费合计
R13	¥13,313.81	¥1,157.85	¥12,155.96
R09	¥79,631.01	¥9,067.01	¥70,564.00
R05	¥269,368.34	¥27,217.85	¥242,150.49

图 7-6　世格跨境电商运营模拟沙盘店铺物流服务费用结算计划表截图

表 7-5　世格跨境电商运营模拟沙盘物流服务费用结算计划表解释表

项目	解释
结算日期	订单结算回合
账单日期	“已发货”订单回合
物流服务	发货回合所使用物流服务
运费合计	发货回合物流总运费
折扣合计	结算回合物流服务折扣
实际支付运费合计	运费合计－折扣合计

资料来源：世格跨境电商运营模拟沙盘百科。

(七)贷款还款计划表

贷款还款计划表可以查看各个还款周期的贷款与还款情况,包括当期本金、当期利息、管理费、当期应还款总额、剩余应还款总额等数值信息,以及还款状态。

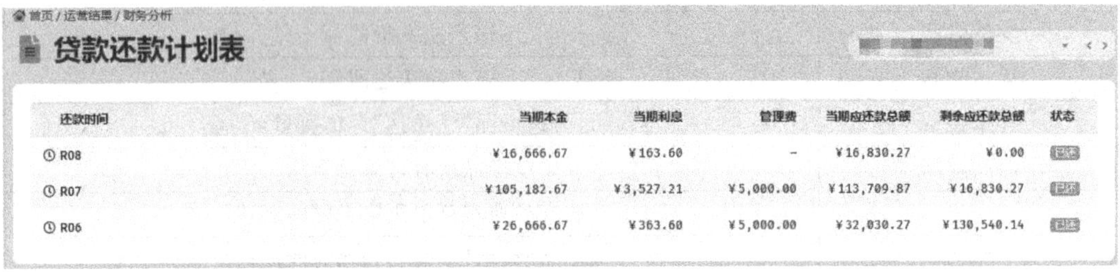

首页 / 运营结果 / 财务分析

贷款还款计划表

还款时间	当期本金	当期利息	管理费	当期应还款总额	剩余应还款总额	状态
R08	¥16,666.67	¥163.60	-	¥16,830.27	¥0.00	
R07	¥105,182.67	¥3,527.21	¥5,000.00	¥113,709.87	¥16,830.27	
R06	¥26,666.67	¥363.60	¥5,000.00	¥32,030.27	¥130,540.14	

图 7-7　世格跨境电商运营模拟沙盘店贷款还款计划表截图

表 7-6　世格跨境电商运营模拟沙盘店铺贷款还款计划表解释表

项目	解释
还款时间	贷款后的还款时间
当期本金	贷款后此回合需要还款的本金金额
当期利息	贷款后此回合需要还款的利息金额
管理费	贷款后此回合需要支付的质押管理费
当期应还款总额	当期本金+当期利息
剩余应还款总额	贷款金额+利息-(已还款本金+已还款利息)
状态	是否还清

资料来源:世格跨境电商运营模拟沙盘百科。

二、订单分析

在世格跨境运营模拟沙盘中的运营结果的“订单分析”模块中,第一张表格是订单总收入表。

订单总收入的订单数量是在选定回合产生的所有的订单数量。“订单分析”中的订单总收入与“利润分析”中的营业收入是不对应的,营业收入是对应回合“已发货”的订单收入。每个回合系统会根据店铺上架产品的选品、标题、定价、数量是否符合市场趋势会产生订单,再根据订单的运费设置产生相应的订单收入。

(一)订单总收入表

订单收入是维持每一个回合店铺运营的基本收入。表中订单总收入表,包括时间、订单数量、销售商品的收入、买家支付的运费以及订单总额几个部分的数据,同时表下还有相关部分的每回合走势图。

订单总收入

R01 ~ R08

时间	订单数量	销售商品的收入	买家支付的运费	订单总额
R08	5,464	$123,731.50	$0.00	$123,731.50
R07	5,153	$139,924.00	$0.00	$139,924.00
R06	5,029	$132,522.50	$0.00	$132,522.50
R05	2,957	$76,402.00	$0.00	$76,402.00
R04	1,045	$28,896.00	$0.00	$28,896.00
R03	4,344	$112,682.50	$0.00	$112,682.50
R02	2,540	$69,210.50	$0.00	$69,210.50
R01	780	$21,105.50	$0.00	$21,105.50
合计	27,312	$704,474.50	$0.00	$704,474.50

图 7-8　世格跨境电商运营模拟沙盘店订单总收入截图

表 7-7　世格跨境电商运营模拟沙盘店铺贷款订单总收入图解释表

项目	解释
订单数量	在选定回合内，所有经营店铺在所有地区的总订单量
销售商品的收入	在选定回合内，所有经营店铺在所有地区的销售商品的收入
买家支付的运费	在选定回合内，所有经营店铺在所有地区的买家支付的运费
订单总额	销售商品的收入＋买家支付的运费

资料来源：世格跨境电商运营模拟沙盘百科。

从图 7-9 中可以直观地看出每个回合订单总额的走势图，为卖家跨境店铺运营决策提供参考。

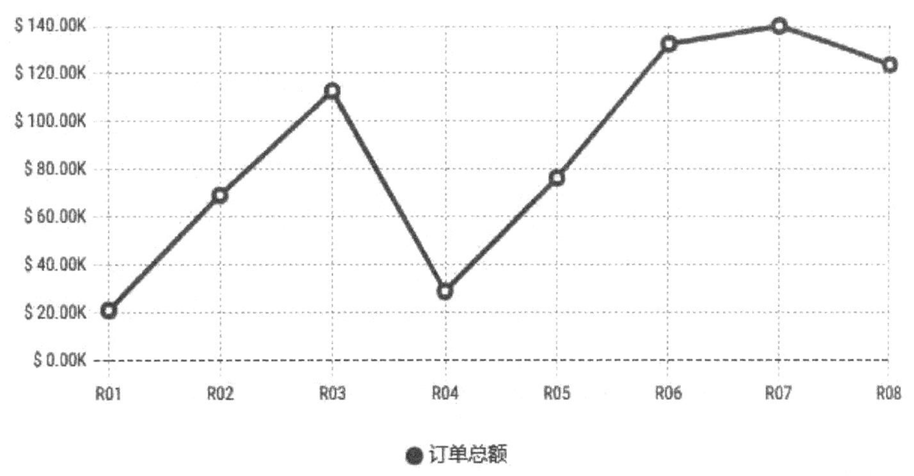

图 7-9　世格跨境运营模拟沙盘订单总收入图

(二)地区订单收入

第二张表格是地区订单收入,在此可以查看选定地区的所有经营店铺的订单收入。同样,“订单分析”中的地区订单收入与“利润分析”中地区销售利润是不对应的,而是对应回合“已发货”的订单收入。其中订单数量、销售商品的收入、卖家支付的运费和订单总量的解释与订单总收入表一样,只是范围从所有的经营店铺变成选定地区所有的经营店铺。卖家可以知道经营的所有店铺主要流量来自哪个国家,从而在选品时可以针对季节、产品进行精准决策。

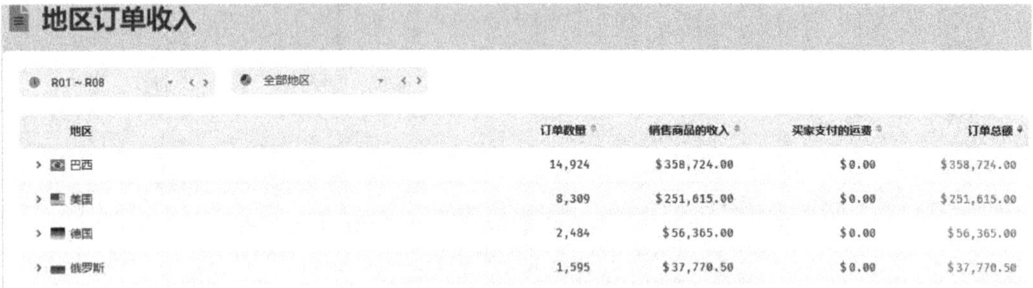

地区订单收入

R01 ~ R08　全部地区

地区	订单数量	销售商品的收入	买家支付的运费	订单总额
巴西	14,924	$358,724.00	$0.00	$358,724.00
美国	8,309	$251,615.00	$0.00	$251,615.00
德国	2,484	$56,365.00	$0.00	$56,365.00
俄罗斯	1,595	$37,770.50	$0.00	$37,770.50

图 7-10　世格跨境运营模拟沙盘地区订单收入图(一)

(三)店铺订单收入

第三张表格是店铺订单收入,在此可以查看买家所有经营店铺的订单收入。店铺订单收入的订单数量是在选定回合产生的对应经营店铺的订单数量。其中订单数量、销售商品的收入、卖家支付的运费和订单总量的解释与订单总收入表一样,只是范围从所有的经营店铺变成选定的经营店铺。

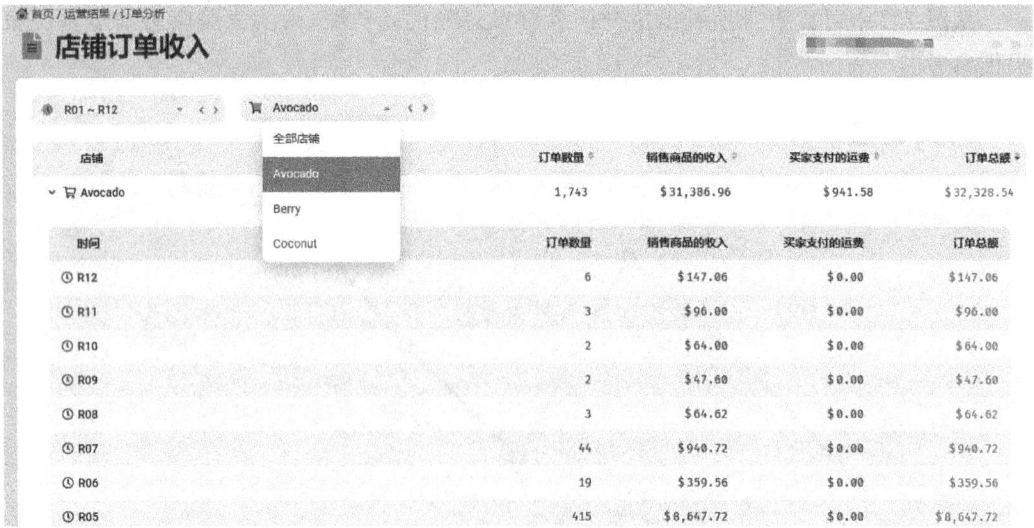

首页 / 运营结果 / 订单分析

店铺订单收入

R01 ~ R12　Avocado

全部店铺 / Avocado / Berry / Coconut

店铺	订单数量	销售商品的收入	买家支付的运费	订单总额
Avocado	1,743	$31,386.96	$941.58	$32,328.54

时间	订单数量	销售商品的收入	买家支付的运费	订单总额
R12	6	$147.06	$0.00	$147.06
R11	3	$96.00	$0.00	$96.00
R10	2	$64.00	$0.00	$64.00
R09	2	$47.60	$0.00	$47.60
R08	3	$64.62	$0.00	$64.62
R07	44	$940.72	$0.00	$940.72
R06	19	$359.56	$0.00	$359.56
R05	415	$8,647.72	$0.00	$8,647.72

图 7-11　世格跨境运营模拟沙盘地区订单收入图(二)

(四)店铺订单收入

第四张表格是店铺订单收入,在此可以查看买家所有经营店铺的订单收入。店铺订单收入的订单数量是在选定回合产生的对应经营店铺的订单数量。其中订单数量、销售商品的收入、卖家支付的运费和订单总量的解释与订单总收入表一样，只是范围从所有的经营店铺变成选定的经营店铺。

(五)商品订单量排名

第五张表格是商品订单排名表，是指该商品在同一个平台的同一个品类中的订单量排名。通过查看订单量排名可以分析商品在平台中的竞争情况，以及不同品类的商品之间的需求情况。

图 7-12　世格跨境运营模拟沙盘商品订单排名图(一)

(六)商品流量和订单

第六张表格是商品流量和订单表，是指该商品在同一个平台的同一个品类中的订单量排名。表格内容由产品的曝光量、浏览量、订单数量、转化率和订单总额组成。商品的曝光量、浏览量以及转化率是评估商品表现的重要指标，也是商品优化时的主要数据参考。通过查看订单量排名可以分析商品在平台中的竞争情况，以及不同品类的商品之间的需求情况、通过转化率。曝光率高、浏览量高的产品必须转化率高才能真正转化为订单数量。电商平台排名最重要的一个规则就是转化率，如果 A 卖家的转化率是 20%，B 卖家的转化率是 10%，那么平台就会将 A 卖家的商品优先曝光。

表 7-8　世格跨境运营模拟沙盘商品流量和订单排名图解释表

项目	解释
曝光量	在指定回合和平台上该款产品被曝光和展现的次数
浏览量	在指定回合和平台上该款产品被浏览的次数
订单数量	在指定回合和平台上的订单数量
转化率	该款产品的订单量与浏览量的比率，转化率=(订单数量/浏览量)×100%
订单总额	该商品在选定回合和平台上的订单总额

图 7-13　世格跨境运营模拟沙盘商品流量和订单排名图(二)

(七)商品流量来源

商品流量来源主要有站内流量和站外两类。站内流量是指卖家直接到平台内进行搜索点击寻找到店铺产品所带来的流量,站内流量来源的特点是密度大,客户需求明确且有强烈的采购意向;而站内搜索流量有两个非常关键的要素:关键词和排名。软件中只有Berry平台的商品有店内浏览量,其他两个平台都没有店内浏览量。站外引流是指通过不同的工具可以直接给指定的商品带来额外的浏览量,不同来源的流量数据会分别展示。

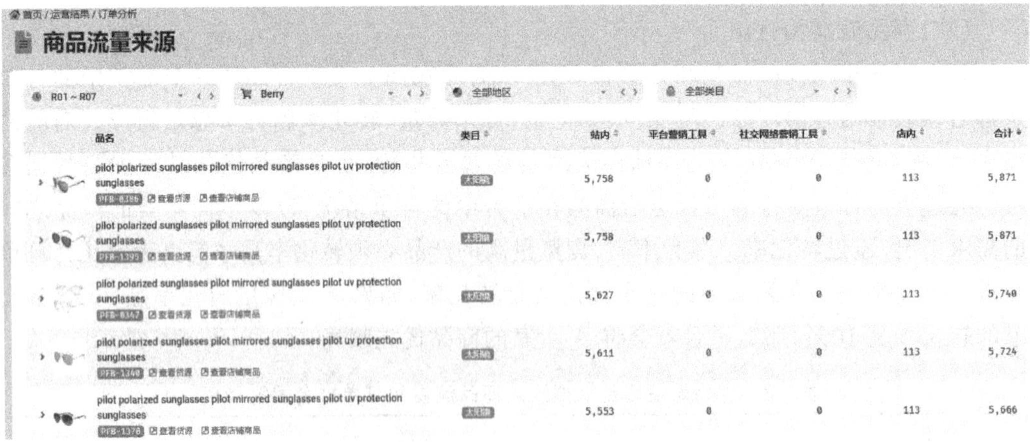

图 7-14　世格跨境运营模拟沙盘商品流量排名图

表 7-9　世格跨境运营模拟沙盘商品流量排名图解释表

项目	解释
站内	在选定回合与平台内,商品在平台中获得的自然的站内流量
平台营销工具	在选定回合与平台内,卖家通过平台营销工具带来的浏览量

续表

项目	解释
社交网络营销工具	在选定回合与平台内，卖家通过使用社交网络营销工具带来的浏览量
店内	在选定回合内，一个商品给同一店铺中的其他商品带来的流量

(八)商品广告业绩

模拟沙盘中跨境电商平台店铺可以选择的商品广告主要有站内广告、软文广告、网红直播这三种方式。其中，使用软文广告和网红直播是买家直接通过页面进入详情页，属于站外引流，因此这两种广告方式没有曝光量数据。在查看商品广告业绩图时，要特别注意转化率高的广告更为有效。

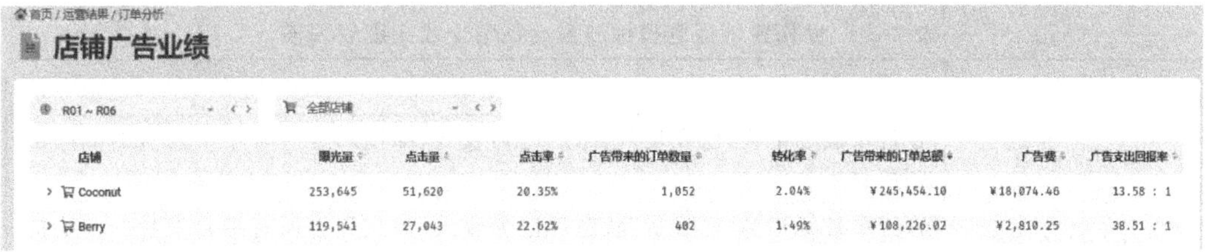

图 7-15 世格跨境运营模拟沙盘店铺广告业绩截图

表 7-10 世格跨境运营模拟沙盘店铺广告业绩图解释表

项目	解释
曝光量	在选定回合与店铺内，卖家使用不同广告方式带来的曝光量
点击量	在选定回合与店铺内，卖家使用不同广告方式带来的点击量
点击率	在选定回合与店铺内，点击率＝点击量/曝光量
转化率	在选定回合与店铺内，使用广告带来的订单转化率。 转化率＝(广告订单数量/浏览量)×100%
广告支出回报率	广告支出与带来的订单的投入产出比。 广告支出回报率＝(广告费/广告带来的订单总额)×100%

二、利润分析

(一)营业收入表

在世格跨境运营模拟沙盘中“运营结果”的“利润分析”模块中，第一张表格是营业收入表。营业收入是跨境电商平台销售商品的收入、买家支付的运费和清仓抛售的收入之和。在沙盘中“未发货”的订单暂不记入营业收入。例如，在第一回合已经支付运费并产生的订单，如果当时未发货，则不记入营业收入。如果第二回合可以发货，则该订单的销售收入记入到第二回合。

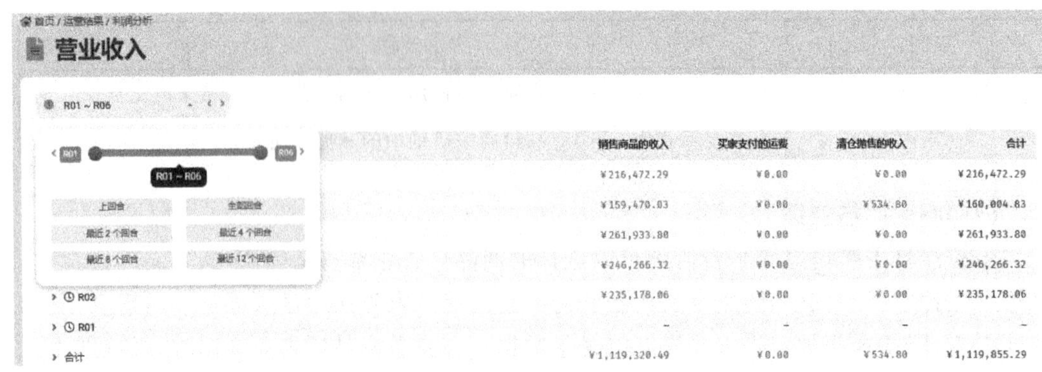
首页 / 运营结果 / 利润分析

营业收入

R01 ~ R06

	销售商品的收入	买家支付的运费	清仓抛售的收入	合计
	¥216,472.29	¥0.00	¥0.00	¥216,472.29
	¥159,470.03	¥0.00	¥534.80	¥160,004.83
	¥261,933.80	¥0.00	¥0.00	¥261,933.80
	¥246,266.32	¥0.00	¥0.00	¥246,266.32
R02	¥235,178.06	¥0.00	¥0.00	¥235,178.06
R01	-	-	-	-
合计	¥1,119,320.49	¥0.00	¥534.80	¥1,119,855.29

图 7-16　世格跨境运营模拟沙盘营业收入截图

表 7-11　世格跨境运营模拟沙盘店铺营业收入图解释表

项目	解释
销售商品的收入	在订单被标记为“已发货”状态后记为收入，即该回合所有平台发货的商品的销售收入
买家支付的运费	在订单被标记为“已发货”状态后记为收入，即该回合所有平台发货的商品的买家
清仓抛售的收入	在清仓抛售决策被标记为“已售出”状态后记为收入

(二)地区销售利润表

“利润分析”模块中的第二张表格是地区销售利润表。地区销售利润是在买家经营的所有店铺在不同地区的销售利润，分为收入、成本、毛利和毛利率四个方面。通过分析地区销售利润，可以看出选品更适应哪些地区，在今后的运营过程中，卖家就可以加大优势地区的广告，调整劣势地区的选品或者定价，从而更精准地运营。

首页 / 运营结果 / 利润分析

地区销售利润

R01 ~ R06　　全部地区

地区	收入	成本	毛利	毛利率
巴西	¥633,924.43	¥410,429.71	¥223,494.72	35.26%
俄罗斯	¥404,167.11	¥245,160.42	¥159,006.69	39.34%
德国	¥61,530.69	¥35,312.58	¥26,218.11	42.61%
美国	¥19,698.26	¥11,083.78	¥8,614.48	43.73%

图 7-17　世格跨境运营模拟沙盘地区销售利润截图

表 7-12　世格跨境运营模拟沙盘店铺地区销售利润图解释表

项目		解释
收入	销售商品的收入	在订单被标记为“已发货”状态后记为收入，即该回合该地区发货商品的销售收入。
	买家支付的运费	在订单被标记为“已发货”状态后记为收入，即该回合该地区发货商品买家支付的运费收入

续表

项目		解释
成本	采购商品的费用	在订单被标记为“已发货”状态后记为采购费用，即该回合该地区发货商品的采购费用
	采购商品的运费	在订单被标记为“已发货”状态后记为采购运费，即该回合该地区发货商品的采购运费
	销售商品的佣金	在订单被标记为“已发货”状态后记为销售商品的佣金，即该回合该地区发货商品的销售佣金
	销售商品的运费	在国内仓订单被标记为“已发货”后可计算相应运费，记入销售商品的运费，即该回合该地区国内仓发货商品的国际运费
	配送服务费	在海外仓和 Avocado 仓库的订单被标记为“已发货”后可计算相应配送费，即该回合该地区通过海外仓或 Avocado 仓库发货商品的配送费
	调仓的运费	在海外仓和 Avocado 仓库的订单被标记为“已发货”后商品的调仓费用，即该回合该地区通过海外仓或 Avocado 仓库发货商品的调仓费用
利润		毛利＝收入－成本；毛利率＝毛利/收入

(三)店铺销售利润表

“利润分析”模块中的第三张表格是店铺销售利润表。店铺销售利润表是买家在经营不同店铺时的销售利润。利润分析表的基本结构与店铺地区销售利润表结构一致。通过分析，卖家可以看出哪些店铺的运营利润更好，那么在今后的运营过程中就可以加大优势店铺的广告，调整劣势店铺的选品或者定价，从而更精准地运营。

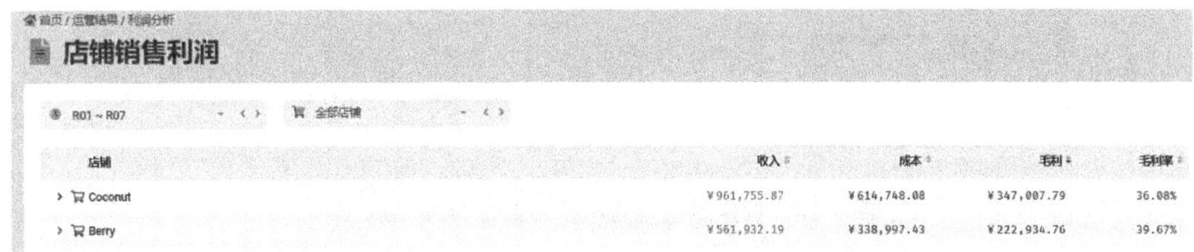

图 7-18　世格跨境运营模拟沙盘店铺销售利润图

(四)商品销售利润表

“利润分析”模块中的第四张表格是商品销售利润表。店铺销售利润表是在买家经营所有店铺下所有商品的销售利润。该表的基本结构与店铺地区销售利润表结构一致。通过分析，卖家可以看出哪些商品的运营利润更好。那么在今后的运营过程中就可以加大优势商品的广告，调整劣势商品，甚至下架，同时优化标题或者定价，从而更精准地运营。

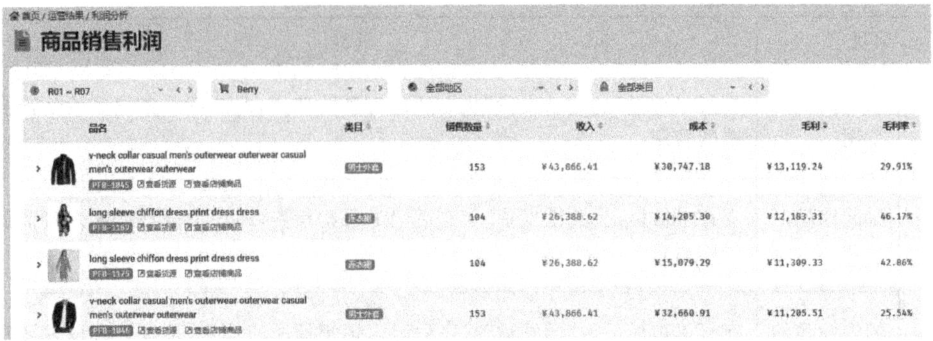

图 7-19 世格跨境运营模拟沙盘商品销售利润截图

三、库存分析

(一)库存清单

在世格跨境运营模拟沙盘中的“运营结果”—“库存分析”模块中,第一张表格是库存清单表。库存清单统计了已采购商品的库存情况,可以按回合和类目查看。此报表只可看之前回合的库存,当期库存要在“仓储管理”—“库存”中查看。点击商品图片左侧的下拉三角,可查看商品仓库信息和详细的库存变动信息,库存清单表是经营者在沙盘中补货的重要参考。

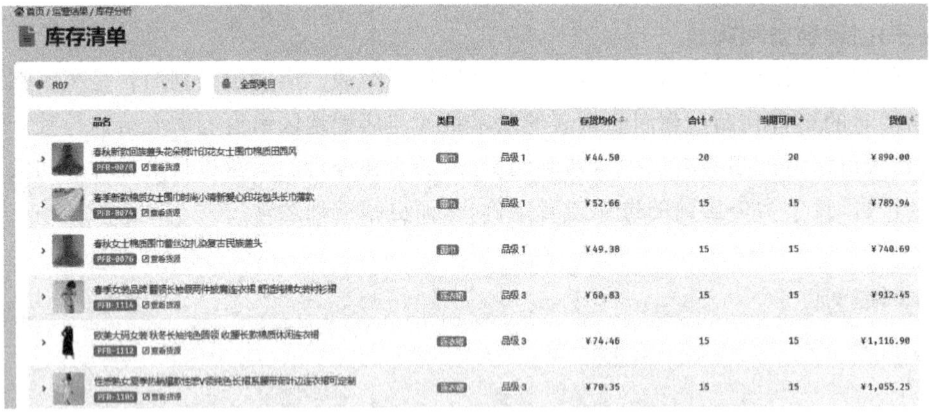

图 7-20 世格跨境运营模拟沙盘库存清单截图

表 7-13 世格跨境运营模拟沙盘库存清单解释表

项目	解释
品级	产品的品级
存货均价	库存中的产品平均采购价
合计	合计为运输途中及在库的产品总和
当期可用	在国内仓/海外仓/Avocado 仓库中的产品总和
货值	货值=产品均价×产品数量

（二）发货清单

库存分析模块中第二张表格是发货清单表，分析了已出单商品的发货情况，可以按回合、店铺和类目查看每一件已出单商品的类目、订单数量、发货数量、待发货数量、未履行数量、出库地点等信息。点击商品图片左侧的下拉三角，可以查看商品在各回合、各销售地区的详细发货信息。

图 7-21　世格跨境运营模拟沙盘发货清单截图(一)

表 7-14　世格跨境运营模拟沙盘发货清单解释表(一)

项目	解释
时间	买家下单时间
最迟发货时间	卖家最迟发货时间，超过此时间，订单状态即变为“未履约”
总订单数量	此回合订单总数
销售地区	买家下单地点
订单数量	此销售地区的订单总数
发货数量	此销售地区已经发货的订单数量
待发货数量	此销售地区在备货时间内，还未发货的订单数量
未履行数量	此销售地区超过备货时间，订单状态为“未履行”的订单数量
出库地点	此销售地区买家下单时所选择的仓库
仓库订单数量	买家下单时所选择的仓库的订单数量
发货时间	已发货订单的发货时间
物流服务	已发货订单所使用的物流服务
仓库发货数量	买家下单时所选择的仓库以及发货的订单数量

（三）库存动销率

库存分析模块中最后一张表格是库存动销率表，体现了商品库存的销售情况。点击商品图片左侧的下拉三角，可以分回合和类目查看库存的商品的动销率，从而适时调整运营策略。

图 7-22　世格跨境运营模拟沙盘发货清单截图(二)

表 7-15　世格跨境运营模拟沙盘发货清单解释表(二)

项目	解释
发货订单数量	已发货的订单总数
期末库存数量	在选定回合结束的时候剩余的库存数量
动销率	动销率＝发货订单数量/(发货订单数量＋期末库存数量)

任务二　撰写商业计划书

任务分析

本次任务是完成世格跨境电商运营模拟沙盘 8 个回合的运营，并对本次运营进行总结，完成对所学知识的整理和提升，包括市场环境分析、选品及定价内容等。

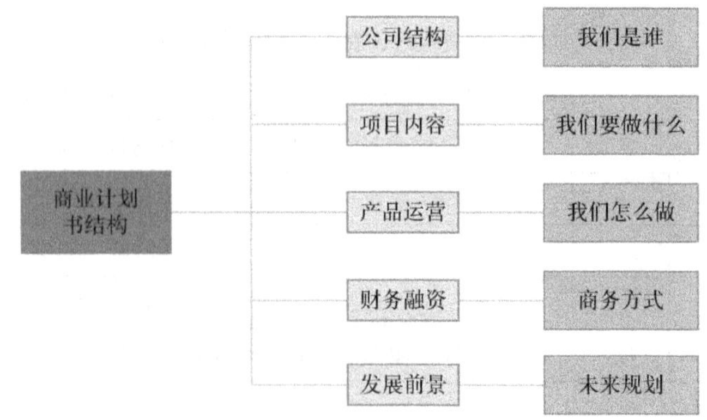

知识准备

商业计划书是企业或项目单位为了达到招商融资和其他发展目标，在经过前期对项目科学地调研、分析、搜集与整理有关资料的基础上，根据一定的格式和内容要求整理而成的一份向受众全面展示企业和项目状况、未来发展潜力的书面材料。

商业计划书是以书面的形式全面描述企业所从事的业务，它详尽地介绍了一个企业的产品服务、生产工艺、市场和客户、营销策略、人力资源、组织架构、对基础设施和供给的需求、融资需求，以及资源和资金的利用，其主要意图是递交给投资商，以便于他们能对企业或项目做出评判，从而使企业获得融资。通过撰写商业计划书，经营者会更了解生意的整体情况及业务模型，亦能让投资者判断该生意的可盈利性，是市场融资的一种关键工具。

任务实施

商业计划书首先是一种吸引投资的工具，同时也是确定目标和制订计划的很好的参考资料，还是一个企业管理和操作的行为指南。商业计划书主要分为以下几个部分。

一、概要

概要作为商业计划的第一部分，是风险投资者首先看到的内容，是整个商业计划的核心之所在。这部分应清楚介绍你的商业项目(产品或服务)的机会、商业价值、目标市场的描述和预测、竞争优势、核心的管理手段和资金需求、盈利能力预测等。好的概要能让风险投资者产生浓厚兴趣，并渴望得到更多的信息。

二、企业概述

简单展示企业的发展历史，现在的情况以及未来的规划。具体而言：

(一)企业宗旨

这部分阐述企业长期的战略意向，主要说明企业目前和未来要从事的经营业务范围，也称企业使命。

(二)企业结构

这部分主要介绍企业的名称、企业流程运转、部门设置及职能规划等最基本的结构。

(三)企业经营理念

这部分介绍企业在实现远景目标业绩时描述各有关团体和人事如何受益，并在此基础上形成企业基本设想与科技优势，发展方向、共同信念和企业追求的经营目标。一套经营理念包括三个部分：第一部分是对组织环境的基本认识，包括社会及其结构、市场、顾客及科技情况的预见。第二部分是对组织特殊使命的基本认识。第三部分是对完成组织使命的核心竞争力的基本认识。

(四)企业经营策略

在企业经营管理中，为了实现某一经营目标，在一定的市场环境条件下，所有可能实现经营目标采取的行动及其行动方针、方案和竞争方式，均可称为经营策略。在商业计划书中要用最简洁的方式描述你的产品(服务)，包括：你的产品(服务)能为消费者提供什么新的价值；你准备解决什么样的困难；你准备如何解决；你们的企业是否是最合适的人选。

(五)企业硬件和软件

这部分可以对计划中的企业硬件和软件详细加以描述,包括但不限于以下内容:

1.企业的生产设备及厂房主要集中于XXX。

2.企业认为到X年X月止,为了达到XXX的产量和销售额,我们需要XXX。

3.回答为什么需要这笔钱。

4.建立开发/生产设备,并努力提高生产和研究能力以便满足日益提高的客户需求。通过大规模的促销攻势提高我企业产品(服务)的销量。

5.增加分销渠道/零销网点/区域销售/销售企业/采用电气/直邮式的分类等。

6.录用新的员工以便支持在新的市场计划下可持续发展。

7.提高研发能力,创造领导潮流的新型产品,提高竞争力。

三、产品与服务

此部分主要是对企业现有或者未来产品的性能、技术特点、典型客户、盈利能力等的陈述以及未来产品研发计划的介绍。商业计划中的产品或服务必须具有创新性,有必要对企业独立拥有的技术、技术发展的内外部环境和软硬件环境做出简要介绍,也可以对研究与开发的基础和方向以及将来的产品(服务)做出预测。但是计划书中一定要在某些细节上做出比较详细的解释,清楚地解释产品(服务)能实现的功能,可以向风险投资家介绍产品的优点、价值,与竞争对象进行比较,讨论产品的发展步骤,并列出初步开发所需要的条件。只有当一个新的产品(服务)优于市场上已有的产品(服务)时,它才可能受到消费者的青睐。如果市场上存在替代性产品(服务),那么还应该解释它还具有哪些额外价值。在认真完成产品(服务)功能的描述之后,如果可以做出一个样品,对证明产品(服务)的可实现性无疑是更有意义的。产品与服务部分有但不仅限于以下内容:

1.产品或服务的名称、特征及性能用途

这部分说明产品是如何向消费者提供价值,以及你所提供的服务的方式有哪些;你的产品填补了那些急需补充的市场空白;可以加上你的产品或服务的照片。

2.产品优势

创新性可做细节阐述,可与竞争对手进行比较;产品有独特的功能与价值,潜在竞争对手分析;产品的额外价值增值,与竞品做比较。

3. 技术描述

这部分要避免过多细节描述,要用通俗的语言整理归纳产品与服务的功能、特点、竞争优势等信息。

4.产品及服务的支持和保障

这部分可阐述你的下一代产品,并同时说明为将来的消费者提供的更多的服务是什么。

四、市场分析

这部分介绍产品(服务)的市场情况,包括目标市场基本情况、未来市场的发展趋势、市场规模、目标客户的购买力等。有需求才有市场,有市场才有项目。商业计划书中,市场分析是项目产生的前提，是展示项目的切入点、竞争力、发展前景的重要部分。市场分析部分主要有但不仅限与以下内容：

1.市场描述

介绍产品或服务针对的市场、商业价值和目标份额等。例如：我们计划或正在XX行业竞争。这个市场的价值大约有XXX，我们相信，整个行业的主要发展趋势将向着（环境导向型、小型化、高质量、价值导向型）发展。市场研究表明（引用源）到20XX年该市场将（发展/萎缩）到XXX。在这段时期里，预计我们力争的细分市场将（成长、萎缩、不发展）。改变这种情况的主要力量是（例如电脑降价、家电商业的蓬勃发展等原因）。这个行业最大的发展将达到XXX。你的企业可能将你的产品（服务）和XXX企业/同级别的企业的现行业务合并。而当今的类似XX企业正面临着逐步提高的劳动力或成本等困难。我们将目标市场定义为X、Y、Z。现在，这个市场由N个竞争者分享。我们的产品拥有以下优势：高附加值，出色的表现，高品位等。

2.目标消费群

介绍产品或服务的目标消费群、购买动力等。是什么因素促使人们购买你的产品？你的技术、产品对于用户的吸引力在何处？人们为什么选择你的产品（服务）/企业？

3.销售战略

介绍实施销售计划的各种因素，包括产品、价格、广告、渠道、促销条件，是一种为了达成销售目的之各种手段的最适组合而非最佳组合。销售策略也是公司产品（服务）投放市场的理念。例如：产品选取的销售渠道之所以选择这些渠道是因为：

（1）消费群特点

（2）地理优势

（3）季节变化引起的销售特点

（4）资金的有效运用

（5）可以利用市场上现有的产品的销售渠道

（6）针对每一个分销渠道，确定一个五年期的目标销售量以及其他假设条件

五、竞争分析

竞争分析一般也称为竞争战略分析，是根据"企业所在的行业""企业面临或者即将面对的竞争""企业实施或者即将实施战略"三个方面去帮助企业了解竞争对手的经营状况和目标客户的未来需求，发现新的消费点和新的客户群，在未来市场竞争活动中能占据主导位置。

1.竞争描述

描述你的主要竞争对手类型，竞争对手所占的市场份额和目前的市场策略。

2.竞争战略/市场进入障碍

这里研究进入细分市场的主要障碍及竞争对手模仿你的障碍。我们的策略、竞争中产品的价格、性能在市场竞争中的优势以及我们拥有的其他优势有哪些。

六、经营策略

这部分介绍企业在考量本身优劣后，为形成优势和创造生存与发展空间所采取的

对策。

1. 营销计划

选择目标市场；制定产品决策（调整和计划合理的产品数量以适应各个市场的现实和潜在需求，调整和改进产品的样式、品质、功能、包装，开发新产品，优化产品组合，确定产品的品牌和商标、包装策略）；制定价格决策（确定企业的定价目标、定价方法、定价策略，制定产品的价格和价格调整方法）；制定销售渠道策略，选择适当的销售渠道；制定销售促进决策（人员推销、广告、宣传、公共关系、营业推广、组织售前售中售后服务等）。

2.市场沟通

利用平台或者媒介加强、促进并支持产品能更好地满足消费者需求的热点。唯一的原则就是寻找一切可能的有利的途径进行沟通。

(1)促销展出

(2)广告

(3)新闻发布

(4)大型会议或研讨会

(5)网络促销

(6)捆绑促销

(7)媒体刊登

(8)邮件广告

3.规划和开发计划

介绍产品(服务)开发的规划目标、当前所处的状态以及开发计划，以及可能遇到的困难和风险预测。

4.制造和操作计划

介绍产品(服务)使用寿命、生产周期和生产组织，设备条件、技改的必要性和可能性。

七、财务分析

财务分析是以会计核算和报表资料及其他相关资料为依据，采用专门的分析技术和方法，对企业过去和现在有关筹资活动、投资活动、经营活动、分配活动的盈利能力、营运能力、偿债能力和增长能力状况等进行分析与评价的经济管理活动。它是为企业的投资者、债权人、经营者及其他关心企业的组织或个人了解企业过去、评价企业现状、预测企业未来做出正确决策提供准确的信息或依据的经济应用学科。财务分析是对投资机会进行评估的基础，它需要体现你对财务需求的最好预估。

1.营业收入预估表

利用销售量的预估和已产生的生产和营运的成本，准备至少3年的收入预估表。重点说明主要的几项风险，比如，导致销售税减20%的风险，以及在当前的生产力情况下，为了达到曲线的增长，采取缩减的方式所带来的不利影响。这些风险都将影响销售目标和赢利的最终实现；还要说明收益随之变化的情况。收入状况是财务管理中可营利计划的一部分，它可以显示出新资金的潜在的投资可行性。我们建议前两年以月为单位进行统计，再往后以季度为单位进行统计。

2.资产负债表

风险投资家也会对项目资产负债表感兴趣，因为他们想知道资产的预期增长情况。资产的类型和价值放在资产负债表的资产方，而负债和收入则放在另一边。和收益表一样，要用标准的账户格式。资产负债表也应该以每年的实际交付为基础计算。如果缺乏财务预测方面的经验，可以向有关专业人士请教，也可以考虑将具有这种专业能力的人士引入团队。

3.现金流量表

现金流量表对投资家来说比资产负债和收入报表更为重要，在阶段性时间节点你将会有多少现钱是投资者很关心的问题。第一年按月做一次统计，以后两年至少每季要做一次统计。现金流入流出的时间和数目的详细描述，决定着追加投资的时间，体现了对营运资本的微弱需求，能说明现金是如何得到的，比如获得净资产、银行贷款、银行短期信用或者其他，说明哪些项目需要偿还，以及如何偿还这笔钱。

4.盈亏平衡图

计算盈亏平衡点，准备盈亏平衡图可以直观展示何时将达到平衡点，以及出现后将如何逐步改变。讨论平衡点是很容易还是很困难才能达到，就是讨论与整个销售计划相关的平衡点处的销售量、毛利润的范围以及随之变化的价格。

附　录　学生作业展示

乐活

用心做好每件事，只为让您更快乐！

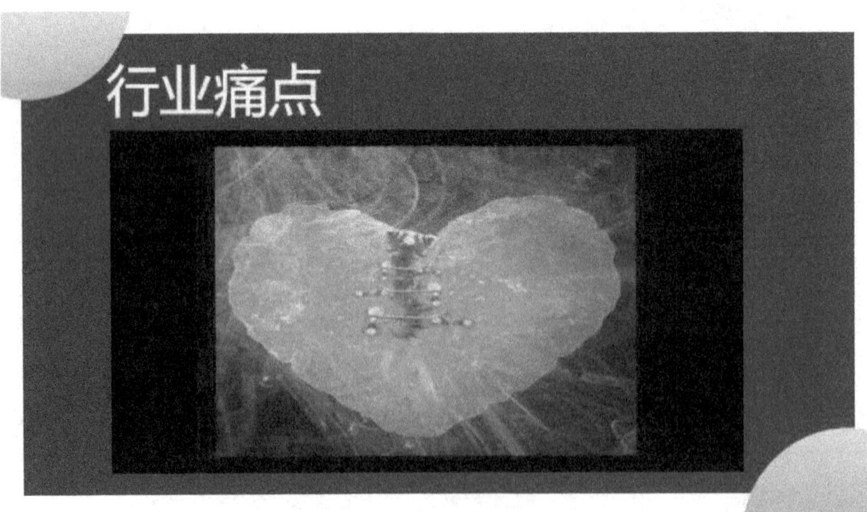

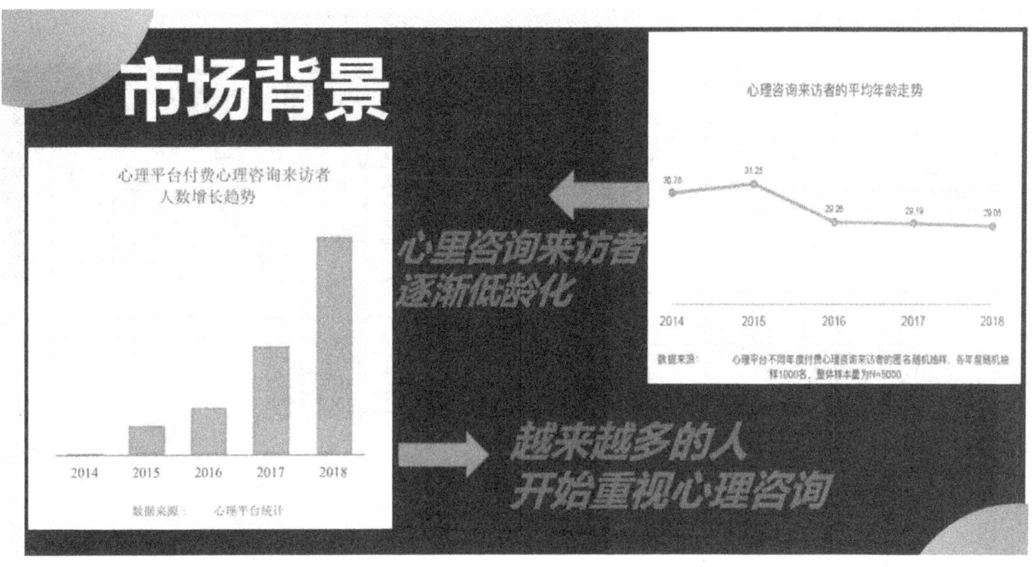
市场背景
心理平台付费心理咨询来访者
人数增长趋势
2014
2015
2016
2017
2018
数据来源： 心理平台统计
心里咨询来访者
逐渐低龄化
心理咨询来访者的平均年龄走势
30.78
31.25
29.26
29.19
29.05
2014
2015
2016
2017
2018
数据来源： 心理平台不同年度付费心理咨询来访者的匿名随机抽样，各年度随机抽样1000名，整体样本量为N=5000
越来越多的人
开始重视心理咨询

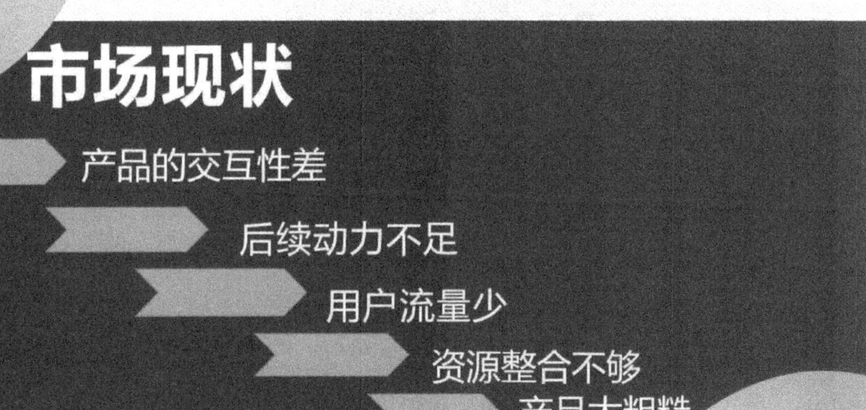
市场现状
产品的交互性差
后续动力不足
用户流量少
资源整合不够
产品太粗糙

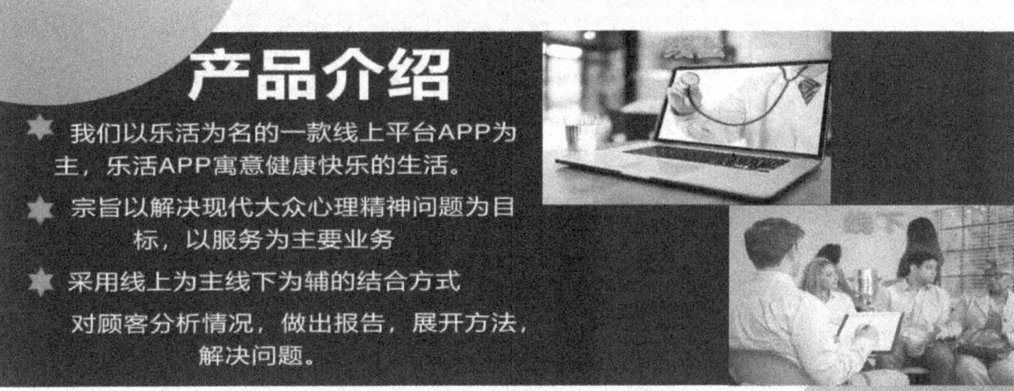
产品介绍
我们以乐活为名的一款线上平台APP为主，乐活APP寓意健康快乐的生活。
宗旨以解决现代大众心理精神问题为目标，以服务为主要业务
采用线上为主线下为辅的结合方式
对顾客分析情况，做出报告，展开方法，解决问题。

项目优势 → 新颖·多样·专业

+ 乐活配有有优质的治疗师资源以及完备的恢复体验和售后服务

+ 对顾客患者的创新式治疗体验

营销策略

● 对于不同心理患者我们分设了不同治疗师，进行不同收费标准。

●线上渠道会开通公众号作宣传；线下实体店与娱乐行业进行合作宣传。

● 线下项目活动初期统一先低额赚取获取客户信用后期稳步发展后再逐步恢复正常收费价。

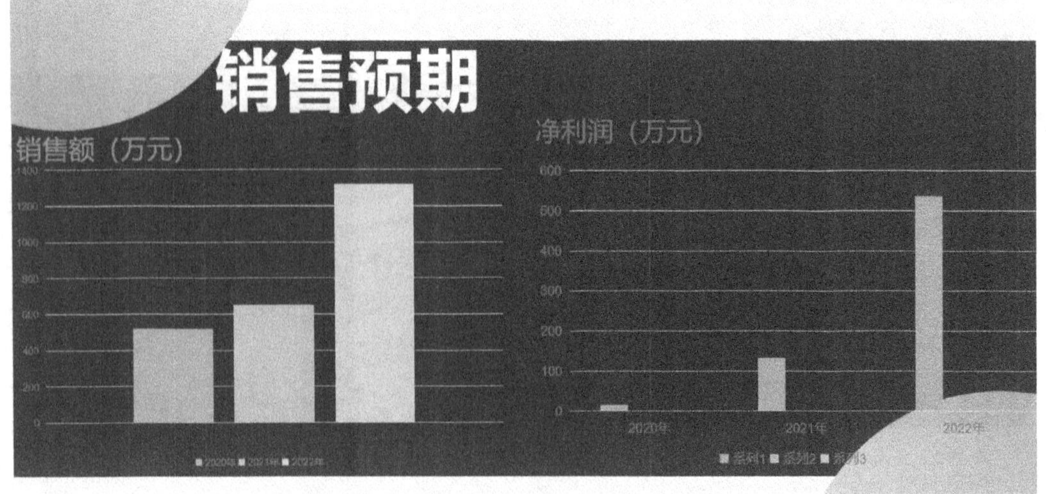

核心技术

线上

软件内部分层设置不同年龄段和有不同心理问题有待解决的前台引介、医师请入座（医师认证入职）、患者楼层房间（患者心理咨询室）、客船灯塔（心理区域分配处）、数字号医院（心理治疗院）、休闲花园（心理后期恢复）、患者群聊大厅、医师交流大厅、售后服务处（全员共享厅，包括患者医师和乐活工作人员，处理患者和医师各类售后服务问题）。

线下

梦境催眠发问、使用心理解压道具、安排特殊的VR房间、安排患者进行心理游戏（观察患者的可恢复情况与速度，有助于患者暂时忘掉烦恼）、安排工作人员跟随外出走动体验（具体地点路线由患者实际情况安排），有条件的患者我们还可以安排旅游项目（根据客户的不同情况与需求，可安排徒步、骑行、乘船、客机远游等各种旅游方式和地点）

公司概况

实体门店

2020年5月注册成立公司

注册资金：800万元

已融资金：688万元

融资计划：112万元

公司占股：10%

风险投资：15%

乐活线下

核心团队

董事长：A
经济心理学专业；有过三年心理咨询分析师工作经验；副业软件开发行业，善于领导，管理用人。

副董事长：B
经济管理学专业；在校一直参与学校的相关经济活动，与学院教授有密切交流学习，善于互联网管理运营操作，有相关专业的高级计算机证书。

总经理：C
经济心理学专业；毕业前曾担任过班级助教，辅助老师辅导员工作过，有非常丰富的校园经历，毕业后有营销主管工作经历经验，学识丰富。

总监：D
市场营销学专业：曾在就职单位三次获得年度销售冠军奖项，销售经验丰富、水平高，单位领导非常看重。

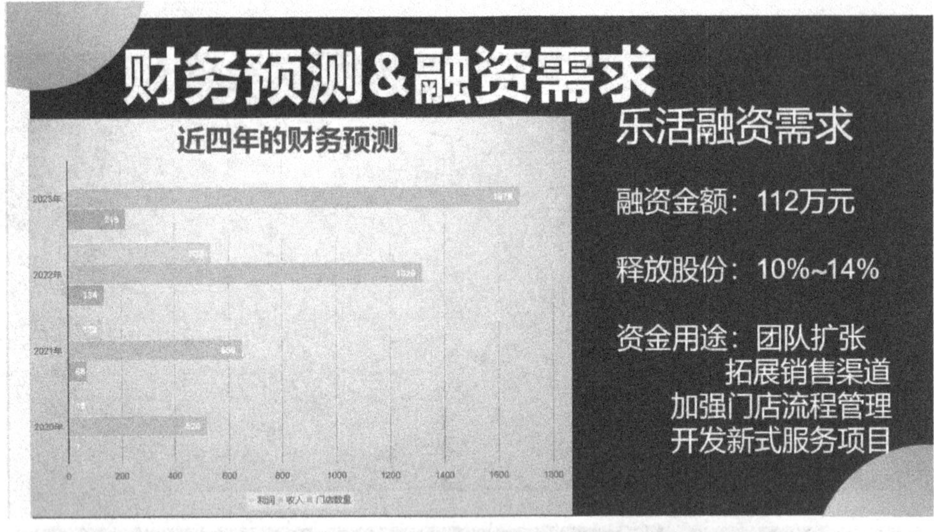

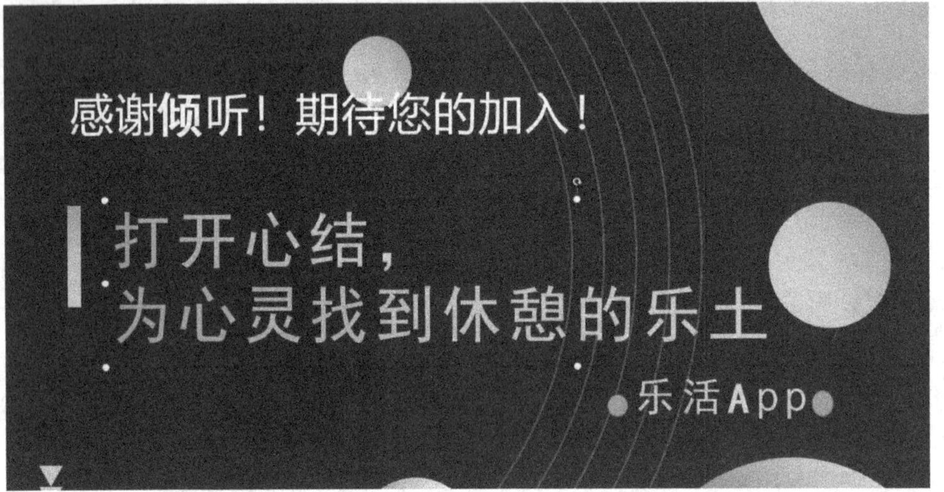

能力拓展

1.根据所学知识，为学生作业中的商业计划书进行点评。

2.完成跨境电商沙盘实训平台 8 个回合后，根据运营的结果和所学知识完成商业计划书。